Conversaciones con Dios 3

El diálogo se amplía...

Neale Donald Walsch

Conversaciones con Dios 3

El diálogo se amplía...

grijalbo

CONVERSACIONES CON DIOS 3
El diálogo se amplía...

Título original en inglés: *Conversations with God. An Uncommon Dialogue*

Traducción de: María de la Luz Broissin Fernández
            de la edición de
            Hampton Roads Publishing Company, Inc.,
            Charlottesville, 1998

© 1998, Neale Donald Walsch

D.R. © 1999 por EDITORIAL GRIJALBO, S.A. de C.V.
        Calz. San Bartolo Naucalpan núm. 282
        Argentina Poniente 11230
        Miguel Hidalgo, México, D.F.

ISBN 970-05-1129-4

IMPRESO EN MÉXICO

Agradecimientos

Como siempre, en primer lugar deseo dar las gracias a mi mejor amigo, Dios. Espero que algún día todos puedan tener una amistad con Dios.

En seguida, muestro mi reconocimiento y agradecimiento a mi maravillosa pareja en la vida, Nancy, a quien dedico este libro. Cuando pienso en Nancy, mis palabras de gratitud parecen débiles, en comparación con sus actos y no encuentro palabras para expresar lo extraordinaria que es. Esto lo sé. Mi obra no hubiera sido posible sin ella.

Deseo también mostrar mi agradecimiento a Robert S. Friedman, editor de Hampton Roads Publishing Company, por su valor para presentar por primera vez este material al público en 1995 y por publicar todos los volúmenes de la trilogía *Conversaciones con Dios*. Su decisión de aceptar un manuscrito que cuatro editores habían rechazado cambió las vidas de millones de personas.

No puedo dejar pasar el momento de este último volumen de la trilogía *Conversaciones con Dios* sin reconocer la extraordinaria contribución a su publicación por parte de Jonathan Friedman, cuya claridad de visión, intensidad de propósito, profundidad de comprensión espiritual, pozo inagotable de entusiasmo y don monumental de creatividad son en gran medida el motivo por el que *Conversaciones con Dios* llegó a las librerías cuando y como sucedió. Fue Jonathan Friedman quien reconoció la enormidad de este mensaje y su importancia, prediciendo que lo leerían millones de personas, previendo que llegaría a ser un clásico de la literatura espiritual. Fue su determinación la que produjo el momento y el diseño de *Conversaciones con Dios* y fue su dedicación firme la que influyó mucho en la efectividad de su distribución inicial. Todas las personas que aprecian *Conversaciones con Dios* están en deuda con Jonathan, al igual que yo.

Deseo también dar las gracias a Matthew Friedman, por su incansable trabajo en este proyecto, desde el principio. El valor de sus esfuerzos cocreativos en el diseño y la producción no pueden exagerarse.

Por último, deseo mostrar mi agradecimiento a algunos autores y maestros cuyas obras han alterado el paisaje filosófico y espiritual de Estados Unidos y del mundo y quienes me inspiran diariamente con su compromiso de decir una verdad más amplia, sin importar las presiones ni las complicaciones personales que crea tal decisión.

A Joan Borysenko, Deepak Chopra, Dr. Larry Dossey, Dr. Wayne Dyer, Dra. Elisabeth Kübler-Ross, Barbara Marx Hubbard, Stephen Levine, Dr. Raymond Moody, James Redfield, Dr. Bernie Siegel, Dr. Brian Weiss, Marianne Williamson y Gary Zukav (a quienes conozco en persona y respeto profundamente) transmito las gracias de un público agradecido, así como mi aprecio y admiración.

Ellos son algunas de las personas modernas que en la actualidad muestran el camino, ellos son los exploradores y si he podido iniciar un viaje personal como proclamador público de la verdad eterna, es por ellos y por otros como ellos, a quienes no he conocido; todos ellos lo hicieron posible. La obra de su vida es un testimonio de la extraordinaria brillantez de la luz en todas nuestras almas. Ellos *demostraron* eso, sobre lo que yo sólo he hablado.

Prólogo

Éste es un libro extraordinario. Lo digo como alguien que tuvo muy poco que hacer al escribirlo. En realidad, lo único que hice fue «poner de manifiesto», formular algunas preguntas y tomar el dictado.

Eso es todo lo que he hecho desde 1992, cuando esta conversación con Dios se inició. Fue en ese año cuando, profundamente deprimido, pregunté angustiado: ¿Qué se necesita para hacer que la vida funcione? ¿Qué he hecho para merecer una vida de lucha continua?

Escribí estas preguntas en un bloc de papel amarillo, en una carta enfadada a Dios. Para impresión y sorpresa mías, Dios respondió. La respuesta llegó en forma de palabras murmuradas en mi mente por una Voz Sorda. Fui bastante afortunado por haber escrito esas palabras.

Lo he hecho desde hace más de seis años. Puesto que me dijeron que este diálogo privado se convertiría algún día en un libro, envié las primeras anotaciones de esas palabras a un editor a finales de 1994. Siete meses después, estaban en los anaqueles de las librerías. Esas páginas integradas en libro estuvieron en la lista de bestsellers del *New York Times* durante 91 semanas.

La segunda parte del diálogo se convirtió también en un bestseller y permaneció en la lista del *Times* durante varios meses. Ahora, aquí está la tercera parte, y final, de esta conversación extraordinaria.

Tardé cuatro años en escribir este libro y no resultó fácil. Los espacios entre los momentos de inspiración fueron enormes y en más de una ocasión tuvieron una duración de medio año. Las palabras en el primer libro fueron dictadas en el transcurso de un año. El segundo libro me tomó un poco más de tiempo. Sin embargo, este segmento final tuvo que ser escrito a la vista del público. A todas partes que he ido desde 1996, lo único que he escuchado ha sido: «¿Cuándo se publicará el *Libro 3*?» «¿Adónde está el *Libro 3*?» «¿Cuándo podemos esperar el *Libro 3*?»

Ya se podrán imaginar lo que esto significó para mí, así como el impacto que me causó el proceso de escribirlo. Fue como si hiciera el amor en el montículo del lanzador en el Yankee Stadium.

En realidad, ese acto me hubiera proporcionado más privacidad. Al escribir el *Libro 3*, cada vez que tomaba la pluma sentía que cinco millones de personas me observaban, esperando, ansiosas de cada palabra.

Todo esto no es para felicitarme por haber terminado esta obra, sino más bien para explicar simplemente por qué tardé tanto tiempo en hacerlo. Mis momentos de aislamiento mental, espiritual y físico han sido muy pocos y espaciados entre sí en años recientes.

Empecé este libro en la primavera de 1994 y toda la primera narración la escribí en ese periodo. Después, la interrumpí durante muchos meses, luego durante casi un año y, finalmente, culminé con el cierre de los capítulos escritos en la primavera y el verano de 1998.

Pueden estar seguros de que este libro por ningún motivo fue escrito a la fuerza. La inspiración llegó limpiamente o sólo dejé la pluma y me negué a escribir, en una ocasión durante más de 14 meses. Estaba decidido a no escribir el libro, si se trataba de elegir entre eso y un libro que *tenía* que escribir porque *había dicho* que lo haría. Aunque esto hizo que mi editor se sintiera un poco nervioso, me ayudó mucho a tener seguridad en lo que escribía, a pesar de que tomara mucho tiempo. Ahora se los presento con confianza. Este libro resume las enseñanzas de los dos primeros tomos de esta trilogía, para luego llevarlos hacia su conclusión lógica y asombrosa.

Si leyeron el prólogo de alguno de los dos primeros tomos, saben que en cada caso me mostré un poco temeroso. En realidad, asustado por la respuesta que recibirían esos escritos. Ahora no lo estoy. No siento ningún temor respecto al *Libro 3*. Sé que conmoverá a muchas personas que lo lean, con su perspectiva y su verdad, con su afecto y su amor.

Considero que éste es un material espiritual sagrado. Ahora comprendo que esto es verdad respecto a toda la trilogía y que estos libros serán leídos y estudiados durante décadas, incluso durante generaciones. Tal vez, durante siglos, porque junta, la trilogía cubre un número sorprendente de temas, desde cómo hacer para que las relaciones funcionen, hasta la naturaleza de la realidad final y la cosmología del universo e incluye observaciones sobre la vida, la muerte, el romance, el matrimonio, el sexo, la paternidad, la salud, la educación, la economía, la política, la espiritualidad, la religión, la vida, el trabajo, la subsistencia adecuada, la física, el tiempo, las tradiciones y las costumbres sociales, el proceso de la creación, nuestra relación con Dios, la ecología, el crimen y el castigo, la vida en las sociedades muy desarrolladas del cosmos, el bien y el mal, los mitos culturales, la ética cultural, el alma, las almas gemelas, la naturaleza del amor genuino y el camino hacia la expresión gloriosa de la parte de nosotros que conoce la Divinidad como nuestra herencia natural.

Mi plegaria es que reciban el beneficio de esta obra.

Benditos sean.

Neale Donald Walsh
Ashland, Oregon
Septiembre de 1998

1

Es Domingo de Pascua de 1994 y estoy aquí, con la pluma en la mano, como me lo indicaron. Estoy esperando a Dios. Prometió presentarse, como lo hizo en las dos Pascuas pasadas, para iniciar otra conversación de un año. La tercera y última, por ahora.

Este proceso, esta comunicación extraordinaria, empezó en 1992. Estará terminado en la Pascua de 1995. Tres años, tres libros. El primero trató asuntos principalmente personales, como las relaciones románticas, encontrar el trabajo adecuado, tratar con las energías poderosas del dinero, el amor, el sexo y Dios y cómo integrarlas a nuestras vidas cotidianas. El segundo libro amplió esos temas, tratando consideraciones geopolíticas importantes, como la naturaleza de los gobiernos, cómo crear un mundo sin guerra, la base para una sociedad internacional unificada. Esta tercera parte final de la trilogía se enfocará, según me dicen, en los asuntos más grandes que enfrenta el hombre. Conceptos que tratan con otros reinos, otras dimensiones y cómo toda la intrincada trama encaja entre sí.

El progreso ha sido:

Verdades Individuales
Verdades Globales
Verdades Universales

Al igual que con los dos primeros manuscritos, no tengo idea hacia dónde se dirige éste. El proceso es simple. Coloco la pluma en el papel, formulo una pregunta y veo los pensamientos que llegan a mi mente. Si no hay nada allí, si no recibo palabras, dejo todo hasta otro día. Todo el proceso tomó aproximadamente un año para el primer libro y más de un año para el segundo. (Ese libro todavía está en proceso cuando éste comienza.)

Espero que éste sea el libro más importante de todos.

Por primera vez desde que empezó este proceso, me siento muy cohibido respecto a él. Han transcurrido dos meses desde que escribí los primeros cuatro o cinco párrafos. Dos meses desde la Pascua y nada se ha presentado, nada aparte de timidez.

He pasado dos semanas revisando y corrigiendo errores en el manuscrito del primer libro de esta trilogía y apenas esta semana recibí la versión final corregida del *Libro 1*, sólo para enviarla nuevamente para que lo corrijan, con 43 errores separados por corregir. Mientras tanto, el segundo libro todavía en manuscrito, se terminó apenas la semana pasada, con dos meses de «retraso». (Se suponía que estaría terminado para la Pascua de 1994.) Este libro, iniciado el Domingo de Pascua, a pesar del hecho de que el *Libro 2* no estaba terminado y ha permanecido en su carpeta desde entonces. Ahora que el *Libro 2* está terminado, pide atención.

No obstante, por primera vez desde 1992, cuando todo esto empezó, parece que me resisto ante este proceso, si no es que casi lo resiento. Me siento atrapado por la tarea y nunca me ha gusto hacer nada que *tenga* que hacer. Más aún, después de haber distribuido entre algunas personas copias no corregidas del primer manuscrito y de haber escuchado sus reacciones, estoy convencido de que estos tres libros serán ampliamente leídos, examinados, analizados por su relevancia teológica y apasionadamente discutidos durante docenas de años.

Esto dificultó mucho llegar a esta página y considerar mi amiga a esta pluma, porque aunque sé que este material debe publicarse, también sé que me estoy exponiendo a los ataques más soeces, al ridículo y quizá incluso al odio de muchas personas, por atreverme a dar esta información y por anunciar que Dios me la dio directamente.

Creo que mi mayor temor es que demostraré ser un «vocero» inadecuado e inapropiado de Dios, debido a la serie de errores y transgresiones que parecen interminables y que han marcado mi vida y caracterizado mi comportamiento.

Las personas que me conocieron en el pasado, incluyendo mis ex esposas y mis propios hijos, tendrán todo el derecho de dar un paso hacia adelante y denunciar estos escritos, basándose en mi desempeño sin brillo como ser humano en las funciones simples y rudimentarias de esposo y padre. Fracasé miserablemente en esto, así como en otros aspectos de la vida relacionados con la amistad, la integridad, la industria y la responsabilidad.

En resumen, estoy muy consciente de que no soy digno de presentarme como hombre de Dios o mensajero de la verdad. Debería ser la última persona en asumir dicho papel o incluso en suponerlo. Cometo una injusticia con la verdad al suponer que la expreso, cuando toda mi vida ha sido un testimonio de mis debilidades.

Por estos motivos, Dios, te pido que me releves de mis deberes como Tu escriba y que encuentres a alguien cuya vida lo haga digno de tal honor.

Me gustaría terminar lo que empezamos aquí, aunque no tienes obligación de hacerlo. No tienes «obligaciones» Conmigo ni con nadie más, aunque comprendo que tu pensamiento te hace sentir mucha culpa.

Le he fallado a la gente, incluyendo a mis propios hijos.

Todo lo que ha sucedido en tu vida sucedió perfectamente para que tú y todas las almas relacionadas contigo crecieran con exactitud de la manera que necesitaban y deseaban crecer.

Ésa es la «salida» perfecta construida por todos los que en la New Age desean escapar de la responsabilidad de sus acciones y evitar los resultados desagradables.

Siento que he sido egoísta, increíblemente egoísta, la mayor parte de mi vida y que he hecho lo que me agrada, sin importar el impacto que esto cause en otras personas.

No hay nada malo en hacer lo que te agrada...

Sin embargo, muchas personas resultaron lastimadas, decepcionadas...

Está sólo la pregunta de qué te agrada más. Parece que dices que lo que ahora te agrada más son los comportamientos que causan poco o ningún daño a los demás.

Eso es expresarlo con gentileza.

A propósito. Debes aprender a ser amable contigo mismo y dejar de juzgarte.

Eso es difícil, en particular cuando los demás están listos para juzgar. Siento que voy a ser una vergüenza para Ti y para la verdad; que si insisto en terminar y publicar esta trilogía, seré un embajador pobre de Tu mensaje y lo desacreditaré.

No puedes desacreditar la verdad. La verdad es la verdad y no puede ser probada ni desaprobada. Simplemente es la verdad.

La maravilla y la belleza de Mi mensaje no pueden ni serán afectadas por lo que piense la gente de ti.

En realidad, eres uno de mis mejores embajadores, porque has vivido tu vida de una manera que llamas menos que perfecta.

Las personas pueden relacionarse contigo, incluso cuando te juzgan. Si comprenden que eres verdaderamente sincero, pueden incluso perdonar tu «sórdido pasado».

No obstante, te diré esto. Mientras estés preocupado por lo que los demás piensen de ti, ellos serán tus dueños.

Sólo cuando no requieras la aprobación exterior, podrás ser dueño de ti mismo.

Mi preocupación era más por el mensaje que por mí. Me preocupaba que el mensaje se deshonrara.

Si te preocupa el mensaje, entonces, comunícalo. No te preocupes por deshonrarlo. El mensaje hablará por sí solo.

Recuerda lo que te enseñé. No es tan importante lo bien que se reciba el mensaje, sino lo bien que se envíe.

Recuerda también esto: enseñas lo que tienes que aprender.

No es necesario haber logrado la perfección para hablar sobre ésta.

No es necesario haber logrado la maestría para hablar de ella.

No es necesario haber alcanzado el nivel más alto de evolución para hablar sobre éste.

Sólo trata de ser genuino. Esfuérzate por ser sincero. Si deseas deshacer todo el «daño» que imaginas que hiciste, demuéstralo en tus acciones. Haz lo que puedas hacer y después deja las cosas en paz.

Resulta más fácil decirlo que hacerlo. En ocasiones me siento demasiado culpable.

La culpa y el temor son los únicos enemigos del hombre.

La culpa es importante. Nos indica que actuamos mal.

«Mal»... no hay tal cosa. Sólo hay lo que no te sirve; que no dice la verdad acerca de Quién Eres y Quién Eliges Ser.
La culpa es el sentimiento que te mantiene apegado a quien no eres.

Sin embargo, la culpa es el sentimiento que al menos nos permite notar que erramos el camino.

Estás hablando de conciencia, no de culpa. Te diré esto. La culpa es una plaga en la tierra, el veneno que mata la planta.
No crecerás a través de la culpa, sino que sólo te marchitarás y morirás.
La conciencia es lo que buscas. No obstante, la conciencia no es culpa y el amor no es temor.
Repito que el temor y la culpa son tus únicos enemigos. El amor y la conciencia son tus verdaderos amigos. No debes confundir uno con el otro, puesto que uno te matará, mientras que el otro te da vida.

Entonces, ¿no debo sentir «culpa» por nada?

Nunca, jamás. ¿Qué bien hay en eso? Únicamente te permite no amarte a ti mismo y eso mata cualquier posibilidad de que puedas amar a otra persona.

¿Y no debo temer nada?

El temor y la precaución son dos cosas diferentes. Sé precavido, sé consciente, pero no seas temeroso. El temor sólo paraliza, mientras que la conciencia moviliza.
Debes movilizarte, no paralizarte.

Siempre me enseñaron el temor a Dios.

Lo sé y desde entonces has estado paralizado en tu relación Conmigo.
Sólo cuando dejes de temerme, podrás crear cualquier clase de relación significativa Conmigo.
Si pudiera darte cualquier don, cualquier gracia especial, eso te permitiría encontrarme, eso sería arrojo.

Benditos sean los que no temen, porque ellos conocerán a Dios.

Eso significa que debes ser lo bastante osado como para olvidar lo que piensas que sabes acerca de Dios.

Debes ser lo suficientemente valiente para alejarte de lo que otros te han dicho sobre Dios.

Debes ser tan intrépido como para osar entrar en tu <u>propia experiencia</u> de Dios.

Entonces no debes sentir culpa por eso. Cuando tu propia experiencia viole lo que pensabas que sabías y lo que todos los demás te han dicho sobre Dios, no debes sentir culpa.

<u>*El temor y la culpa son los únicos enemigos del hombre.*</u>

Aún así, hay quien dice que hacer lo que Tú sugieres es negociar con el diablo; que sólo el diablo sugeriría algo así.

No hay diablo.

Eso es algo que también diría el diablo.

El diablo diría todo lo que Dios dice, ¿no es así?

Sólo que más inteligentemente.

¿El diablo es más inteligente que Dios?

Digamos que más astuto.

Entonces, ¿el diablo «confabula» al decir lo que Dios diría?

Con un pequeño «giro», sólo lo suficiente para sacar a uno del camino, para conducirlo por el camino equivocado.

Creo que tenemos que hablar un poco sobre el «diablo».

Hablamos mucho sobre esto en el *Libro 1*.

En apariencia, no lo suficiente. Además, quizá algunas personas no leyeron el <u>Libro 1</u> o el <u>Libro 2</u>. Por lo tanto, creo que un buen comienzo sería resumir algunas de las verdades que aparecen en esos libros. Eso esta-

blecerá la base para las verdades universales más grandes en este tercer libro. Hablaremos sobre el diablo desde el principio. Deseo que sepas cómo y por qué se «inventó» esa entidad.

Muy bien, de acuerdo. Tú ganas. Ya estoy en el diálogo y en apariencia va a continuar. Sin embargo, hay algo que la gente debe saber cuando yo inicié esta tercera conversación: ha transcurrido medio *año* desde que escribí las primeras palabras aquí presentadas. Hoy es el 25 de noviembre de 1994, el día siguiente al Día de Gracias. He tardado 25 semanas en llegar hasta aquí; 25 semanas desde tus últimas palabras que aparecen arriba, hasta mis palabras en este párrafo. Han sucedido muchas cosas durante esas 25 semanas. No obstante, algo que sucedió es que este libro no ha avanzado ni un centímetro. *¿Por qué está tomando tanto tiempo esto?*

¿Te das cuenta cómo puedes bloquearte? ¿Comprendes cómo puedes sabotearte? ¿Comprendes cómo puedes detenerte de pronto cuando estás a punto de lograr algo bueno? Has hecho esto toda tu vida.

¡Hey, espera un minuto! No *soy* quien está obstruyendo este proyecto. No puedo hacer *nada,* no puedo escribir ni una sola palabra, a no ser que me sienta con ganas de hacerlo, a no ser que me sienta... Odio emplear la palabra, pero supongo que tengo que hacerlo... *inspirado* para acercarme a este bloc de papel amarillo y continuar. ¡La inspiración es cosa *Tuya,* no mía!

Comprendo. Entonces, piensas que Yo me he estancado, no tú.

Sí, algo parecido.

Mi maravilloso amigo, esto es algo muy tuyo... y de otros seres humanos. Te sientas sobre las manos medio año, no haces nada acerca de tu mayor bien, en realidad, lo apartas de ti y después culpas a alguien o a algo ajeno a ti porque no llegas a ninguna parte. ¿No ves un patrón aquí?

Bueno...

Te diré esto: no hay un momento en que no esté contigo; nunca hay un momento en que no esté «listo». ¿Acaso no te dije esto con anterioridad?

Bueno, sí, pero...

Siempre estoy contigo, incluso hasta el final del tiempo. No obstante, no impondré Mi voluntad sobre ti... nunca. Elijo el mejor bien para ti, pero principalmente, elijo tu voluntad para ti. Ésta es la medida de amor más segura.

Cuando deseo para ti lo que tú deseas para ti, entonces, en verdad te amo. Cuando deseo para ti lo que yo deseo para ti, entonces, me estoy amando, a través de ti.

Por lo tanto, con la misma medida puedes determinar si otras personas te aman y si tú en verdad amas a los demás. El amor no elige nada para sí, sino que sólo busca hacer posibles las preferencias de la persona amada.

Eso parece contradecir en forma directa lo que Tú dijiste en el *Libro 1* acerca de que al amor no le preocupa lo que la otra persona es, hace y tiene, sólo lo que el *Yo* está siendo, haciendo y teniendo.

Esto me hace formular otras preguntas, como... ¿qué hay acerca de la madre que le grita al niño, «¡Aléjate de la calle!» O mejor aún, que arriesga su propia vida al correr entre el tráfico para quitar de allí al niño? ¿Qué hay acerca de esa madre? ¿Acaso no está amando a su hijo? sin embargo, impuso su propia voluntad. Recuerda que el niño estaba en la calle porque *quería estar allí.*

¿Cómo explicas estas contradicciones?

No hay contradicción; sin embargo, no puedes ver la armonía. No comprenderás esta doctrina divina acerca del amor, hasta que comprendas que para Mí, mi elección más preciada es la misma que la tuya. Esto se debe a que tú y Yo somos uno.

La Doctrina Divina es también una Dicotomía Divina y esto es porque la vida en sí es una dicotomía, una experiencia dentro de la cual dos verdades aparentemente contradictorias pueden existir en el mismo espacio y al mismo tiempo.

En este caso, las verdades en apariencia contradictorias son que tú y Yo estamos separados y que tú y Yo somos uno. La misma contradicción aparente se presenta en la relación entre tú y todos los demás.

Sostengo lo que dije en el Libro 1: el error más grande que cometen las personas en las relaciones humanas es preocuparse por lo que la otra persona desea, es, hace o tiene. Deben preocuparse únicamente por el Yo. ¿Qué está siendo, haciendo o teniendo el Yo? ¿Qué desea, necesita o elige el Yo?

¿Cuál es la elección más preciada para el Yo?

Sostengo también otra afirmación que hice en ese libro: La elección más preciada para el Yo se convierte en la elección más preciada para otra persona, cuando el Yo comprende que no hay nadie más.

Por lo tanto, el error no está en elegir lo que es mejor para ti, sino en no saber lo que es mejor. Esto surge por no saber Quién Eres Realmente, mucho menos quién buscas ser.

No comprendo.

Permite que te dé un ejemplo. Si intentas ganar las 500 millas de Indianápolis, conduciendo a 240 kilómetros por hora, podría ser lo mejor para ti. No obstante, si tu intención es llegar a salvo al supermercado, no es la elección correcta.

Estás diciendo que todo es contextual.

Sí. Todo en la vida lo es. Lo que es «mejor» depende de quién eres y quién intentas ser. No puedes elegir con inteligencia lo que es mejor para ti, hasta que inteligentemente decidas quién y qué eres.

Yo, como Dios, sé lo que intento ser. Por lo tanto, sé lo que es «mejor» para Mí.

¿Y qué es eso? Dime, ¿qué es «mejor» para Dios? Esto debe ser interesante...

Lo que es mejor para Mí es darte lo que decidas que es mejor para ti, porque lo que estoy tratando de ser es Yo Mismo, expresado y lo estoy siendo a través de ti.

¿Estás comprendiendo esto?

Sí, lo creas o no, en realidad lo comprendo.

Bien. Ahora te diré algo que quizá se te dificulte creer.

Siempre te doy lo que es mejor para ti... aunque admito que no siempre lo sabes.

Este misterio aclara un poco que has empezado a comprender lo que me propongo.

Soy Dios.

Soy la Diosa.

Soy el Ser Supremo. El Todopoderoso. El Principio y el Fin, Alfa y Omega.

Soy la Suma y la Substancia. La Pregunta y la Respuesta. Lo Superior y lo Inferior. La Izquierda y la Derecha, El Aquí y el Ahora, el Antes y el Después.

Soy la Luz y soy la Oscuridad que crea la Luz y la hace posible. Soy la Bondad sin Fin y la «Maldad» que hace buena la «Bondad». Soy todas estas cosas, el Todo de Todo y no puedo experimentar alguna parte de Mi Ser sin experimentar Todo Mi Ser.

Y esto es lo que no comprendes acerca de Mí. Deseas hacerme uno y no el otro. Lo alto y no lo bajo. El bien y no el mal. No obstante, al negar la mitad de Mí, niegas la mitad de tu Yo y al hacerlo, nunca puedes ser Quien Eres Realmente.

Soy el Todo Magnífico y lo que intento es conocerme experimentalmente. Hago esto a través de ti y a través de todo lo que existe. Estoy experimentando Mi Yo como magnífico mediante las elecciones que hago, puesto que cada elección es autocreativa. Cada elección es definitiva. Cada elección Me representa. Esto es, representa a Mí y a Quien Yo Elijo Ser Ahora.

Sin embargo, no puedes elegir ser magnífico, <u>a no ser que haya algo de lo cual elegir</u>. Alguna parte de Mí debe ser menos que magnífica para que Yo elija la parte de Mí que <u>es</u> magnífica.

Lo mismo sucede contigo.

Soy Dios, en el acto de crear Mi Yo.

Tú también lo eres.

Esto es lo que tu alma anhela hacer. Esto es lo que ansía tu espíritu.

Si evitara que tuvieras lo que eliges, evitaría que Mi Yo tuviera lo que Yo elijo. Mi mayor deseo es experimentar Mi Yo como lo Que Soy. Como lo expliqué cuidadosa y esmeradamente en el <u>Libro 1</u>, sólo puedo hacer lo que está en el espacio de lo Que No Soy.

Por este motivo, creé cuidadosamente lo Que No Soy, para poder experimentar lo Que Yo Soy.

Sin embargo, soy <u>todo</u> lo que creo; por lo tanto, Yo Soy, en un sentido, lo Que Yo No Soy.

¿Cómo alguien puede ser lo que no es?

Fácil. Lo haces todo el tiempo. Sólo observa tu comportamiento.

Trata de comprender esto. No hay nada que Yo no sea. Por lo mismo, Yo Soy lo que Yo Soy y Yo Soy Lo Que Yo No Soy.

ESTO ES DICOTOMÍA DIVINA.

Éste es el Misterio Divino que, hasta ahora, sólo las mentes más sublimes pueden comprender. Aquí te lo revelo de una manera en la que más personas puedan comprenderlo.

Éste era el mensaje del <u>Libro 1</u> y debes comprender esta verdad básica, debes conocerla profundamente, si deseas entender y conocer las verdades incluso más sublimes que presentaré aquí, en el <u>Libro 3</u>.

Ahora, permite que mencione una de estas verdades más sublimes, ya que contiene la respuesta a la segunda parte de tu pregunta.

Esperaba que regresáramos a esa parte de mi pregunta. ¿Cómo es que la madre ama al niño, si dice o hace lo que es mejor para el hijo, incluso si tiene que *contrariar la propia voluntad del niño* para hacerlo? ¿O acaso la madre demuestra el amor más verdadero al permitir que el niño juego en el tráfico?

Ésta es una pregunta maravillosa. Es la pregunta que formulan todos los padres, en una u otra forma, desde que empezó la paternidad. La respuesta es la misma para ti como padre, que para Mí como Dios.

Entonces, ¿cuál es la respuesta?

Paciencia, hijo Mío, paciencia. «Todas las cosas buenas llegan a aquellos que esperan». ¿Nunca has oído eso?

Sí, mi padre solía decirlo y yo lo odiaba.

Sí, puedo comprender eso. Sin embargo, debes tener paciencia contigo mismo, en especial, si lo que eliges no te proporciona lo que piensas que deseas. La respuesta a la segunda parte de tu pregunta, por ejemplo.

Dijiste que quieres la respuesta, pero no la eliges. Sabes que no la estás eligiendo, porque no experimentas tenerla. En verdad, tienes la respuesta y la has tenido todo el tiempo. Sencillamente, no la estás eligiendo. Eliges creer que no conoces la respuesta, por lo tanto, no la conoces.

Sí, ya hablaste también sobre esto en el *Libro 1*. Tengo todo lo que elijo tener en este momento, incluyendo la comprensión total de Dios; no obstante, no *experimentaré* tenerla, hasta que *sepa* que la tengo.

¡Precisamente! Lo expresaste a la perfección.

¿Cómo puedo *saber* que lo tengo, hasta *experimentar* que lo tengo? ¿Cómo puedo saber algo que no he experimentado? ¿Acaso no dijo una gran mente, «Todo saber es experiencia»?

Estaba en un error.
Saber no sigue a la experiencia, sino que la precede.
En esto, la mitad del mundo entiende lo contrario.

Entonces, quieres decir que tengo la respuesta a la segunda parte de mi pregunta, ¿sólo que no *sé* que la tengo?

Exactamente.

Sin embargo, no *sé* que la tengo, entonces, *no la tengo.*

Sí, ésa es la paradoja.

No la tengo... excepto que lo sepa.

Así es.

Entonces, ¿cómo puedo llegar a esta situación de «saber que sé algo, si no «sé que lo sé»?

Para «saber que sabes, actúa como si supieras».

Mencion ste también algo acerca de eso en el *Libro 1*.

Sí. Un buen punto para comenzar aquí sería recapitular lo que se habló en la enseñanza previa. «Sucede» que formulas las preguntas correctas, permitiéndome resumir en pocas palabras, al principio de este libro, la información que discutimos con cierto detalle en el material anterior.

Ahora, en el <u>Libro 1</u>, hablamos acerca del paradigma Ser-Hacer-Tener y cómo lo han invertido casi todas las personas.

Casi toda la gente cree que si «tiene» alguna cosa (más tiempo, dinero, amor o lo que sea), puede finalmente «hacer» algo (escribir un libro, tener un pasatiempo, ir de vacaciones, comprar una casa, iniciar una relación), lo que le permitirá «ser» algo (feliz, pacífico, contento o estar enamorado).

En realidad, están revirtiendo el paradigma Ser-Hacer-Tener. En el universo como es en realidad (opuesto a como tú piensas que es), «el tener» no produce «ser», sino todo lo contrario.

Primero eres ese algo llamado «feliz» (o «conocedor» o «sabio» o «compasivo» o cualquier otra cosa), luego empiezas a «hacer» las cosas desde este punto de ser y pronto descubres que lo que estás haciendo termina proporcionándote las cosas que siempre deseaste «tener».

La manera de poner en movimiento este proceso creativo (y eso es lo que es... el proceso de la creación) es saber lo que deseas «tener», preguntarte lo que piensas que «serías» si «tuvieras» eso y, en seguida, ir directamente a <u>ser</u>.

De esta manera, inviertes la forma en que has utilizado el paradigma Ser-Hacer-Tener en realidad, lo estableces correctamente y trabajas con la fuerza creativa del universo, en lugar de contra ella.

Ésta es una forma resumida de expresar este principio:
En la vida, no tienes que <u>hacer nada</u>.
Todo es cuestión de lo que estás <u>siendo</u>.
Éste es uno de los tres mensajes que mencionaré de nuevo al final de nuestro diálogo. Cerraré el libro con él.

Por el momento y para ilustrar esto, piensa en una persona que sepa que si sólo pudiera tener un poco más de tiempo, un poco más de dinero o un poco más de amor, sería en verdad feliz.

No capta el vínculo entre «no ser muy feliz» en este momento y no tener el tiempo, dinero o amor que desea.

Eso es correcto. Por otra parte, la persona que está «siendo» feliz parece tener tiempo para hacer todo lo que es realmente importante, todo el dinero necesario y suficiente amor para que dure toda la vida.

¡Descubre que tiene todo lo que necesita para «ser feliz»... «siendo feliz»!

Exactamente. Decidir <u>con anticipación</u> lo que eliges ser <u>produce eso en</u> <u>tu experiencia</u>.

«Ser o no ser. Ése es el dilema».

<u>Precisamente</u>. La felicidad es un estado mental. Al igual que todos los estados mentales, se reproduce en forma física.
Hay una frase para un imán de refrigerador:
«Todos los estados mentales se reproducen a sí mismos».

¿Cómo puedes «ser» feliz, para empezar, o «ser» *cualquier cosa* que intentes ser (más próspero, por ejemplo, o más amado), si no tienes lo que piensas que necesitas para «ser» eso?

Actúa como si lo tuvieras y atraerás la felicidad hacia ti.
Lo que actúas como si lo fueras, en eso te conviertes.

En otras palabras, «Fíngelo, hasta que lo logres».

Sí, algo parecido. Sólo que en realidad no puedes estar «fingiendo». Tus acciones tienen que ser sinceras.
<u>Todo lo que hagas</u>, <u>hazlo con sinceridad o se perderá el beneficio de la</u> <u>acción</u>.
Esto no es porque no «te recompensaré». Dios no «recompensa» ni «castiga», como sabes. La Ley Natural requiere que el cuerpo, la mente y el espíritu estén unidos en pensamiento, palabra y acción, para que el proceso de la creación funcione.
No puedes engañar a tu mente. Si no eres sincero, tu mente lo sabe y así es. Terminaste con cualquier posibilidad de que tu mente pueda ayudarte en el proceso creativo.
Por supuesto, puedes crear sin tu mente, sólo que resulta mucho más difícil. Puedes pedirle a tu cuerpo que haga algo que tu mente no cree y, si tu cuerpo lo hace durante bastante tiempo, tu mente empezará a olvidar su primer pensamiento acerca de esto y creará un Pensamiento Nuevo. Una vez que tengas un Pensamiento Nuevo respecto a algo, estás en camino de crearlo como un aspecto permanente de tu ser, en lugar de algo que sólo actúas.
Esto es hacer las cosas de la manera más difícil e incluso en tales casos, la acción debe ser sincera. A diferencia de lo que puedes hacer con las personas, no puedes manipular el universo.

Aquí tenemos un equilibrio muy delicado. El cuerpo hace algo en lo que la mente no cree; sin embargo, la mente sólo agrega el ingrediente de la sinceridad a la acción del cuerpo para que esto funcione.

¿Cómo puede la mente agregar sinceridad, cuando no «cree» en lo que está haciendo el cuerpo?

Retirando el elemento egoísta del beneficio personal.

¿Cómo?

La mente quizá no pueda aceptar con sinceridad que las acciones del cuerpo pueden proporcionarte lo que eliges; no obstante, la mente sabe claramente que Dios proporcionará cosas buenas a otra persona a través de ti.
Por lo tanto, lo que elijas para ti, dalo a otra persona.

¿Podrías repetir eso, por favor?

Por supuesto.
Lo que elijas para ti, dalo a otra persona. Si eliges ser feliz, haz que otra persona sea feliz.
Si eliges ser próspero, haz que otra persona sea próspera.
Si eliges más amor en tu vida, haz que los demás tengan más amor en la suya.
Haz esto con sinceridad (no porque busques un beneficio personal, sino porque en realidad desees que la otra persona tenga eso) y todas las cosas que des vendrán a ti.

¿Cómo es eso? ¿Cómo funciona eso?

El solo acto de que tú des algo hace que sientas que lo tienes para darlo. Puesto que no puedes dar a otra persona algo que no tienes ahora, tu mente llega a una nueva conclusión, un Pensamiento Nuevo, acerca de ti (esto es, que debes tener esto o <u>no podrías darlo</u>).
Este Pensamiento Nuevo se convierte en tu experiencia. Empiezas a «ser» eso. Una vez que empiezas a «ser» algo, pones en marcha la máquina de creación más poderosa en el universo, tu Yo Divino.
Lo que estás siendo, lo estás creando.

El círculo es completo y crearás más y más de eso en tu vida. Se manifestará en tu experiencia física.

Éste es el mayor secreto de la vida. El Libro 1 y el Libro 2 se escribieron para decirte esto. Todo está allí, con mucho más detalle.

Explícame, por favor, por qué la sinceridad es tan importante para dar a otra persona lo que eliges para ti.

Si das a otra persona algo, como maquinación o manipulación con el objeto de obtener algo para ti, tu mente lo sabe. Le diste la señal de que tú no tienes eso. Puesto que el universo no es otra cosa que una máquina copiadora, que reproduce tus pensamientos en forma física, ésa será tu experiencia. Esto es, continuarás experimentando «no tenerlo», ¡sin importar lo que hagas!

Más aún, ésa será la experiencia de la persona a la que tratas de darlo. Notará que sólo intentas conseguir algo, que en realidad no tienes nada que ofrecer y el hecho de dar será un gesto vacío, visto desde toda la trivialidad autointeresada de la cual surge.

Eso que tratas de atraer, lo alejarás.

No obstante, cuando das algo a alguien con pureza de corazón, porque comprendes que lo desea, lo necesita y debe tenerlo, entonces descubrirás que lo tienes para darlo. Eso es un gran descubrimiento.

¡Eso es verdad! ¡En realidad *funciona* de esa manera! Recuerdo que en una ocasión, cuando las cosas no iban muy bien en mi vida, me sostenía la cabeza y pensaba que ya no tenía dinero, que tenía muy poca comida y que no sabía cuándo comería mi siguiente trozo de carne o cómo pagaría la renta. Esa misma noche, conocí a una joven pareja en la terminal del autobús. Había ido a recoger un paquete y estos pequeños se encontraban abrazados en una banca y usaban sus abrigos como manta.

Al verlos, mi corazón fue hacia ellos. Recordé cuando era joven, cómo era cuando éramos niños, andando por ahí, de un lado al otro. Me acerqué a ellos y les pregunté si querían ir a mi casa, sentarse junto a la chimenea, beber un poco de chocolate caliente y tal vez abrir el sofá cama y descansar bien durante la noche. Me miraron con los ojos muy abiertos, como niños en una mañana de Navidad.

Llegamos a la casa y les preparé una comida. Esa noche, todos comimos mejor de lo que lo habíamos hecho en mucho tiempo. La comida siempre había estado allí. El refrigerador estaba lleno. Sólo tuve que extender la mano y asir todo lo que había guardado allí. Sofreí «todo lo que encontré en el refrigerador» ¡y *fue magnífico*! Recuerdo que me pregunté, ¿de dónde vino toda esta comida?

A la mañana siguiente, serví el desayuno a los niños y los despedí. Metí la mano en el bolsillo, cuando los dejé en la estación del autobús y les di un billete de veinte dólares. «Tal vez esto ayude», dije, los abracé y los envié para que siguieran su camino. Todo el día me sentí mejor respecto a mi propia situación; mejor dicho, toda la *semana*. Esa experiencia, la cual nunca he olvidado, produjo un cambio profundo en mi enfoque y en mi comprensión acerca de la vida.

A partir de ese momento, las cosas mejoraron y esa mañana, cuando me miré en el espejo, noté algo muy importante. *Todavía estoy aquí.*

Ésa es una hermosa historia y tienes razón. Así es exactamente como funciona. Por lo tanto, cuando desees algo, dalo. Entonces, ya no lo «desearás». De inmediato experimentarás «tenerlo». A partir de ese momento, es sólo una cuestión de grado. Psicológicamente, te resultará mucho más fácil «agregar», que crear de la nada.

Siento que escuché aquí algo muy profundo. ¿Puedes relacionar esto ahora con la segunda parte de mi pregunta? ¿Existe un vínculo?

Lo que te propongo es que ya tienes la respuesta a esa pregunta. En este momento estás viviendo el pensamiento de que no tienes la respuesta; que si tuvieras la respuesta, tendrías sabiduría. Entonces, te acercas a Mí en busca de sabiduría. Sin embargo, te digo, sé sabio y tendrás sabiduría.

¿Cuál es la manera más rápida de «ser» sabio? Haz que otra persona sea sabia.

¿Eliges tener la respuesta a esta pregunta? Da la respuesta a otra persona.

Ahora, Yo te formularé la pregunta. Fingiré que «no sé» y tú Me darás la respuesta.

¿Cómo puede la madre que aleja a su hijo del tráfico amar verdaderamente al niño, si el amor significa desear para la otra persona lo que ella desea para sí misma?

No lo sé.

Sé que no lo sabes. <u>Sin embargo, si pensaras que lo sabías, ¿cuál sería la respuesta?</u>

Diría que la madre *deseaba* para el niño lo que el niño quería; esto es, *permanecer con vida.* Diría que el niño no deseaba morir, sino que sencillamente, no sabía que el andar allí entre el tráfico podría causarle la muerte. Por lo tanto, al correr hasta allí para alejar al niño, la madre no privó al niño de la oportunidad de ejercitar su voluntad, sino que simplemente se puso en contacto con la verdadera elección del niño, con su deseo más profundo.

Ésa sería una muy buena respuesta.

Si eso es verdad, entonces Tú, como Dios, no harías nada que no fuera *evitar que nos lastimáramos a nosotros mismos,* puesto que nuestro deseo más profundo no puede ser dañarnos a nosotros mismos. No obstante, nos dañamos constantemente y Tú sólo permaneces sentado y nos observas.

Siempre estoy en contacto con sus deseos más profundos y siempre les doy eso.
Incluso cuando hacen algo que les causaría la muerte, si ése es su deseo más profundo, eso es lo que obtienen: la experiencia de «morir».
Jamás interfiero con sus deseos más profundos.

¿Quieres decir que cuando nos dañamos a nosotros mismos, eso es lo que *deseamos* hacer? ¿Ése es nuestro *deseo más profundo?*

No pueden «dañarse» a sí mismos. Son incapaces de ser dañados. El «daño» es una reacción subjetiva, no un fenómeno objetivo. Pueden elegir experimentar el «daño» a sí mismos en cualquier encuentro o fenómeno, mas ésa es totalmente su decisión.
De acuerdo con esa verdad, la respuesta a tu pregunta es: sí, cuando te has «dañado», es porque deseaste hacerlo. Hablo en un nivel esotérico muy elevado y en realidad, tu pregunta no «viene de allí».
En el sentido al que te refieres, como un asunto de elección consciente, diría que no, que cada vez que haces algo que te daña, no es porque lo «deseabas».

El niño que resulta atropellado por un coche, porque andaba en la calle no «quería» (deseaba, buscaba, elegía conscientemente) ser atropellado por el auto.

El hombre que continúa casándose con la misma clase de mujer (una que no es adecuada para él), con apariencia diferente, no «quiere» (desea, busca, elige conscientemente) continuar teniendo matrimonios malos.

No podríamos decir que la persona que se golpea el pulgar con el martillo «quería» esa experiencia. No la deseó, buscó o eligió en forma consciente.

Sin embargo, todos los fenómenos objetivos son atraídos hacia ti subconscientemente; tú creas todos los eventos inconscientemente; tú atrajiste hacia ti a toda persona, lugar o cosa en tu vida; fue autocreada, si así lo deseas, para proporcionarte las condiciones exactas y perfectas, la oportunidad perfecta, para experimentar lo que deseas experimentar en seguida, a medida que evolucionas.

Nada puede suceder, te digo que nada puede ocurrir en tu vida, que no sea una oportunidad precisamente perfecta para que sanes algo, crees algo o experimentes algo que deseas sanar, crear o experimentar para ser Quien Eres Realmente.

¿Y quién soy en realidad?

Quien elijas ser. El aspecto de Divinidad que desees ser; eso es Quien Eres. Eso puede cambiar en cualquier momento. En realidad, a menudo cambia, de un momento a otro. No obstante, si deseas establecer tu vida, dejar de proporcionarte una variedad tan amplia de experiencias, hay una forma de hacerlo. Simplemente, deja de cambiar de opinión tan frecuentemente respecto a Quién Eres y Quién Eliges Ser.

¡Eso se dice con más facilidad que con la que se hace!

Noto que tomas estas decisiones en niveles muy diferentes. El niño que decide salir a la calle a jugar entre el tráfico no toma la decisión de morir. Puede tomar muchas otras decisiones, mas morir no es una de ellas. La madre lo sabe.

El problema aquí no es que el niño eligió morir, sino que el niño tomó decisiones que podrían conducir a más de un resultado, incluyendo su muerte. Ese hecho no está claro para él, no lo conoce. Es la información faltante, la que evita que el niño tome una decisión clara, que haga una mejor elección.

Como ves, lo analizaste perfectamente.

Ahora Yo, como Dios, nunca interferiré con tus decisiones, pero siempre las conoceré.

Por lo tanto, puedes asumir que si algo te sucede, es perfecto que así sea, porque nada escapa a la perfección en el mundo de Dios.

El diseño de tu vida (las personas, los lugares y los eventos en ella) fueron creados perfectamente por el creador perfecto de la perfección: tú... y Yo... en, como y a través de ti.

Ahora podemos trabajar juntos en este proceso cocreativo de manera consciente o inconsciente. Puedes ir por la vida consciente o inconsciente. Puedes seguir tu camino dormido o despierto.

Tú eliges.

Espera, volvamos a ese comentario acerca de tomar decisiones en niveles muy diferentes. Dijiste que si deseaba establecer mi vida, debería dejar de cambiar de opinión acerca de quién soy y quién deseo ser. Cuando dije que quizá eso no sea fácil, hiciste la observación de que todos nosotros tomamos decisiones en niveles muy diferentes. ¿Puedes ahondar más en eso? ¿Qué significa eso? ¿Cuáles son las implicaciones?

Si todo lo que deseaste es lo que tu alma deseó, todo sería muy simple. Si escucharas la parte de ti que es espíritu puro, todas tus decisiones serían fáciles y todos los resultados felices. Esto es porque... las decisiones del espíritu siempre son las decisiones más elevadas.

No necesitan justificarse. No necesitan analizarse o evaluarse. Sencillamente, necesitan seguirse y actuarse.

Sin embargo, no eres únicamente un espíritu. Eres un Ser Trinidad, formado de cuerpo, mente y espíritu. Ésa es la gloria y la maravilla de ti. A menudo tomas decisiones y eliges simultáneamente en los tres niveles y <u>no siempre coinciden</u>.

No es poco común que tu cuerpo desee una cosa, mientras que tu mente busca otra y tu espíritu desea una tercera. Esto puede resultar especialmente cierto en los niños, que con frecuencia no tienen la suficiente madurez para distinguir entre lo que parece «divertido» al cuerpo y lo que tiene sentido para la mente, mucho menos entre lo que resuena con el alma. Por lo tanto, el niño juega en la calle.

Como Dios, estoy consciente de todas tus elecciones, incluso de las que haces subconscientemente. Nunca interferiré con ellas, sino todo lo contrario. Es Mi tarea asegurar que tus elecciones sean concedidas. (En verdad, tú las concedes a tu Yo. Lo que yo hago es colocar en su lugar un sistema que te permita hacer eso. Este sistema se llama el proceso de la creación y lo explico con detalle en el Libro 1.)

Cuando tus elecciones entran en conflicto, cuando el cuerpo, la mente y el espíritu no actúan como uno; el proceso de la creación funciona en todos los niveles, produciendo resultados mezclados. Por el contrario, si tu ser está en armonía y tus elecciones están unificadas, pueden ocurrir cosas sorprendentes.

Los jóvenes tienen una frase, «tener todo junto», que podría utilizarse para describir este estado unificado de ser.

Hay también niveles dentro de niveles en tu toma de decisiones. Esto es particularmente cierto en el nivel de la mente.

Tu mente puede y toma decisiones y hace elecciones entre uno de al menos tres niveles interiores: la lógica, la intuición, la emoción y, en ocasiones, desde los tres, produciendo el potencial para un conflicto interior mucho mayor.

Dentro de uno de esos niveles, la emoción, hay cinco niveles más. Éstos son las cinco emociones naturales: *aflicción, ira, envidia, temor y amor.*

Dentro de estas emociones hay también dos niveles finales: el amor y el temor.

Las cinco emociones naturales incluyen el amor y el temor; no obstante, el amor y el temor son la base de todas las emociones. Las otras tres de las cinco emociones naturales son consecuencias de estas dos.

Por último, todos los pensamientos están dominados por el amor o el temor. Ésta es la gran polaridad. Ésta es la dualidad primordial. Finalmente, todo se convierte en una de estas emociones. Todos los pensamientos, las ideas, los conceptos, las comprensiones, las decisiones, las elecciones y las acciones se basan en una de éstas.

Al final, sólo hay una en realidad.

El amor.

En verdad, el amor es todo lo que hay. Incluso el temor es un fruto del amor y cuando se utiliza en forma efectiva, expresa amor.

¿El temor expresa *amor?*

Sí, en su forma más elevada. Todo expresa amor, cuando la expresión está en su forma más elevada.

¿La madre que salva al hijo de morir en el tráfico expresa temor o amor?

Supongo que ambas cosas. Temor por la vida del niño y amor, suficiente para arriesgar su propia vida para salvar al niño.

Precisamente. Aquí vemos que el temor en su forma más elevada se convierte en amor... es amor... expresado como temor.
De manera similar, al ascender por la escala de las emociones naturales, la aflicción, la ira y la envidia son alguna forma de temor, que a su vez, es alguna forma de amor.
Una cosa conduce a la otra. ¿Comprendes?
El problema surge cuando alguna de las cinco emociones naturales se distorsiona. Entonces se vuelven grotescas y no son reconocibles como frutos del amor, mucho menos como Dios, que es lo que es el Amor Absoluto.

Ya había oído hablar sobre las cinco emociones naturales, durante mi maravillosa asociación con la doctora Elisabeth Kübler-Ross. Ella me enseñó sobre éstas.

Así fue y fui yo quien la inspiró para que te enseñara esto.

Comprendo que cuando tomo decisiones, mucho depende de «dónde vengo» y de que de donde «vengo» podría tener varias capas de profundidad.

Sí, así es.

Por favor, háblame sobre las cinco emociones naturales, me gustaría escucharlo de nuevo, porque he olvidado mucho de lo que me enseñó Elisabeth.

La aflicción es una emoción natural. Es esa parte de ti que te permite despedirte cuando no deseas decir adiós; expresar (expulsar, sacar) la tristeza dentro de ti debido a la experiencia de cualquier clase de pérdida. Puede ser la pérdida de un ser amado o la pérdida de un lente de contacto.
Cuando se te permite expresar tu aflicción, te liberas de ésta. A los niños que se les permite estar tristes cuando se sienten tristes se sienten muy sanos respecto a la tristeza cuando son adultos y, por lo tanto, generalmente pasan por ese periodo de tristeza con mucha rapidez.

A los niños que les dicen «No llores», se les dificulta llorar cuando son adultos. Después de todo, durante toda su vida les han dicho que no lloren. Por lo tanto, reprimen su aflicción.

La aflicción que se reprime en forma continua se convierte en depresión crónica, una emoción muy poco natural.

Las personas han matado debido a la depresión crónica; se han iniciado guerras y han caído naciones.

La ira es una emoción natural. Es la herramienta que tienes y que te permite decir «No, gracias». No tiene que ser abusiva y nunca tiene que dañar a los demás.

Cuando a los niños se les permite expresar su ira, muestran una actitud muy saludable respecto a ésta cuando son adultos y, por lo tanto, generalmente atraviesan por su ira con mucha rapidez.

A los niños que les hacen sentir que su ira no es correcta, que es malo expresarla y que no deberían sentirla, se les dificultará manejar en forma apropiada su ira cuando sean personas adultas.

La ira que se reprime continuamente se convierte en cólera, una emoción muy poco natural.

La gente ha matado debido a la cólera; se han iniciado guerras y han caído naciones.

La envidia es una emoción natural. Es la emoción que hace que un niño de cinco años desee poder alcanzar el picaporte de la puerta, como su hermana, o andar en bicicleta. La envidia es una emoción natural que hace que desees hacerlo de nuevo, esforzarte más, continuar luchando hasta lograr el éxito. Es muy saludable sentir envidia, muy natural. Cuando a los niños se les permite expresar su envidia, muestran una actitud muy sana durante sus años adultos y, por lo tanto, casi siempre atraviesan por la envidia con mucha rapidez.

A los niños que les hacen sentir que la envidia no es buena, que es malo expresarla y que ni siquiera deberían sentirla, se les dificultará manejarla en forma apropiada cuando sean adultos.

La envidia reprimida en forma continua se convierte en celos, que es una emoción muy poco natural.

La gente ha matado debido a los celos; se han iniciado guerras y han caído naciones.

El temor es una emoción natural. Todos los bebés nacen con dos temores únicamente: el temor de caer y el temor a los ruidos fuertes. Todos los otros temores son respuestas aprendidas, proporcionadas al niño por su medio ambiente, enseñadas por sus padres. El propósito del temor natural es desarrollar un poco de precaución. La precaución es una herramienta que ayuda a mantener vivo el cuerpo. Es un fruto del amor. El amor por el Yo.

A los niños que les hacen sentir que el temor no es correcto, que es malo expresarlo y que ni siquiera deberían sentirlo, se les dificultará manejarlo en forma apropiada cuando sean adultos.

El temor que se reprime continuamente se convierte en pánico, que es una emoción muy poco natural.

La gente ha matado debido al pánico; se han iniciado guerras y han caído naciones.

El amor es una emoción natural. Cuando a un niño se le permite expresarlo y recibirlo, en forma normal y natural, sin limitación ni condición, sin inhibición ni vergüenza, él no requiere de nada más, puesto que la alegría del amor expresado y recibido de esta manera es suficiente. Sin embargo, el amor que ha sido condicionado, limitado, regido por reglas y reglamentos, por rituales y restricciones, controlado, manipulado y reprimido, se convierte en algo no natural.

A los niños que les hacen sentir que su amor natural no es bueno, que es malo expresarlo y que ni siquiera deberían sentirlo, se les dificultará manejarlo en forma apropiada cuando sean personas adultas.

El amor que se reprime en forma continua se convierte en actitud posesiva, que es una emoción muy poco natural.

La gente ha matado debido a una actitud posesiva, se han iniciado guerras y han caído naciones.

Las emociones naturales, cuando se reprimen, producen reacciones y respuestas no naturales. Casi toda la gente reprime las emociones más naturales. No obstante, éstas son sus amigas. Éstas son sus dones. Éstas son sus herramientas divinas con las que pueden crear su experiencia.

Reciben estas herramientas al nacer y son para ayudarlos a negociar la vida.

¿Por qué la mayoría de la gente reprime estas emociones?

Les enseñaron a reprimirlas, les dijeron que lo hicieran.

¿Quiénes?

Sus padres, las personas que los criaron.

¿Por qué? ¿Por qué hicieron eso?

Porque sus padres se los enseñaron y a sus padres se los enseñaron los suyos.

Sí, sí, pero, ¿*por qué?* ¿Por qué *continúa?*

Lo que continúa es que la paternidad es ejercida por personas no adecuadas.

¿Qué quieres decir? ¿Quiénes son las «personas no adecuadas»?

La madre y el padre.

¿La madre y el padre son las personas no adecuadas para criar a los hijos?

Sí, cuando los padres son jóvenes. Sí, en la mayoría de los casos. En realidad, es un milagro que muchos de ellos hagan el buen trabajo que llevan a cabo.
Nadie está peor equipado para criar a los niños que los padres jóvenes. Nadie sabe esto mejor que los padres jóvenes.
La mayoría de los padres asumen la tarea de la paternidad con muy poca experiencia en la vida. Apenas acaban de ser educados. Todavía buscan respuestas e indicios.
Ni siquiera se han descubierto a sí mismos; no obstante, tratan de guiar y proporcionar descubrimiento a otros, incluso más vulnerables que ellos. Ni siquiera se han definido a sí mismos y se les confía el acto de definir a otros. Todavía tratan de superar lo mal que sus padres los definieron.
Ni siquiera han descubierto Quiénes Son y tratan de decirles quiénes son ustedes. La presión es muy grande para ellos para hacerlo bien; ni siquiera pueden dirigir «correctamente» sus vidas. Por lo tanto, dirigen todo mal: sus vidas y las vidas de sus hijos.
Si tienen suerte, el daño a sus hijos no será demasiado. Los hijos lo superarán, aunque tal vez no antes de transmitir algún daño a sus hijos.
Casi todos ustedes obtienen la sabiduría, la paciencia, la comprensión y el amor para ser padres maravillosos <u>después que terminan sus años de paternidad</u>.

¿Por qué es esto? No lo comprendo. Me doy cuenta que Tu observación es correcta en muchos casos, pero, ¿por qué en éste?

Porque nunca se tuvo la intención de que los jóvenes que dan vida a los niños fueran educadores de niños. Sus años para criar niños deberían empezar en realidad ahora que ya terminaron.

Todavía me siento un poco perdido aquí.

Los seres humanos son biológicamente capaces de crear niños cuando ellos mismos son aún niños, lo cual quizá les sorprenda saberlo a la mayoría de ustedes, pues lo son durante 40 o 50 años.

¿Los seres humanos son «niños» *durante 40 o 50 años?*

Sí, desde cierta perspectiva. Sé que resulta difícil mantener esto como tu verdad, pero mira a tu alrededor. Quizá los comportamientos de tu raza podrían ayudar a demostrar Mi punto de vista.

La dificultad yace en su sociedad. A los 21 años les dicen que son «mayores» y están listos para enfrentar al mundo. A esto hay que añadir el hecho de que a muchos de ustedes los criaron madres y padres que <u>no tenían más de 21 años de edad</u> cuando empezaron a criarlos. Puedes empezar a comprender el problema.

Si se esperara que las personas que dan vida a los niños también los educaran, ¡no podrían darles vida hasta que tuvieran cincuenta años!

Se esperaba que el dar la vida fuera una actividad de los jóvenes, cuyos cuerpos están bien desarrollados y fuertes. Se esperaba que el criar a los niños fuera una actividad de los mayores, cuyas mentes están bien desarrolladas y fuertes.

En su sociedad han insistido en hacer responsables de criar a los niños a las personas que les han dado la vida, con el resultado de que no sólo han dificultado mucho el proceso de la paternidad, sino que distorsionaron muchas de las energías que rodean al acto sexual.

¿Podrías explicarlo?

Sí.

Muchos seres humanos han observado lo que yo observé aquí. Esto es, que muchos seres humanos, quizá la mayoría, no son realmente capaces de criar a los niños cuando son capaces de tenerlos. Sin embargo, al descubrir esto, los humanos eligieron exactamente la solución errónea.

En lugar de permitir que los jóvenes disfruten el sexo y si produce hijos, que las personas mayores los eduquen, dicen a los jóvenes que no tengan sexo hasta que estén listos para aceptar la responsabilidad de criar a los hijos. Han hecho que sea «malo» para ellos tener experiencias sexuales antes de ese tiempo y, de esta manera, crearon un tabú alrededor de lo que se intentaba fuera una de las celebraciones más placenteras de la vida.

Por supuesto, la prole presta poca atención a este tabú y por un buen motivo: es totalmente no natural obedecerlo.

Los seres humanos desean tener pareja y copular tan pronto como sientan la señal interior que les indica que están listos. Ésta es la naturaleza humana.

Sin embargo, su pensamiento acerca de su propia naturaleza estará más relacionada con lo que ustedes, como padres, les han dicho sobre lo que sienten en su interior. Sus hijos los buscan para que les digan lo que es la vida.

Cuando sienten sus primeras urgencias de mirarse a hurtadillas, de jugar inocentemente uno con el otro, de explorar las «diferencias» mutuas, los observan en busca de señales sobre esto. ¿Es «buena» esta parte de su naturaleza humana? ¿Es «mala»? ¿Se aprueba? ¿Se debe reprimir? ¿Sofrenar? ¿Desalentar?

Se observa que lo que muchos padres han dicho a sus hijos sobre esta parte de su naturaleza humana tiene su origen en muchas cosas: en lo que les dijeron; lo que dice su religión; en lo que piensa su sociedad, en todo, excepto en el orden natural de las cosas.

En el orden natural de su especie, la sexualidad se presenta entre los 9 y los 14 años. Desde los 15 en adelante, está muy presente y la expresan casi todos los seres humanos. Así se inicia una carrera contra el tiempo, con los niños corriendo en estampida hacia la liberación plena de su propia y alegre energía sexual y los padres apresurándose para detenerlos.

Los padres necesitan toda la asistencia y todas las alianzas que puedan encontrar en esta lucha, puesto que, como se ha indicado, le piden a sus hijos que no hagan algo que es parte de su naturaleza.

Así, los adultos han inventado toda clase de presiones familiares, culturales, religiosas, sociales y económicas, así como restricciones y limitaciones para justificar sus demandas poco naturales a sus hijos. Los niños han crecido aceptando que su propia sexualidad no es natural. ¿Cómo algo que es «natural» puede ser tan vergonzoso, siempre evitado, tan controlado, mantenido a raya, restringido, frenado y negado?

Considero que exageras un poco en esto. ¿No crees que estás exagerando?

¿En realidad? ¿Cuál crees que es el impacto que recibe un niño de cuatro o cinco años, cuando sus padres ni siquiera utilizan el <u>nombre</u> correcto para ciertas partes de su cuerpo? ¿Qué le dicen al niño acerca de su nivel de comodidad con eso y cuál consideran que <u>debe ser el suyo</u>?

Uh...

Sí... «uh...», en verdad.

«No empleamos esas palabras», como mi abuela solía decir. Es sólo que «pipí» y «pompis» *suena* mejor.

Eso es sólo porque tienen demasiada «negatividad» ligada a los nombres reales de esas partes del cuerpo que rara vez utilizan las palabras en una conversación común.

Por supuesto, en la edad temprana, los niños no saben por qué sus padres sienten de esta manera, sino que sólo se quedan con la impresión, la impresión a menudo <u>indeleble</u> de que ciertas partes del cuerpo «no son buenas» y que cualquier cosa relacionada con ellas no sólo es vergonzosa, sino es que «mala».

A medida que los niños crecen y llegan a la adolescencia, comprenden que esto no es verdad, pero entonces les hablan en términos muy claros sobre el vínculo entre el embarazo y la sexualidad y acerca de cómo tendrán que educar a los niños que creen, por lo que ahora tienen otro motivo para sentir que la expresión sexual es «mala» y así se completa el círculo.

Esto ha causado confusión en su sociedad, así como estragos. <u>Esto siempre es el resultado de juguetear con la naturaleza</u>.

Han creado la vergüenza sexual, la represión y el pudor, lo que ha conducido a la inhibición sexual, a la disfunción y a la violencia.

Como sociedad, siempre estarán inhibidos por eso que los avergüenza; siempre serán disfuncionales con comportamientos que han reprimido y siempre actuarán con violencia, como protesta porque les hacen sentir vergüenza por algo que <u>en su corazón saben no deberían sentirla</u>.

Entonces, Freud tenía razón cuando dijo que gran parte de la ira en la especie humana podría estar relacionada con la sexualidad (una ira profunda por tener que reprimir los instintos físicos básicos y naturales, así como los intereses y las necesidades.

Más de uno de sus psiquiatras se ha aventurado bastante. El ser humano está enfadado porque sabe que no debe sentir vergüenza por algo que se siente tan bien y, sin embargo, siente culpa y vergüenza.

Primero, el ser humano se enfada con el Yo por sentirse muy bien respecto a algo que se supone que obviamente es «malo».

Entonces, cuando al fin comprende que ha sido víctima del engaño, que se supone que la sexualidad debe ser una parte maravillosa, honorable y gloriosa de la experiencia humana, se enfada con los demás: con los padres, por reprimirlo; con la religión, por avergonzarlo; con los miembros del sexo opuesto, por desafiarlo y con toda la sociedad, por controlarlo.

Por último, se enfada consigo mismo, por permitir que todo esto lo inhiba.

Gran parte de esta ira reprimida se canaliza hacia la construcción de valores morales distorsionados y desencaminados, en la sociedad en la que ahora viven, una sociedad que glorifica y honra con monumentos, estatuas, timbres conmemorativos, películas, fotografías y programas de televisión, algunos de los actos de violencia más feos del mundo, pero que oculta o, peor aún, que desprecia algunos de los actos de amor más hermosos del mundo.

Todo esto (todo esto) ha surgido de un solo pensamiento: que las personas que tienen hijos, tienen también la responsabilidad de criarlos.

Entonces, si las personas que tienen hijos no son responsables de educarlos, ¿quién lo es?

Toda la comunidad, con énfasis especial en las personas mayores.

¿Las personas mayores?

En las razas y sociedades más avanzadas, las personas mayores crían a los niños, los alimentan, los entrenan y les transmiten la sabiduría, las enseñanzas y las tradiciones de su raza. Más adelante, cuando hablemos sobre algunas de estas civilizaciones avanzadas, tocaré de nuevo este tema.

En una sociedad donde no se considera «malo» producir hijos a una edad joven (porque los ancianos de la tribu los crían y, por lo tanto, no existe un sentido abrumador de responsabilidad y carga), no existe la represión ni la violación ni la desviación ni la disfunción social y sexual.

¿Existen tales sociedades en nuestro planeta?

Sí, aunque han estado desapareciendo. Han tratado de erradicarlas, de asimilarlas, porque las consideran bárbaras. En lo que ustedes llaman sociedades no bárbaras, los niños (las esposas y los esposos) se consideran como una propiedad, como posesiones personales. Por lo tanto, las personas que tienen hijos deben criarlos, porque deben cuidar eso que «poseen».

Se considera que la raíz de muchos de los problemas de su sociedad es esta idea acerca de que los cónyuges y los hijos son posesiones personales, que son «suyos».

Más adelante examinaremos todo este tema de la «propiedad», cuando exploremos y discutamos la vida entre los seres sumamente evolucionados. Por el momento, sólo piensa en esto durante un minuto. ¿Cualquier persona está emocionalmente preparada para criar a los hijos en el momento en que está físicamente lista para tenerlos?

La verdad es que la mayoría de los seres humanos no están equipados para criar a los niños incluso cuando tienen 30 y 40 años y no debe esperarse que lo estén. En realidad, no han vivido lo suficiente como adultos para transmitir una sabiduría profunda a sus hijos.

Ya he escuchado eso con anterioridad. Mark Twain habló sobre esto. Se dice que comentó: «Cuando yo tenía 19 años, mi padre no sabía nada. Sin embargo, cuando yo tenía 35, me sorprendió cuánto había aprendido mi padre».

Lo captó a la perfección. Nunca se tuvo la intención de que sus años jóvenes fueran para enseñar la verdad, sino para reunir la verdad. ¿Cómo pueden enseñar a los niños una verdad que todavía no han acumulado?

Por supuesto que no pueden. Por lo tanto, sólo les dirán la verdad que conocen, la verdad de otros, la de sus padres, sus madres, su cultura y su religión. Sólo su propia verdad. Todavía la están buscando.

Buscarán, experimentarán, encontrarán, fracasarán, formarán y reformarán su verdad, su idea sobre ustedes mismos, hasta que hayan permanecido medio siglo en este planeta o casi este tiempo.

Entonces, quizá al fin empiecen a establecerse con su verdad. Es probable que la verdad más grande que acepten sea que no existe una verdad constante; esa verdad, como la vida en sí, es algo que cambia, algo que crece y evoluciona. Entonces, cuando piensen que el proceso de la evolución se detuvo, no se ha detenido, sino que en realidad apenas se inició.

Sí, ya comprendí eso. Tengo más de 50 y ya llegué a ese punto.

Bien. Ahora eres un hombre sabio, una persona mayor. Ahora debes criar hijos o mejor aún, dentro de diez años. Son las personas mayores las que deben criar a los niños y eso fue lo que se intentó.
Son las personas mayores las que conocen la verdad y la vida; lo que es importante y lo que no lo es; lo que significan en realidad términos tales como integridad, honestidad, lealtad, amistad y amor.

Comprendo lo que has tratado de explicar aquí. Es difícil aceptarlo, pero muchos de nosotros *apenas* hemos pasado de ser «niños» a «estudiantes», cuando ya tenemos hijos propios y sentimos que tenemos que empezar a *enseñarlos*. Entonces suponemos que debemos enseñarles lo que nos enseñaron nuestros padres.

Así, los pecados del padre pasan al hijo, incluso hasta la séptima generación.

¿Cómo podemos cambiar eso? ¿Cómo podemos terminar el ciclo?

Dejen la educación de los niños en las manos de las respetables personas mayores. Los padres pueden ver a sus hijos cuando lo deseen, incluso vivir con ellos si así lo deciden, pero no son los únicos responsables de su cuidado y educación. Las necesidades físicas, sociales y espirituales de los niños las satisface toda la comunidad, con la educación y los valores que ofrecen las personas mayores.
Más adelante en nuestro diálogo, cuando hablemos sobre otras culturas en el universo, veremos algunos nuevos modelos para vivir. No obstante, estos modelos no funcionarán en la forma como tienen estructuradas en la actualidad sus vidas.

¿Qué quieres decir?

Quiero decir que no sólo es la paternidad lo que están haciendo con un modelo inefectivo, sino toda su forma de vida.

Una vez más, ¿a qué Te refieres?

Se han alejado uno del otro. Han separado sus familias, desmantelado sus comunidades más pequeñas, a favor de ciudades enormes. En estas ciudades enormes hay más personas, pero menos «tribus», grupos o clanes cuyos miembros consideran que su responsabilidad es incluir responsabilidad para todos. En realidad, no tienen ancianos. No al alcance de la mano.

Aún peor que alejarse de las personas mayores, las han apartado, las han marginado, les han quitado su poder e incluso se sienten agraviados por ellas.

Sí, algunos miembros de su sociedad se sienten agraviados por las personas mayores que hay entre ustedes, aseguran que de alguna manera desangran el sistema, exigen beneficios que los jóvenes tienen que pagar con porcentajes de sus ingresos cada vez mayores.

Es verdad. Algunos sociólogos predicen una guerra de generaciones, en la que se culpará a las personas mayores por requerir cada vez más, mientras contribuyen cada vez menos. Ahora hay mucho más ciudadanos mayores, puesto que los «baby boomers» se aproximan a la vejez y la gente en general vive más tiempo.

Sin embargo, si las personas mayores no contribuyen, esto se debe a que no les han permitido contribuir. Les han pedido que se retiren de sus trabajos, cuando podrían proporcionarle algún bien a la compañía. Les piden que se retiren de una participación más activa y significativa en la vida, justamente cuando su participación podría dar algún sentido a los procedimientos.

No sólo en la paternidad, sino también en la política, en la economía e incluso en la religión, donde las personas mayores tenían al menos un punto de apoyo, se han convertido en adoradores de la juventud, en una sociedad que aparta a los ancianos.

Su sociedad se ha convertido en una sociedad singular y no en una plural. Esto es, en una sociedad formada por individuos y no por grupos.

Al individualizar y rejuvenecer a su sociedad, perdieron mucho de su riqueza y recursos. Ahora carecen de ambos y muchos de ustedes viven en una pobreza y agotamiento emocionales y psicológicos.

Te preguntaré de nuevo, ¿hay alguna forma en que podamos dar fin a este ciclo?

Primero, reconozcan que es real. Muchos de ustedes viven en negación. Muchos de ustedes fingen que lo que es así, simplemente no lo es. Se mienten a sí mismos y no desean escuchar la verdad, mucho menos expresarla.

Sobre esto hablaremos también más adelante, cuando examinemos las civilizaciones de seres sumamente evolucionados, porque esta negación, este fracaso de observar y reconocer esto no es algo insignificante. Si en verdad desean cambiar las cosas, espero que Me escuchen.

Ha llegado el momento de decir la verdad, sencilla y simple. ¿Estás listo?

Lo estoy. Por eso vine a Ti. Por eso se inició toda esta conversación.

Con frecuencia, la verdad resulta incómoda. Sólo conforta a aquellos que no desean ignorarla. Entonces, la verdad no sólo se vuelve confortante, sino también inspiradora.

Para mí, todo este diálogo de tres partes ha resultado inspirador. Por favor, continúa.

Hay algunos buenos motivos para sentirse animado, optimista. Observo que las cosas han empezado a cambiar. Hay más énfasis entre su especie para crear comunidad y formar familias amplias, más que en años recientes. Están honrando cada vez con mayor frecuencia a sus mayores, produciendo significado y valor en sus vidas y de éstas. Es un gran paso en una maravillosa dirección útil.

Las cosas están «cambiando». Parece que su cultura ha dado ese paso. Ahora, es hacia adelante desde allí.

No pueden hacer estos cambios en un día. Por ejemplo, no pueden cambiar toda su forma de paternidad, que es como se inició esta corriente actual de pensamiento, de un solo golpe. No obstante, <u>pueden</u> cambiar su futuro, paso a paso.

Leer este libro es uno de esos pasos. Este diálogo tocará de nuevo muchos puntos importantes antes de que hayamos terminado. Esa repetición no será accidental, sino que es para dar énfasis.

Pediste ideas para la construcción de tus mañanas. Empecemos examinando tus ayeres.

2

¿Qué tiene que ver el pasado con el futuro?

Cuando conoces el pasado, puedes saber más acerca de todos tus posibles futuros. Te acercaste a Mí para pedirme que hiciera que tu vida funcionara mejor. Será útil para ti saber cómo llegaste adonde te encuentras hoy.

Te hablaré de fuerza y de fortaleza y de la diferencia entre ambas. Charlaré contigo acerca de esa figura de Satanás que inventaron, cómo y por qué lo inventaron y cómo decidieron que su Dios era un «Él» y no una «Ella».

Te hablaré de Quien Soy Realmente y no de quien han dicho que soy en sus mitologías. Te describiré Mi Existencia de tal manera que gustosamente remplazarás la mitología con la cosmología, la verdadera cosmología del universo y su relación Conmigo. Haré que sepas sobre la vida, cómo funciona y por qué funciona de esa manera. Este capítulo tratará todas esas cosas.

Cuando conozcas esas cosas, podrás decidir lo que deseas desechar entre lo que tu raza ha creado. Esta tercera parte de nuestra conversación, este tercer libro, trata de construir un mundo más nuevo, de crear una nueva realidad.

Ustedes, Mis hijos, han vivido en una prisión ideada por ustedes. Ya es hora de que se liberen.

Aprisionaron sus cinco emociones naturales, reprimiéndolas y convirtiéndolas en emociones no naturales, lo que ha causado infelicidad, muerte y destrucción para su mundo.

En este planeta, durante siglos, el modelo de comportamiento ha sido no ser «indulgentes» con sus emociones. Si sienten aflicción, la superan; si sienten enfado, se lo tragan; si sienten envidia, esto los avergüenza; si sien-

ten temor, lo superan; si sienten amor, lo controlan, lo limitan, esperan, huyen de él, hacen cualquier cosa para evitar expresarlo plenamente, aquí, en este momento.

Ya es tiempo de que se liberen.

En verdad, aprisionaron a su Yo Sagrado y ya es hora de que liberen a su Yo.

Esto empieza a entusiasmarme. ¿Cómo comenzamos? ¿Cómo empezamos?

En nuestro breve estudio para comprender cómo todo tuvo que ser de esta manera, regresemos a la época cuando su sociedad se reorganizó. Esto es, cuando los hombres se convirtieron en la especie dominante y decidieron que no era adecuado expresar las emociones o, en algunos casos, incluso sentirlas.

¿A qué te refieres al decir «cuando la sociedad se reorganizó»? ¿Sobre qué hablamos?

Al principio de su historia, vivieron en este planeta en una sociedad de matriarcado. Luego hubo un cambio y surgió el patriarcado. Cuando llevaron a cabo ese cambio, dejaron de expresar sus emociones. Etiquetaron como «debilidad» hacer esto. Fue durante este periodo que los hombres inventaron también al demonio y al Dios masculino.

¿Los hombres inventaron al diablo?

Sí, Satanás fue esencialmente una invención masculina. Finalmente, toda la sociedad lo aceptó; sin embargo, el alejarse de las emociones y la invención de un «Ser Malvado» fue parte de una rebelión masculina contra el matriarcado, un periodo durante el cual las mujeres gobernaron todo con sus emociones. Ocupaban todos los puestos del gobierno, todos los puestos religiosos de poder, todos los lugares de influencia en el comercio, la ciencia, la enseñanza y la curación.

¿Qué poder tenían los hombres?

Ninguno. Los hombres tenían que justificar su existencia, puesto que tenían muy poca importancia, aparte de su habilidad para fertilizar los óvulos femeninos y mover los objetos pesados. Se asemejaban mucho a las hormigas y abejas trabajadoras. Se encargaban del trabajo físico pesado y se aseguraban de que nacieran niños y estuvieran protegidos.

Los hombres necesitaron cientos de años para encontrar y crear un sitio más importante para ellos en su sociedad. Transcurrieron siglos antes de que a los hombres se les permitiera participar en los asuntos de su clan; de tener voz o voto en las decisiones de la comunidad. Las mujeres no los consideraban lo suficientemente inteligentes para comprender dichos asuntos.

Resulta difícil imaginar que alguna sociedad prohíba realmente a toda una clase de personas incluso votar, con base sólo en el género.

Me agrada tu sentido del humor respecto a esto. En verdad me agrada. ¿Continuamos?

Por favor.

Transcurrieron siglos antes de que se les ocurriera pensar que en realidad podrían ocupar puestos de liderazgo, en los cuales finalmente tuvieron la oportunidad de votar. Otros puestos de influencia y de poder dentro de su cultura les fueron negados de una forma similar.

Cuando los hombres al fin ocuparon puestos de autoridad dentro de la sociedad, cuando al fin dejaron de ser creadores de bebés y esclavos físicos virtuales, debe dárseles el crédito de que no hayan actuado de la misma manera con las mujeres, sino que siempre hayan acordado respetar a las mujeres y darles el poder y la influencia que merecen todos los seres humanos, sin importar su género.

De nuevo hablas con humor.

Oh, lo lamento. ¿Te refieres a otro planeta?

Volvamos a nuestra narración. No obstante, antes de que continuemos con el tema de la invención del «diablo», hablemos un poco sobre el poder. Por supuesto, debido a éste surgió la invención de Satanás.

Ahora dirás que los hombres tienen todo el poder en la sociedad actual, ¿no es así? Permíteme hablar antes que tú y decirte por qué considero que sucedió esto.

Dijiste que durante el periodo del matriarcado, los hombres se asemejaban bastante a las abejas trabajadoras y que servían a la abeja reina. Dijiste que se encargaban de desempeñar el trabajo físico difícil y de asegurarse de que nacieran niños y estuvieran protegidos. Desearía preguntar «¿qué ha cambiado? ¡Eso es lo que hacen *ahora*!» Puedo apostar que muchos hombres quizá dirían que no *ha* cambiado mucho la situación, con excepción de que los hombres han obtenido un precio por mantener su «papel ingrato». Tienen más poder.

En realidad, casi todo el poder.

De acuerdo, gran parte del poder. No obstante, la ironía que veo aquí es que ambos géneros piensan que se encargan de las tareas no gratas, mientras que el otro género tiene toda la diversión. Los hombres muestran resentimiento hacia las mujeres que están intentando recuperar parte de su poder, porque dicen que no harían todo lo que hacen por la cultura, si al menos no tuvieran *el poder necesario para hacerlo.*

Las mujeres muestran resentimiento hacia los hombres que tienen todo el poder y dicen que no continuarán haciendo por la cultura, lo que hacen, si van a permanecer sin poder.

Lo analizaste correctamente. Los hombres y las mujeres están condenados a repetir sus propios errores en un ciclo continuo de miseria autoinfligida, hasta que una parte o la otra comprenda que la vida no es poder, sino fortaleza. Hasta que ambos comprendan que no se trata de separación, sino de unidad. Es en la <u>unidad</u> donde existe la fortaleza <u>interior</u> y es en la separación donde se disipa, dejando una sensación de debilidad y de impotencia y, por lo tanto, de lucha por el poder.

Les digo esto: terminen con ese distanciamiento entre ustedes y con la ilusión de separación y así volverán a la fuente de su fortaleza anterior. Ahí es donde encontrarán el verdadero poder. El poder para hacer cualquier cosa. El poder de ser cualquier cosa. El poder de tener cualquier cosa, puesto que el poder para crear se deriva de la fortaleza interior que se produce a través de la unidad.

Esto es cierto en la relación entre ustedes y su Dios, así como es notablemente cierto de la relación entre tú y tus congéneres.

Dejen de pensar que están separados y todo el poder verdadero que se obtiene de la fortaleza interior de la unidad será suyo, como una sociedad mundial y como una parte individual de ese todo para ejercer sus deseos. Sin embargo, recuerden esto:

El poder surge de la fortaleza interior. La fortaleza interior no se obtiene del poder bruto. Referente a esto, casi todo el mundo comprende lo contrario.

El poder sin la fortaleza interior es una ilusión. La fortaleza interior sin unidad es una mentira. Una mentira que no ha servido a la raza, sino que se ha arraigado firmemente en la conciencia de su raza. Ustedes piensan que la fortaleza interior surge de la individualidad y de la separación y, sencillamente, esto no es así. La separación de Dios y entre ustedes es la causa de todo su mal funcionamiento y sufrimiento. No obstante, la separación continúa disfrazada como fortaleza y su política, su economía e incluso sus religiones, han perpetuado la mentira.

Esta mentira es el génesis de todas las guerras y de todas las luchas de clase que conducen a la guerra; de toda la animosidad entre las razas y los géneros y de todas las luchas de poder que conducen a la animosidad; de todos los juicios y las tribulaciones y de todas las luchas internas que llevan a las tribulaciones.

A pesar de esto, se aferran con tenacidad a la mentira, sin importar que ya han visto hacia dónde los conduce, incluso si los ha conducido hasta su propia destrucción.

Ahora les diré esto: conozcan la verdad, pues la verdad los liberará.

No hay separación. No entre sí, no de Dios y no de nada que existe.

Repetiré esta verdad una y otra vez en estas páginas. Esta observación la haré una y otra vez.

Actúen como si no estuvieran separados de nada y de nadie y mañana sanarán su mundo.

Éste es el mayor secreto de todos los tiempos. Es la respuesta que el hombre ha buscado durante milenios. Es la solución por la cual ha trabajado, la revelación por la que ha orado.

Actúen como si no estuvieran separados de nada y sanarán el mundo.

Comprendan que se trata de actuar con el poder, no sobre éste.

Gracias, ya lo comprendí. Entonces, retrocediendo, fueron las mujeres quienes primero tuvieron el poder sobre los hombres y ahora es lo contrario. ¿Los hombres inventaron al demonio para quitar ese poder a las mujeres de las tribus o a los líderes del clan?

Sí. Utilizaban el temor, porque era la única arma que tenían.

Lo repito, la situación no ha cambiado mucho. Los hombres hacen eso en la actualidad. En ocasiones, incluso antes de haber intentado apelar a la *razón*, los hombres emplean el temor, en particular, si son los hombres más poderosos y fuertes. (O el país más grande y fuerte.) A veces parece estar arraigado en los hombres. Parece *celular*. El poder es derecho. La fortaleza es poder.

Sí. Así han sido las cosas desde el derrocamiento del matriarcado.

¿Por qué es así?

De eso trata esta corta historia.

Entonces, continúa, por favor.

Lo que tenían que hacer los hombres para obtener el control durante el periodo del matriarcado era no convencer a las mujeres de que a los hombres se les debería dar más poder sobre sus vidas, sino convencer a otros hombres.

Después de todo, la vida transcurría tranquilamente y había formas peores en que los hombres podían pasar el día, que simplemente desempeñando algún trabajo físico para hacerse valiosos y después tener sexo. Por lo tanto, no era fácil para los hombres, quienes no tenían poder, convencer a otros hombres sin poder, que buscaran dicho poder. Esto fue así hasta que descubrieron el temor.

El temor era algo con lo que las mujeres no habían contado.

Este temor se inició con las semillas de la duda, sembradas por los hombres más descontentos. En general, estos hombres eran los menos «deseables»; los hombres sin músculos, sencillos y, por lo tanto, aquéllos a los que las mujeres prestaban menos atención.

Supongo que debido a que esto era así, sus quejas fueron consideradas como ira surgida de la frustración sexual.

Eso es correcto. Esos hombres insatisfechos tenían que emplear la única arma que tenían. Por lo tanto, intentaron que surgiera el temor de las semillas de la duda. ¿Y si las mujeres estaba equivocadas?, preguntaron. ¿Y si su forma de dirigir el mundo no era la mejor? ¿Y si eso estaba conduciendo a toda la sociedad, a toda la raza, hacia la aniquilación segura?

Esto es algo que muchos hombres no podían imaginar. Después de todo, ¿acaso las mujeres no tenían una línea directa con la Diosa? ¿Acaso no eran réplicas exactas de la Diosa? ¿Acaso la Diosa no era buena?

La enseñanza era tan poderosa, tan arraigada, que los hombres no tuvieron otra alternativa que inventar al diablo, a Satanás, para contrarrestar la bondad ilimitada de la Gran Madre imaginada y adorada por la gente del matriarcado.

¿Cómo lograron convencer a alguien de que existía algo así como el «diablo»?

Algo que toda su sociedad entendía era la teoría de la «manzana podrida». Incluso las mujeres veían y sabían, de acuerdo con su experiencia, que algunos niños simplemente se volvían «malos», sin importar lo que hicieran. Especialmente, como todos sabían, el niño del sexo masculino, que no podía ser controlado.

Así se creó el mito.

Un día, el mito desapareció y la Gran Madre, la Diosa de Diosas, dio a luz a un niño que resultó no ser <u>bueno</u>. Sin importar todo lo que la Madre intentó, el niño no era bueno. Finalmente, él luchó contra su madre para quitarle el trono.

Esto era demasiado, incluso para una madre amorosa y que perdona. El niño fue desterrado para siempre; sin embargo, continuó presentándose con disfraces inteligentes, en ocasiones incluso como la misma Gran Madre.

Este mito sentó la base para que los hombres preguntaran: «¿Cómo sabemos que la Diosa a quien adoramos es una Diosa? Podría ser el niño malo, ahora crecido y que desea engañarnos».

Con esto, los hombres lograron que otros hombres se preocuparan y que después se enfadaran porque las mujeres no tomaban en serio sus preocupaciones, por lo que luego se rebelaron.

Así se creó el ser que ustedes llaman Satanás. No resultó difícil crear un mito acerca de un «niño malo», tampoco fue difícil convencer incluso a las mujeres del clan acerca de la posibilidad de la existencia de tal criatura. Tampoco fue difícil que todos aceptaran que el niño malo era del sexo masculino. ¿Acaso los hombres no pertenecían al género inferior?

Este recurso se utilizó para establecer un problema mitológico. Si el «niño malo» era del género masculino, si el «ser malo» era masculino, ¿quién podría dominarlo? Con seguridad, no una Diosa femenina. Los *hombres dijeron inteligentemente que cuando se trataba de asuntos de sabiduría y perspectiva, de claridad y de compasión, de planeación y de pensamiento, nadie dudaba de la superioridad femenina. Sin embargo, en asuntos de fuerza bruta, ¿acaso no necesitaban a los hombres?*

Anteriormente, en la mitología de la Diosa, los hombres eran simplemente consortes, compañeros de las mujeres, que actuaban como sirvientes y satisfacían su deseo de celebración lujuriosa de la magnificencia de su Diosa.

No obstante, ahora se necesitaba un hombre que pudiera hacer más; un hombre que pudiera proteger también a la Diosa y derrotar al enemigo. Esta transformación no ocurrió de un día para otro, sino a través de muchos años. En forma gradual, muy gradual, las sociedades empezaron a considerar al consorte masculino también como al protector masculino en sus mitologías espirituales, pues ahora que había alguien para proteger a la Diosa, dicho protector era necesario, obviamente.

No fue un cambio total del hombre como protector, al hombre como _pareja igual_, ahora junto a la Diosa. El _Dios masculino_ se creó y, en un tiempo, los Dioses y las Diosas gobernaron juntos en la mitología.

Luego, en forma gradual, a los Dioses se les dieron papeles más importantes. La necesidad de protección, de fortaleza, empezó a suplir la necesidad de sabiduría y de amor. Nació una nueva clase de amor en estas mitologías. Un amor que protegía con fuerza bruta. Era también un amor que codiciaba lo que protegía; esto es, sentía celos de su Diosa; que ahora no satisfacía simplemente sus deseos femeninos, sino que luchaba y moría por ellos.

Empezaron a surgir mitos acerca de Dioses con poder enorme, que peleaban, que luchaban, de Diosas de una belleza indescriptible. Así nació el _Dios celoso_.

Esto es fascinante.

Espera, estamos llegando al final, pero todavía hay algo más.

No transcurrió mucho tiempo antes de que los celos de los Dioses se enfocaran no sólo en las Diosas, sino también en todas las creaciones en todos los reinos. ¡Será mejor que Lo amemos, dijeron estos Dioses celosos, que no amemos a ningún otro Dios _ni a nadie más_!

Desde entonces, los hombres fueron la especie más poderosa y los Dioses fueron los hombres más poderosos, quedaba poco espacio para la discusión, con esta nueva mitología.

Empezaron a surgir historias acerca de aquellos que discutían y perdían. Nació el Dios de la ira.

Pronto, cambió toda la idea acerca de la Deidad. En lugar de ser la fuente de todo el amor, se convirtió en la fuente de todo el temor.

Un modelo de amor que era principalmente femenino (el amor tolerante y constante de una madre por su hijo y, sí, incluso de una mujer por su hombre no demasiado brillante, pero después de todo útil) fue remplazado por el amor celoso e iracundo de un Dios exigente y no tolerante, que no permitía interferencia ni indiferencia y que no ignoraba ninguna ofensa.

La sonrisa de la Diosa divertida, que experimentaba un amor ilimitado y que se sometía con gentileza a las leyes de la naturaleza, fue remplazado por el semblante adusto de un Dios no demasiado divertido, que proclamaba poder sobre las leyes de la naturaleza y que limitaba el amor.

Éste es el Dios que adoran en la actualidad y así es como llegaron adonde se encuentran hoy en día.

Sorprendente. Interesante y sorprendente. ¿Con qué objeto me dices todo esto?

Es importante que sepas que ustedes maquinaron todo. La idea de que el «poder es derecho» o de que el «poder es fuerza» nació de sus mitos teológicos creados por los hombres.

El Dios de ira, celos y coraje fue imaginario. No obstante, algo que se imagina durante mucho tiempo se vuelve real. Algunos de ustedes todavía lo consideran real actualmente. Sin embargo, no tiene nada que ver con la realidad final o con lo que en realidad está sucediendo aquí.

¿Y qué es eso?

Lo que sucede es que su alma anhela la experiencia suprema de sí misma que puede imaginar. Vino aquí para ese propósito, para realizarse (esto es, hacerse real) en su experiencia.

Entonces descubrió los placeres de la carne, no sólo el sexo, sino toda clase de placeres, y al ceder ante estos placeres, en forma gradual olvidó los placeres del espíritu.

Éstos también son placeres, placeres mayores que los que el cuerpo puede proporcionarles. Sin embargo, el alma olvidó esto.

De acuerdo, ahora nos alejamos de toda la historia y regresamos a algo que Tú trataste anteriormente en este diálogo. ¿Podrías hablar de nuevo sobre este tema?

En realidad, no nos estamos alejando de la historia. Tratamos todo al mismo tiempo. Como puedes ver, es en verdad muy simple. El propósito de tu alma, el motivo por el que llegó al cuerpo, es para ser y expresar Quién Eres Realmente. El alma anhela hacer esto; anhela conocerse y conocer su propia experiencia.

Este anhelo de conocer es vida que busca ser. Esto es Dios, que elige expresarse. El Dios de sus historias no es el Dios que realmente es. Ése es el punto. Su alma es la herramienta a través de la cual expreso y experimento Mi Ser.

¿Eso no *limita* demasiado Tu experiencia?

Sí, a no ser que no lo haga. Eso depende de ustedes. Ustedes llegan a ser la expresión y la experiencia de Mí, en cualquier nivel que elijan. Ha habido personas que eligieron expresiones muy grandiosas. No ha habido nadie superior a Jesús, el Cristo, aunque ha habido otros que han sido igualmente superiores.

¿Cristo no es el ejemplo supremo? ¿No es Dios convertido en Hombre?

Cristo es el ejemplo supremo. Sencillamente, no es el único ejemplo para alcanzar el estado superior. Cristo es Dios hecho Hombre. Simplemente no es el único hombre hecho de Dios.

Todo hombre es «Dios hecho Hombre». Tú eres Yo, expresado en tu forma actual. Sin embargo, no te preocupes por limitarme ni acerca de cómo me limita eso. Yo no estoy limitado y nunca lo he estado. ¿Crees que ustedes son la única forma que yo he elegido? ¿Crees que son las únicas criaturas a las que impregné con Mi Esencia?

Te diré que estoy en cada flor, en cada arco iris, en cada estrella en el cielo y en todo lo que hay en cada planeta que gira alrededor de cada estrella.

Soy el murmullo del viento, el calor de su sol, la individualidad increíble y la perfección extraordinaria de cada copo de nieve.

Soy la majestad en el vuelo de las águilas y la inocencia de la gama en el campo; el valor de los leones y la sabiduría de los ancianos.

No estoy limitado a las formas de expresión vistas sólo en su planeta. No saben Quién Soy, sólo piensan que lo saben. Sin embargo, no piensan que Quien Soy está limitado a ustedes o que Mi Esencia Divina, este gran Espíritu Santo, no se les dio sólo a ustedes. Ése sería un pensamiento arrogante y mal informado.

Mi Ser está en todo. Todo. La Universalidad es Mi Expresión. La Totalidad es Mi Naturaleza. No hay nada que Yo No Sea ni algo que Yo No Pueda Ser.

Mi propósito al crearlos, Mis criaturas benditas, fue tener una experiencia de Mí como el Creador de Mi Propia Experiencia.

Algunas personas no comprenden. Ayúdanos a todos a comprender.

El único aspecto de Dios que sólo una criatura muy especial pudo crear fue el aspecto de Mí como El Creador.

No soy el Dios de sus mitologías ni la Diosa. Soy El Creador, Ése Que Crea. No obstante, elijo Conocerme en Mi Propia Experiencia.

De la misma manera como conozco Mi perfección de diseño a través de un copo de nieve, Mi asombrosa belleza a través de una rosa, así también conozco Mi poder creativo a través de ustedes.

Les di la habilidad para crear conscientemente su experiencia, que es la habilidad que Yo tengo.

A través de ustedes, puedo conocer cada uno de Mis aspectos. La perfección de los copos de nieve, la asombrosa belleza de la rosa, el valor de los leones, la majestuosidad de las águilas, todo eso reside en ustedes. En ustedes coloqué todas estas cosas y una cosa más: la conciencia de estar conscientes de esto.

Así han llegado a tener conciencia de su propia identidad. Por eso se les dio el gran don, porque han estado conscientes de que son ustedes, que es con exactitud lo que Yo Soy.

Soy Yo Mismo, consciente de que Yo soy Yo Mismo.

Esto es lo que significa la frase, Yo Soy Eso Que Soy.

Ustedes son esa Parte de Mí que es la conciencia, experimentada.

Lo que ustedes experimentan (y lo que Yo experimento a través de ustedes) soy Yo, creándome.

Estoy en el acto continuo de crearme.

¿Eso significa que Dios no es una constante? ¿Eso significa que Tú no sabes lo que *Tú* vas a *ser* en el momento siguiente?

¿Cómo puedo saberlo? ¡Ustedes todavía no lo han decidido!

Permíteme aclarar esto. *¿Yo estoy decidiendo todo esto?*

Sí. Tú eres Yo eligiendo ser Yo.
Tú eres Yo, eligiendo ser lo Que Yo Soy y eligiendo lo que Yo voy a ser.
Todos ustedes, colectivamente, están creando eso. Lo hacen en una base individual, cuando cada uno de ustedes decide Quién Es y experimenta eso y lo hacen de manera colectiva, como el ser colectivo cocreativo que son.
¡Yo soy la experiencia colectiva de todos ustedes!

¿No sabes quién vas a ser en el momento siguiente?

Hace un momento estaba despreocupado. Por supuesto, lo sé. Ya conozco todas sus decisiones, por lo tanto, sé Quién Soy, Quién He Sido Siempre y Quién Seré Siempre.

¿Cómo puedes saber lo que voy a elegir ser, hacer y tener en el siguiente momento, mucho menos lo que toda la raza humana va a elegir?

Simple. Ya han hecho la elección. Todo lo que van a ser, hacer o tener, ya lo han hecho. ¡Lo están haciendo ahora!
¿Comprendes? No existe el tiempo.

Esto también lo discutimos con anterioridad.

Vale la pena repasarlo ahora.

Sí. Explícame de nuevo cómo funciona esto.

El pasado, el presente y el futuro son conceptos que ustedes construyeron, realidades que inventaron para crear un contexto dentro del cual enmarcar su experiencia presente. De otra manera, todas sus (Nuestras) experiencias serían al mismo tiempo.
En realidad es así, pues suceden al mismo «tiempo», sólo que ustedes no lo saben. Se han colocado en una cubierta de percepción que bloquea la Realidad Total.

Expliqué esto con detalle en el Libro 2. Sería bueno que leyeras ese material de nuevo para poner en contexto lo que estamos diciendo aquí.

El punto que explico aquí es que todo está sucediendo al mismo tiempo. Todo. Por lo tanto, sí, sé lo que «voy a ser», lo que «soy» y lo que «fui». Siempre lo sé. Esto es, de todas formas.

No hay forma en que puedan sorprenderme.

Su historia, todo el drama mundial, se creó para que supieran Quiénes Son en su propia experiencia. También se diseñó para ayudarlos a olvidar Quiénes Son, para que pudieran recordar Quiénes Son una vez más y crearlo.

Porque no puedo *crear* quién soy, si ya estoy experimentando quién soy. No puedo crear tener una estatura de 1.83 metros, si *ya* mido 1.83. Tendría que tener una estatura *menor* de 1.83 o, al menos, *pensar que la tengo.*

Exactamente. Lo comprendes perfectamente. Como es el deseo más grande del alma (Dios) experimentarse como El Creador y como todo ya fue creado, no tenemos otra opción que encontrar una manera para olvidar todo acerca de Nuestra creación.

Me sorprende que encontráramos una manera. Tratar de «olvidar» que todos somos Uno y que el Uno de nosotros que somos es Dios, debe ser como tratar de olvidar que un elefante rosa está en la habitación. ¿Cómo pudimos estar tan cautivados?

Has mencionado el motivo secreto de toda la vida física. Es la vida en lo físico lo que los ha fascinado y adecuadamente, ¡puesto que después de todo, es una aventura extraordinaria!

Lo que utilizamos aquí para ayudarnos a olvidar es lo que algunos de ustedes llamarían el Principio del Placer.

La naturaleza suprema de todo placer es que el aspecto del placer que los hace crear Quienes Son Realmente en su experiencia aquí, en este momento y crear una y otra vez de nuevo Quienes Son en el nivel superior siguiente de magnificencia. Ése es el placer supremo de Dios.

La naturaleza inferior de todo placer es esa parte del placer que los hace olvidar Quiénes Son Realmente. No condenen la naturaleza inferior, porque sin ella, no podrían experimentar la superior.

¡Es casi como si los placeres de la carne hicieran que al principio olvidáramos Quiénes Somos, para después convertirse en el medio a través del cual recordamos!

Ya lo captaste. Lo acabas de decir. El empleo del placer físico como un medio para recordar Quiénes Son se logra elevando, a través del cuerpo, la energía básica de toda la vida.

Ésta es la energía que en ocasiones llaman «energía sexual» y se eleva a lo largo de la columna interior de su ser, hasta que alcanza el área que llaman el Tercer Ojo. Ésta es el área que se encuentra justamente detrás de la frente, entre y ligeramente arriba de los ojos. Al elevar la energía, hacen que corra a través de todo su cuerpo. Es como un orgasmo interior.

¿Cómo se hace esto? ¿Cómo lo haces?

Lo «idean». Quiero decir eso, así como lo dije. Literalmente, «idean» la vía interior de lo que han llamado sus «chakras». Una vez que la energía de la vida se eleva repetidamente, uno adquiere un gusto por esta experiencia, así como se adquiere el hambre por el sexo.

La experiencia de la energía elevada es muy sublime. Con rapidez se convierte en la experiencia que casi todos desean. Sin embargo, nunca pierden por completo su deseo de disminuir la energía (por las pasiones básicas) ni deben tratarlo. Porque lo superior no puede existir sin lo inferior en su experiencia, como se los señalé en muchas ocasiones. Una vez que llegan a lo superior, deben regresar a lo inferior, para experimentar de nuevo el placer de moverse hacia lo superior.

Éste es el ritmo sagrado de toda la vida. Hacen esto no sólo moviendo la energía alrededor, en el interior de su cuerpo. También lo hacen moviendo la energía más grande en el interior del Cuerpo de Dios.

Se encarnan como formas inferiores y luego evolucionan en estados superiores de conciencia. Simplemente, elevan la energía en el Cuerpo de Dios. Ustedes <u>son</u> esa energía. Cuando alcanzan el estado superior, lo experimentan plenamente y luego deciden lo que desean experimentar después y dónde eligen ir en el Reino de la Relatividad, para experimentarlo.

Pueden desear experimentar de nuevo que se convierten en su Yo (en verdad es una gran experiencia) y así pueden empezar todo de nuevo en la Rueda Cósmica.

¿Esto es lo mismo que la «rueda kármica»?

No. No existe la «rueda kármica». No de la forma que la han imaginado. Muchos de ustedes han imaginado que se encuentran, no en una rueda, sino en una <u>rutina</u>, en la cual están pagando las deudas de las acciones pasadas y tratando con valentía de no incurrir en ninguna nueva. Esto es lo que algunos de ustedes llaman «la rueda kármica». No es muy diferente de algunas de sus teologías occidentales, porque en ambos paradigmas son considerados como pecadores indignos, que buscan obtener la pureza para moverse hacia el siguiente nivel espiritual.

Por otra parte, la experiencia que aquí describo y que llamo la <u>Rueda Cósmica</u>, porque no hay nada indigno ni pago de deudas ni castigo ni «purificación». La Rueda Cósmica describe simplemente la realidad final o lo que podrían llamar la cosmología del universo.

Es el ciclo de la vida o lo que en ocasiones nombro El Proceso. Es una frase que describe la naturaleza sin principio ni fin de las cosas; el camino continuamente vinculado con y del todo de todo, en el que el alma viaja alegre por la eternidad.

Es el ritmo sagrado de toda la vida, por el cual mueven la Energía de Dios.

¡Nunca me lo habían explicado con tanta sencillez! Creo que nunca había entendido todo esto con tanta claridad.

La claridad es lo que viniste aquí a experimentar. Ése fue el propósito de este diálogo. Por lo tanto, me da gusto que lo estés logrando.

En verdad, no existe sitio «más bajo» ni «más alto» en la Rueda Cósmica. ¿Cómo podría existir? Es una *rueda,* no una *escalera.*

Eso es excelente. Es una imaginación y una comprensión excelente. Por lo tanto, no condenen eso que llaman los instintos inferiores, básicos y animales del hombre, bendíganlos, hónrenlos como el sendero a través del cual y por el cual encontrarán el camino de regreso a casa.

Esto aliviará a muchas personas de mucha culpa debido al sexo.

Por eso dije, ¡jueguen, jueguen, jueguen con el sexo y con toda la vida! Mezclen lo que llaman sagrado con lo sacrílego, pues hasta que consideren sus altares como el lugar fundamental para el amor y sus dormitorios como el sitio fundamental para la adoración, no comprenderán nada.

¿Piensan que el «sexo» está separado de Dios? Les diré esto: _¡estoy en su dormitorio todas las noches!_

¡Adelante! Mezclen lo que llaman profano con lo profundo, para que puedan comprender que no existe diferencia y experiencia Todo como Uno. Entonces, cuando continúen evolucionando, no considerarán abandonar el sexo, sino simplemente disfrutarlo en el nivel superior, porque todo en la _vida_ es S. E. X. _Synergistic Energy eXchange_ (Intercambio Sinérgico de Energía).

Si entienden esto acerca del sexo, comprenderán esto respecto a todo en la vida. Incluso al final de la vida, lo que llaman «muerte». En el momento de su muerte, no se verán como si dejaran ir la vida, sino simplemente la disfrutarán en un nivel superior.

Cuando al fin comprendan que no hay separación en el Mundo de Dios (esto es, nada que no sea Dios), entonces, al fin, se olvidarán de esta invención del hombre que llaman Satanás.

Si Satanás existe, existe como todos los pensamientos que han tenido de separación de Mí. No pueden estar separados de Mí, porque Yo Soy Todo lo Que Es.

Los hombres inventaron al diablo para atemorizar a la gente y que hiciera lo que ellos deseaban, bajo la amenaza de la separación de Dios si no lo hacían. La condenación, al ser arrojados en el fuego eterno del infierno, fue la _táctica final de temor_. No obstante, ya no es necesario que teman, porque nada puede ni podrá separarlos de Mí.

Ustedes y Yo somos Uno. No podemos ser nada más, si Yo Soy Lo Que Soy: Todo Lo Que Es.

¿Por qué iba a condenarme? ¿Cómo lo haría? ¿Cómo podría separarme de Mí, cuando Mi Ser es Todo Lo Que Hay y no hay nada más?

Mi propósito es evolucionar, no condenar; crecer, no morir; experimentar, no dejar de experimentar. Mi propósito es Ser, no dejar de Ser.

No tengo manera de separarme de ustedes ni de nada más. El «infierno» es sencillamente no saber esto. La «salvación» es saberlo y comprenderlo totalmente. Ahora están salvados. Ya no necesitan preocuparse por lo que va a sucederles «después de la muerte».

3

¿Podremos hablar un momento sobre este tema de la muerte? Dijiste que este tercer libro iba a tratar verdades supremas, las verdades universales. En las conversaciones que hemos tenido no hemos hablado mucho acerca de la muerte y sobre lo que sucede después de ésta. Hagámoslo ahora, hablemos sobre eso.

Bien. ¿Qué deseas saber?

¿Qué sucede cuando morimos?

¿Qué eligen que suceda?

¿Quieres decir que lo que sucede es lo que elegimos que sucediera?

¿Piensas que sólo porque mueren dejan de crear?

No lo sé. Por eso Te lo pregunto.

Es bastante justificable. (Incidentalmente, lo sabes, pero veo que lo olvidaste, lo que es grandioso. Todo va de acuerdo con el plan.)
Cuando mueren, no dejan de crear. ¿Eso es definitivo para ti?

Sí.

Bien.
El motivo por el que no dejan de crear cuando mueren es que ni siquiera mueren. No pueden, puesto que son la vida en sí y la vida no puede morir. Por lo tanto, ustedes no pueden morir.

En el momento de su muerte, lo que sucede es... que continúan viviendo.

Por este motivo, muchas personas que han «muerto» no lo creen, porque no tienen la experiencia de estar muertas. Por el contrario, se sienten (puesto que están) llenas de vida. Por lo tanto, hay confusión.

El Yo puede ver el cuerpo que yace allí, desplomado, sin movimiento; sin embargo, el Yo se mueve de pronto por todo el lugar. A menudo, tiene la experiencia de volar literalmente por toda la habitación; luego, de estar en todas partes en el espacio, todo al mismo tiempo. Cuando desea ver algo en particular, de pronto descubre que lo está experimentando.

Si el alma (el nombre que entonces recibe el Yo) se pregunta, «¿Por qué no se mueve mi cuerpo?» se encontrará justamente allí, volando sobre el cuerpo, observando con curiosidad la quietud.

Si alguien entra en la habitación y el alma piensa, «¿Quién es esa persona?» de inmediato el alma se encuentra frente o cerca de esa persona.

Así, en muy poco tiempo, el alma aprende que puede ir a cualquier parte, con la velocidad de su pensamiento.

Una sensación de libertad y ligereza increíbles se apodera del alma y, por lo general, transcurre muy poco tiempo antes de que la entidad «se acostumbre» a ir a cualquier parte con cada pensamiento.

Si la persona tenía hijos y debe pensar en esos niños, de inmediato, el alma está en la presencia de esos niños, en cualquier sitio que estén. Así, el alma aprende que no sólo puede estar en cualquier sitio que desee con la velocidad del pensamiento, sino que puede estar en dos sitios a la vez o en tres o en cinco.

Puede existir, observar y desempeñar actividades simultáneamente en estos lugares, sin dificultad ni confusión. Puede «reunirse nuevamente» consigo misma y regresar de nuevo a un sitio, simplemente reenfocándolo.

En la otra vida, el alma recuerda lo que era bueno recordar en esta vida: que todo efecto es creado por el pensamiento y que la manifestación es un resultado de la intención.

Lo que enfoco como mi intención se convierte en mi realidad.

Exactamente. La única diferencia es la velocidad con que experimentas el resultado. En la vida física, podría haber un lapso entre el pensamiento y la experiencia. En el reino del espíritu, no hay lapso y los resultados son instantáneos.

De esta manera, las almas recién partidas aprenden a controlar con mucha precaución sus pensamientos, porque experimentan lo que piensan.

Aquí utilizo la palabra «aprender» de una forma muy vaga, más como una forma de hablar que como una descripción real. El término «recordar» sería más preciso.

Si las almas fisicalizadas aprendieran a controlar sus pensamientos con la misma rapidez y eficiencia que las almas espiritualizadas, todas sus vidas cambiarían.

En la creación de la realidad individual, el control del pensamiento o lo que algunos llaman oración, lo es todo.

¿Oración?

El control del pensamiento es la forma más elevada de oración. Por lo tanto, piensa sólo en las cosas buenas, en las correctas. No ahondes en la negatividad y en la oscuridad. Incluso en momentos cuando la situación parece sombría, especialmente en esos momentos, ve sólo la perfección, expresa únicamente gratitud e imagina sólo la manifestación de perfección que elijas.

En esta fórmula se encuentra la tranquilidad. En este proceso se encuentra la paz. En este conocimiento se encuentra la alegría.

Eso es extraordinario. Es una información excelente. Gracias por darla a través de mí.

Gracias por permitir recibirla. En algunas ocasiones estás más «limpio» que en otras. En algunos momentos estás más abierto, como un colador que acaban de enjuagar y que está más «abierto»; hay más hoyos abiertos.

Es una buena forma de expresarlo.

Lo hago lo mejor posible.

Para resumir: las almas separadas del cuerpo recuerdan con rapidez examinar y controlar con mucho cuidado sus pensamientos, porque cualquier cosa que piensen, eso es lo que crean y experimentan.

Lo repito, es lo mismo para las almas que aún residen en un cuerpo, excepto que los resultados por lo general no son tan inmediatos. Es el lapso de «tiempo» entre el pensamiento y la creación (que puede ser de días, semanas, meses o incluso años) lo que crea la ilusión de que están sucediendo cosas __a ti__, no __debido__ a ti. __Ésta es una ilusión__ que te hace __olvidar que tú tienes dominio__ en este asunto.

Como lo describí ya varias veces, este olvidarse es «construir en el sistema». Es parte del proceso, puesto que no puedes crear Quién Eres, hasta haber olvidado Quién Eres. Por lo tanto, la ilusión que ocasiona olvido es un efecto creado a propósito.

Cuando abandonas el cuerpo, será una gran sorpresa ver el vínculo instantáneo y obvio entre tus pensamientos y tus creaciones. Será una sorpresa impactante al principio y, más adelante, una sorpresa muy placentera, cuando empieces a recordar que tienes el dominio en la creación de tu experiencia, no en el efecto de ésta.

¿Por qué hay ese retraso entre el pensamiento y la creación *antes* de morir y no lo hay después de que morimos?

Porque están trabajando dentro de la ilusión del tiempo. No hay retraso entre el pensamiento y la creación lejos del cuerpo, porque también están separados del parámetro del tiempo.

En otras palabras, como lo has dicho con mucha frecuencia, el tiempo no existe.

No como ustedes lo comprenden. El fenómeno del «tiempo» es en realidad una función de perspectiva.

¿Por qué existe mientras nos encontramos en el cuerpo?

Ustedes lo crearon al cambiar hacia su perspectiva actual y asumirla. Utilizan esta perspectiva como una herramienta con la cual pueden explorar y examinar sus experiencias más plenamente, separándolas en piezas individuales, en lugar de en un solo hecho.

La vida es un solo hecho, un evento en el cosmos, que está sucediendo <u>en este momento</u>. Todo está sucediendo; en todas partes.

No existe el «tiempo», sino el <u>ahora</u>. No hay «lugar», sino <u>aquí</u>.

Aquí y ahora es Todo Lo Que Hay.

No obstante, eligen experimentar la magnificencia del aquí y el ahora con todos sus detalles y experimentar su Yo Divino como el creador actual de esa realidad. Hubo sólo dos maneras, dos campos de experiencia, en los que pudieron hacer eso. El tiempo y el espacio.

¡Este pensamiento fue tan magnífico, que literalmente explotaron de alegría!

En esa explosión de alegría se creó espacio entre las partes de ustedes y el tiempo necesario para moverse de una parte de ustedes a otras.

De esta manera, literalmente separaron en partes su Yo para observar los pedazos. Podrían decir que estaban tan felices, que «se rompieron en pedazos».

Desde entonces han estado recogiendo los pedazos.

¡Eso es toda mi vida! Estoy uniendo las partes, tratando de ver si tienen algún sentido.

Es a través del mecanismo que llaman tiempo que han logrado separar las partes, dividir lo indivisible, para de esta manera verlo y experimentarlo más plenamente, como lo están creando.

Así como miran un objeto sólido a través de un microscopio y ven que no es sólido, sino que en realidad es un conglomerado de un millón de efectos diferentes, de cosas diferentes que suceden todas al mismo tiempo y crean así el efecto más grande, de la misma manera utilizan el tiempo como el microscopio de su alma.

Considera la Parábola de la Roca.

Había una vez una Roca que contenía innumerables átomos, protones, neutrones y partículas subatómicas de materia. Estas partículas se movían alrededor de manera continua, en un patrón, cada partícula yendo de «aquí» para «allá» y tomando «tiempo» para hacerlo; sin embargo, se movían con tanta rapidez, que la Roca no parecía moverse, sólo estaba allí. Yacía allí, bebiendo el sol, empapándose con la lluvia y sin moverse.

—¿Qué es esto que se mueve en mi interior? —preguntó la Roca.

—Eres Tú —respondió una Voz lejana.

—¿Yo? —respondió la Roca—. Eso es imposible. No me estoy moviendo. Cualquiera puede ver eso.

—Sí, desde cierta distancia —estuvo de acuerdo la Voz—. Desde aquí parece que eres sólida, que estás quieta, que no te mueves. Sin embargo, si me acerco más y veo desde muy cerca lo que en realidad está sucediendo, veo que todo lo que compone lo Que Tú Eres se está moviendo. Se mueve a una velocidad increíble a través del tiempo y del espacio, con un patrón particular que te crea a Ti como la cosa llamada «Roca». Por lo tanto, ¡eres como la magia! Te mueves y no te mueves al mismo tiempo.

—Entonces, ¿cuál es la ilusión? —preguntó la Roca—. ¿La unidad, la quietud de la Roca o la separación y el movimiento de sus partes?

—¿Cuál es la ilusión entonces? —respondió la Voz ¿La unidad, la quietud de Dios? ¿O la separación y el movimiento de Sus partes?

Les diré esto: sobre esta Roca edificaré Mi iglesia; porque ésta es la Roca del Tiempo. Ésta es la verdad eterna que no deja piedra sin mover. Se los he explicado a todos ustedes aquí, en esta pequeña historia. Ésta es La Cosmología.

La vida es una serie de minutos, de movimientos increíblemente rápidos. Estos movimientos no afectan de ninguna manera la inmovilidad y el Ser de Todo lo Que Es. No obstante, al igual que con los átomos de la roca, es el movimiento el que crea la quietud, justamente ante sus ojos.

Desde lejos, no hay separación. No puede haberla, porque Todo Lo Que Es es Todo Lo Que Hay y no hay nada más. Yo soy el Movedor Inmóvil.

Desde la perspectiva limitada con la que pueden ver Todo Lo Que Es, se ven como separados y apartados, no como un ser inmovible, sino como muchos, muchos seres que están en movimiento constante.

Ambas observaciones son precisas. Ambas realidades son «reales».

Cuando «muera», no moriré, sino que simplemente cambiaré hacia el conocimiento del macrocosmos, donde no existe el «tiempo» ni el «espacio», ahora y entonces, antes y después.

Precisamente. Lo has comprendido.

Permite que compruebe si puedo repetírtelo. Permite que vea si puedo describirlo.

Adelante.

Desde una perspectiva macro, no hay separación y desde «allá», todas las partículas de todo simplemente parecen la Unidad.

Al mirar la roca a tus pies, ves la roca, entonces y allí, como una unidad, completa y perfecta. Sin embargo, incluso en la fracción de un momento en que sostienes esa roca en tu conciencia, suceden muchas cosas en el interior de dicha roca, hay un movimiento increíble, a una velocidad también increíble, de las partículas de esa roca. ¿Qué hacen esas partículas? Están haciendo que la roca sea lo que es.

Al mirar esta roca, no notas este proceso. Incluso si estás conceptualmente consciente de esto, para ti todo está sucediendo «ahora». La roca no se está *convirtiendo* en una roca; *es* una roca, aquí y ahora.

No obstante, si fueras la conciencia de una de las partículas submoleculares en el interior de esa roca, te experimentarías moviéndote a una velocidad increíble, primero «aquí» y luego «allá». Si una voz fuera de la roca te dijera, «Todo está sucediendo al mismo tiempo», la llamarías mentirosa o charlatana.

No obstante, desde la perspectiva de una distancia de la roca, la idea de que cualquier parte de la roca está separada de cualquier otra parte y, más aún, que se mueve a una velocidad increíble, parecería ser la mentira, puesto que desde esa distancia podría notarse lo que no podría verse de cerca: que todo es Uno y que todo el movimiento *no ha movido nada.*

Lo has comprendido. Lo has captado. Lo que estás diciendo, y estás en lo correcto, es que la vida es sólo una cuestión de perspectiva. Si continúas comprendiendo esta verdad, empezarás a entender la realidad macro de Dios. Habrás descubierto un secreto de todo el universo: <u>Todo es la misma cosa</u>.

¡El universo es una molécula en el cuerpo de Dios!

En realidad, eso no está muy lejos de la verdad.

¿Cuando hacemos eso que se llama «morir», regresamos conscientemente a la realidad macro?

Sí, pero incluso la realidad macro a la que regresan es sólo una <u>realidad micro</u> de una <u>realidad macro incluso más grande</u>, que es una parte más pequeña de una realidad <u>aún</u> más grande. Así continuará y continuará, por siempre y siempre e incluso por siempre jamás, mundo sin final.

Somos Dios, el «Eso que Es», constantemente en el acto de crearnos a Nosotros Mismos, constantemente en el acto de ser lo que somos ahora... hasta que ya no seamos eso y nos convirtamos en algo más.

Incluso la roca no será una roca eternamente, sino sólo lo que «parece eternamente». Antes de ser una roca, era otra cosa. Se fosilizó y formó esa roca, a través de un proceso que tardó cientos de miles de años. Alguna vez fue otra cosa y volverá a ser otra cosa.

Lo mismo es verdad con ustedes. No siempre fueron el «ustedes» que son ahora. Fueron algo más y, en la actualidad, al estar allí con su gran magnificencia, realmente son... «algo más de nuevo».

Eso es sorprendente. ¡Es absolutamente sorprendente! Nunca había oído algo así. Tomaste toda la cosmología de la vida y la expresaste en términos que yo pudiera captar en mi mente. Esto es sorprendente.

Gracias. Aprecio eso. Hago lo máximo que me es posible.

Estás haciendo un trabajo excelente.

Es probable que ésa no sea la frase que debiste haber elegido.

¡Vaya!

Sólo bromeo. Aliviano las cosas y me divierto un poco. En realidad, no puedo «ofenderme». Sin embargo, tus congéneres humanos a menudo se permiten sentirse ofendidos en Mi nombre.

Eso he notado. Sin embargo, volviendo a lo anterior, creo que acabo de comprender algo.

¿Qué cosa?

Toda esta explicación surgió cuando formulé una sola pregunta: «¿Cómo puede existir el «tiempo» cuando estamos en el cuerpo y no cuando el alma se libera?» Parece que lo que Tú estás diciendo es que el «tiempo» es en realidad *perspectiva;* esto es, que no «existe» ni «deja de existir», sino que cuando el alma altera su perspectiva, experimentamos la realidad final en diferentes maneras.

¡Eso es con exactitud lo que estoy diciendo! ¡Lo has comprendido!

Has aclarado que en el *macrocosmos,* el alma está *consciente* de la *relación* directa entre el *pensamiento y la creación;* entre las propias ideas y la propia experiencia.

Sí, en el nivel macro, es como ver la roca y ver el movimiento en el interior de ésta. No hay «tiempo» entre el movimiento de los átomos y la aparición de la roca que crean. La roca «está», incluso cuando ocurre el movimiento. En realidad, debido a que hay movimientos. Esta causa y efecto son instantáneos. El movimiento ocurre y la roca está «siendo», todo al «mismo tiempo».

Esto es lo que comprende el alma en el momento que ustedes llaman «muerte». Es simplemente un cambio de perspectiva. Ven más y comprenden más.

Después de la muerte, ya no están limitados en su comprensión. Ven la roca y ven el <u>interior</u> de ésta. Verán lo que ahora parecen ser los aspectos más complejos de la vida y dirán, «Por supuesto». Todo será muy claro para ustedes.

Entonces habrá nuevos misterios para ustedes. Al moverse alrededor de la Rueda Cósmica, habrá realidades cada vez más grandes y verdades también cada vez más grandes.

Sin embargo, si pueden recordar esta verdad, su perspectiva crea sus pensamientos y sus pensamientos crean todo y si pueden recordarlo <u>antes de abandonar el cuerpo</u>, no después, <u>toda su vida cambiará</u>.

La forma de controlar los pensamientos es cambiando la perspectiva.

Precisamente. Si asumes una perspectiva diferente, tendrás un pensamiento diferente respecto a todo. De esta manera, habrás aprendido a controlar tu pensamiento y, en la creación de tu experiencia, el pensamiento controlado lo es todo.

Algunas personas llaman a esto oración constante.

Ya lo dijiste con anterioridad, pero no creo haber considerado la oración de esta manera.

¿Por qué no ves lo que sucede, si lo ves? Si imaginaras que controlar y dirigir tus pensamientos es la forma suprema de oración, sólo pensarías en cosas buenas y correctas. No ahondarías en la negatividad y en la oscuridad, aunque puedes estar sumergido en éstas. En los momentos en que las cosas parecen sombrías, sólo verías perfección.

Ya mencionaste eso de nuevo, lo mencionas una y otra vez.

Te estoy dando herramientas. Con estas herramientas puedes cambiar tu vida. Estoy repitiendo las más importantes; las repito una y otra vez, porque la repetición producirá reconocimiento, «saber de nuevo», cuando más lo necesitas.

Todo lo que ocurre, todo lo que ha ocurrido, está ocurriendo y ocurrirá, es la manifestación física externa de tus pensamientos más profundos, de tus elecciones, tus ideas y tus determinaciones relacionadas con Quien Eres y Quien Eliges Ser. Por lo tanto, no condenes esos aspectos de la vida con los que no estás de acuerdo. En cambio, trata de cambiarlos y también las condiciones que los hicieron posibles.

Contemplen la oscuridad, mas no la maldigan. En cambio, sean una luz en la oscuridad y, de esta manera, transfórmenla. Permitan que su luz brille ante los hombres, que aquellos que se encuentran en la oscuridad sean iluminados por la luz de su ser y todos ustedes verán al fin Quiénes Son Realmente.

Sean quienes llevan la Luz. Su luz puede hacer algo más que iluminar su propio camino. Su luz puede ser la luz que en verdad ilumine el mundo.

¡Brillen, iluminados» ¡Brillen! Que el movimiento de su mayor oscuridad pueda convertirse en su don más grande. Incluso cuando estén dotados, dotarán a otros, dándoles el tesoro indescriptible: ellos mismos.

Permitan que ésta sea su tarea, permitan que ésta sea su mayor alegría: permitir que las personas se recuperen a sí mismas. Incluso en su hora más oscura, especialmente en esa hora.

El mundo los espera. Sánenlo, ahora, en el sito donde están. Hay mucho que pueden hacer.

Mis ovejas están perdidas y deben ser encontradas ahora. Por lo tanto, sean como buenos pastores y condúzcanlas nuevamente hacia Mí.

4

Gracias. Gracias por esa llamada y por ese desafío. Gracias por colocar el objetivo ante mí. Gracias, por mantenerme siempre en la dirección que Tú sabes que en realidad deseo seguir. Por eso vengo a Ti. Por eso he amado y bendecido este diálogo, porque es en la conversación Contigo donde encuentro lo Divino en mi interior y empiezo a verlo dentro de todos los demás.

Amado hermano, los cielos se regocijan cuando dices eso. Ése es el motivo preciso por el que me he acercado a ti y me acercaré a todos los que Me llamen, así como me acerco ahora a las personas que están leyendo estas palabras. Nunca tuve la intención de que esta conversación fuera sólo contigo, sino con millones de personas en todo el mundo. Ha sido colocada en las manos de cada persona en el momento exacto cuando la necesitaron, en ocasiones, de las formas más maravillosas. Les ha llevado la sabiduría que pedían, perfectamente adecuada para este momento en sus vidas.

Ésa es la maravilla de lo que ha estado sucediendo aquí: que cada uno de ustedes está produciendo este resultado por sí mismo. «Parece como» si alguien más te diera este libro, te atrajera a esta conversación, te abriera a este diálogo; sin embargo, tú trajiste aquí a tu Yo.

Vamos a explorar juntos las preguntas restantes que guardas en el corazón.

¿Podemos, por favor, hablar más de la vida después de la muerte? Me explicabas lo que sucedía al alma después de la muerte y deseo saber todo lo posible sobre eso.

Entonces, hablaremos sobre eso, hasta que tu anhelo quede satisfecho.

Anteriormente dije que lo que sucede es lo que ustedes desean que suceda. Lo digo en serio. Ustedes crean su propia realidad no sólo cuando están con el cuerpo, sino también cuando están fuera de él.

Al principio, quizá no comprendan esto y, por lo tanto, tal vez no crean conscientemente su realidad. Su experiencia será creada por una de otras dos energías: sus pensamientos no controlados o la conciencia colectiva.

En el grado en que sus pensamientos no controlados sean más fuertes que la conciencia colectiva, en ese grado los experimentarán como realidad. En el grado en que la conciencia colectiva sea aceptada, absorbida e incorporada, en ese grado la experimentarán como su realidad.

Esto no es diferente de como crean lo que llaman realidad en su vida presente.

En la vida siempre tienen ante ustedes tres alternativas:

1. Pueden permitir que sus pensamientos no controlados creen El Momento.

2. Pueden permitir que su conciencia creativa cree El Momento.

3. Puede permitir que la conciencia colectiva cree El Momento.

En esto existe una ironía:

En su vida presente se les dificulta crear de manera consciente con su conciencia individual y, en verdad, en ocasiones asumen que sus interpretaciones individuales son erróneas, debido a todo lo que ven a su alrededor y, por lo tanto, ceden ante la conciencia colectiva, sin importar si les sirve o no les sirve hacer esto.

Por otra parte, en los primeros momentos de lo que llaman la vida después de la muerte, quizá se les <u>dificulte</u> ceder ante la conciencia colectiva, debido a todo lo que ven a su alrededor (que puede ser increíble para ustedes), por lo que se sentirán tentados a aferrarse a sus propias interpretaciones individuales, sin importar si les sirven o no les sirven.

Les diré esto: es cuando están rodeados por la conciencia inferior cuando se beneficiarán más al apegarse a sus interpretaciones individuales y cuando estén rodeados por la conciencia superior, recibirán mayor beneficio al ceder.

Por lo tanto, tal vez sea sabio buscar seres con conciencia superior. No puedo enfatizar suficiente la importancia de la compañía que tengan.

En lo que llaman la vida futura no hay nada por qué preocuparse respecto a esto, porque instantánea y automáticamente estarán rodeados por seres con conciencia superior y por la conciencia superior en sí.

No obstante, es probable que no sepan que están siendo tan amorosa-
mente rodeados; quizá no lo comprendan de inmediato. Puede parecerles
que las cosas les están «sucediendo»; que están al antojo de las fortunas que
trabajan en ese momento. En realidad, experimentan la conciencia con la
que mueren.

Algunos de ustedes tienen expectativas sin saberlo siquiera. Toda su
vida han tenido pensamientos acerca de lo que ocurre después de la muerte
y cuando «mueren», esos pensamientos se hacen manifiestos y de pronto
comprenden (hacen real) eso que han estado pensando. Son sus pensa-
mientos más potentes, los que han tenido con mayor fervor, los que preva-
lecen, como sucede en la vida.

Entonces, una persona *podría* ir al infierno. Si las personas creye-
ron durante toda su vida que el infierno es un lugar que con toda
seguridad existe, que Dios juzgará a «vivos y muertos», que Él separará
el «trigo de la cizaña» y las «cabras de las ovejas» y que con seguridad
«irán al infierno», debido a todo lo que hicieron que ofendió a Dios,
¡entonces, *irán* al infierno! ¡Se quemarán en el fuego eterno de la condenación! ¿Cómo pueden escapar de esto? En este diálogo, repetidas
veces has dicho que el infierno no existe. Sin embargo, también dices
que creamos nuestra propia realidad y que tenemos el poder para
crear cualquier realidad, al pensar en ella. Por lo tanto, el fuego del
infierno y la condenación *pueden* existir y *sí* existen *para aquellos que*
creen en eso.

Nada existe en la Realidad Final, salvo Eso Que Es. Tienes razón al
señalar que pueden crear cualquier subrealidad que elijan, incluyendo la
experiencia del infierno, como lo describen ustedes. En ningún momento
en este diálogo he dicho que no pueden experimentar el infierno; dije que
el infierno no existe. Casi todo lo que experimentan no existe; sin embargo,
de cualquier manera lo experimentan.

Esto es increíble. Un amigo mío, llamado Barnet Bain, acaba de
producir una película sobre esto, *exactamente* sobre esto. Cuando es-
cribo esta frase es el 7 de agosto de 1998. Inserto esto en el diálogo,
entre líneas, de una discusión de hace dos años, y nunca lo había
hecho. No obstante, antes de enviar esto al editor, leí de nuevo el manuscrito por última vez y comprendí: ¡Espera un momento! Robin
Williams acaba de actuar en una película que trata *exactamente de lo*

que estamos hablando aquí. Se titula *Más allá de los sueños (What Dreams May Come)* y la película es una representación sorprendente de lo que Tú acabas de decir.

Estoy familiarizado con ella.

¿Lo estás? ¿Dios va al cine?

Dios hace el cine.

¡Vaya!

Sí. ¿Nunca viste <u>Oh, God</u>?

Sí, seguro, pero...

¿Piensas que Dios sólo escribe libros?

Entonces, ¿la película de Robin Williams es literalmente cierta? Quiero decir, ¿es así como son las cosas?

No. Ninguna película o libro u otra explicación humana de lo Divino es literalmente cierta.

¿Ni siquiera la Biblia? ¿La Biblia no es literalmente cierta?

No y creo que lo sabes.

¿Qué hay acerca de *este* libro? ¡Con seguridad, *este* libro es literalmente cierto!

No. Odio decirte esto, pero estás pasando esto a través de tu filtro personal. Estoy de acuerdo en que la malla de tu filtro es más delgada y fina. Te has convertido en un filtro muy bueno. Sin embargo, eres un filtro.

Lo sé. Sólo quería que lo afirmaras de nuevo aquí, porque algunas personas consideran como una verdad literal libros como éste y películas como *Más allá de los sueños.* Deseo que dejen de pensar así.

Los escritores y los productores de esa película expresaron una verdad enorme a través de un filtro imperfecto. Lo que trataban de demostrar es que las personas experimentarán después de la muerte exactamente lo que esperan y eligen experimentar. Expresaron ese punto con mucha eficiencia.

Ahora, ¿volvemos a donde estábamos?

Sí. Me gustaría saber lo que deseé saber cuando miraba esa película. Si no hay infierno, pero estoy experimentándolo, ¿cuál es la diferencia?

No habría ninguna, mientras permanecieras en tu realidad creada. Sin embargo, no creas esa realidad para siempre. Algunos de ustedes no la experimentan por más tiempo de lo que llamarían una «billonésima parte de un segundo». Por lo tanto, no experimentarán, ni siquiera en los dominios privados de su propia imaginación, un lugar de tristeza o de sufrimiento.

¿Qué evitaría que creara un lugar así para toda la eternidad, si durante toda mi vida creí que existía dicho sitio y que algo que hice ocasionó que mereciera tal lugar?

Tu conocimiento y tu comprensión.

Así como en esta vida, tu momento siguiente se crea de la nueva comprensión que obtuviste de tu último momento, así también en lo que llaman la otra vida, crearás un nuevo momento para lo que conociste y comprendiste en la antigua vida.

Algo que sabrás y comprenderás con mucha rapidez es que siempre puedes elegir lo que deseas experimentar. Esto es porque en la otra vida los resultados son instantáneos y no podrás dejar de notar el vínculo entre tus pensamientos acerca de una cosa y la experiencia que crean esos pensamientos.

Comprenderás que crearás tu propia realidad.

Esto explicaría por qué las experiencias de algunas personas son felices y las de otras son atemorizantes; por qué las experiencias de algunas personas son profundas, mientras que las de otras no existen virtualmente. También, por qué existen muchas historias diferentes sobre lo que sucede en los momentos después de la muerte.

Algunas personas regresan de experiencias cercanas a la muerte llenas de paz y de amor, sin volver a temer a la muerte. En cambio otras regresan muy asustadas, seguras de que acaban de encontrar la oscuridad y las fuerzas del mal.

El alma responde y se recrea en la sugestión más poderosa de la mente, produciendo eso en su experiencia.

Algunas almas permanecen en esa experiencia durante un tiempo, haciéndola muy real, incluso cuando permanecen en sus experiencias mientras están en el cuerpo, aunque son igualmente irreales y no permanentes. Otras almas se ajustan con rapidez, ven la experiencia como lo que es, empiezan a tener nuevos pensamientos y cambian de inmediato a nuevas experiencias.

¿Quieres decir que las cosas no *son* de una forma particular en la vida después de la muerte? ¿No hay verdades eternas que existan fuera de nuestras propias mentes? ¿Continuamos creando mitos y leyendas y experiencias imaginarias después de nuestra muerte y en la siguiente realidad? ¿Cuándo nos liberamos del cautiverio? ¿Cuándo llegamos a conocer la verdad?

Cuando decidan conocerla. Ése era el punto de la película de Robin Williams. Ése es el punto que se establece aquí. Aquéllos cuyo único deseo es conocer la verdad eterna de Todo Lo Que Es, comprender los grandes misterios, experimentar la realidad suprema, así lo hacen.

Sí, hay Una Gran Verdad; hay una Realidad Final. No obstante, siempre obtendrán lo que elijan, sin importar esa realidad, precisamente, porque la realidad es que ustedes son Criaturas divinas, que crean divinamente su realidad, incluso cuando la están experimentando.

Si eligen dejar de crear su propia realidad individual y empezar a comprender y a experimentar la realidad más grande y unificada, tendrán una oportunidad inmediata para hacerlo.

Aquellos que «mueren» en un estado de tal elección, de tal deseo, de tan voluntad y conocimiento, se mueven de inmediato hacia la experiencia de la Unidad. Otros se mueven hacia la experiencia sólo si, como y cuando lo desean.

Es precisamente lo mismo cuando el alma está con el cuerpo.

Todo es una cuestión de deseo, de su elección, de su creación y, finalmente, de su creación de lo no creable; esto es, de experimentar lo que ya fue creado.

Éste es El Creador Creado, el Movedor Inmóvil. Es la alfa y la omega, el antes y el después, el aspecto ahora-luego-siempre de todo, que ustedes llaman Dios.

No los abandonaré; no obstante, no forzaré Mi Yo sobre ustedes. Nunca lo he hecho y nunca lo haré. Pueden regresar a Mí cuando lo deseen. Ahora, mientras están con el cuerpo o después de que lo hayan dejado. Pueden regresar al Ser Supremo y experimentar la pérdida de su Yo individual, cuando lo deseen. Pueden también volver a crear la experiencia de su Yo individual siempre que lo decidan.

Pueden experimentar cualquier aspecto de Todo Lo Que Es que deseen, en su proporción más pequeña o en la mayor. Pueden experimentar el microcosmos o el macrocosmos.

Puedo experimentar la partícula o la roca.

Sí. Bien, estás comprendiendo esto.

Cuando residen con el cuerpo humano, experimentan una porción más pequeña que el todo; esto es, una porción del microcosmos (aunque de ninguna manera la porción más pequeña). Cuando residen lejos del cuerpo (en lo que algunos llamarían el «mundo del espíritu»), han aumentado su perspectiva con saltos cuánticos. De pronto, parecerá que saben todo; podrán ser todo. Tendrán una perspectiva macrocósmica de las cosas, que les permitirá comprender eso que ahora no comprenden.

Una de las cosas que comprenderán entonces es que hay un macrocosmos aún más grande. Esto es, de pronto comprenderán con claridad que Todo Lo Que Es es aún más grande que la realidad que están experimentando. Esto los llenará de inmediato de temor reverente y de anticipación, de maravilla y excitación, de alegría y júbilo, porque entonces sabrán y comprenderán lo que Yo sé y comprendo: que el juego nunca termina.

¿Algún día llegaré a un lugar de verdadera sabiduría?

En el tiempo después de tu «muerte», podrás elegir tener cada pregunta que nunca habías respondido y abrirte a nuevas preguntas que nunca soñaste que existieran. Puedes elegir experimentar la Unidad con Todo Lo Que Es. Tendrás la oportunidad de decidir lo que deseas ser, hacer y tener en seguida.

¿Eliges regresar a tu cuerpo más reciente? ¿Eliges experimentar de nuevo la vida en forma humana, pero de otra clase?

¿Eliges permanecer donde estás en el «mundo del espíritu», en el nivel que estás experimentando entonces? ¿Eliges continuar, más adelante, en tu conocimiento y experiencia? ¿Eliges «perder tu identidad» y convertirte en parte de la Unidad?

¿Qué eliges? ¿Qué eliges? ¿Qué eliges?

Ésa será la pregunta que siempre te haré. Ésa es la pregunta del universo, siempre. Porque el universo no sabe nada, excepto cómo concederte tu deseo más caro, tu mayor deseo. En realidad, lo está haciendo a cada momento, cada día. La diferencia entre tú y Yo es que tú no sabes conscientemente esto.

Yo sí lo sé.

Dime... mis parientes, mis seres queridos, me encontrarán después que yo muera y me ayudarán a comprender lo que está sucediendo, como algunas personas dicen que lo harán? ¿Me reuniré con «aquellos que se fueron antes»? ¿Podremos pasar juntos la eternidad?

¿Qué eliges? ¿Eliges que sucedan estas cosas? Entonces, sucederán.

Estoy confundido. ¿Estás diciendo que todos nosotros tenemos libre albedrío y que este libre albedrío se extiende e incluso pasa nuestra muerte?

Sí, eso es lo que estoy diciendo.

Si eso es verdad, entonces, el libre albedrío de mis seres queridos tendría que coincidir con el mío, deberán tener el mismo pensamiento y deseo que yo tengo, cuando yo lo tenga o no estarán allí para mí, cuando muera. ¿Y si deseara pasar el resto de la eternidad con ellos y uno o dos de ellos deseara continuar? Es probable que uno de ellos desee elevarse cada vez más, en esta experiencia de Reunificación con la Unidad, como Tú lo expresaste. ¿Qué sucedería entonces?

No existe contradicción en el universo. Hay cosas que parecen contradicciones, pero no lo son en realidad. Si se presentara una situación como la que describes (a propósito, es una muy buena pregunta), lo que sucederá es que ambos podrán tener lo que elijan.

¿Ambos?

Ambos.

¿Puedo preguntar cómo?

Sí puedes.

De acuerdo. ¿Cómo...

¿Cuál es tu pensamiento acerca de Dios? ¿Piensas que existo en un lugar y sólo en un sitio?

No. Pienso que existes en todas partes al mismo tiempo. Creo que Dios es omnipresente.

Tienes razón respecto a eso. No hay un lugar donde Yo No Esté. ¿Comprendes esto?

Creo que sí.

Bien. ¿Qué te hace pensar que es diferente contigo?

Porque Tú eres Dios y yo soy un simple mortal.

Comprendo. Todavía estamos aferrados a esto de «simple mortal»...

De acuerdo, de acuerdo... supongamos que por el bien de esta discusión, asumo que yo también soy Dios o, al menos, que estoy hecho del mismo material que Dios. Entonces, ¿estás diciendo que yo también puedo estar en todas partes, todo el tiempo?

Es simplemente un asunto de lo que la conciencia elija tener en su realidad. En lo que llamarías el «mundo del espíritu», en lo que puedes imaginar, en lo que puedes experimentar. Ahora, si deseas experimentar que eres un alma, que estás en un lugar, en un «momento», puedes hacerlo. No obstante, si deseas experimentar que tu espíritu es más grande que eso, estar en más de un lugar «al mismo tiempo», también puedes hacer eso. En realidad, puedes experimentar que tu espíritu está en cualquier parte que desees, en cualquier «momento». Esto es porque en verdad sólo hay un «tiempo» y un «lugar» y tú estás en todos, siempre.

Puedes así experimentar cualquier parte o partes que desees, cuando lo elijas.

¿Y si deseo que mis parientes estén *conmigo*, pero uno de *ellos* desea ser una «parte del Todo» que está en otro lugar? ¿Qué sucede entonces?

No es posible que tú y tus parientes no deseen lo mismo. Tú y Yo y tus parientes y Yo, todos nosotros, somos uno y el mismo.

El solo acto de que desees algo es el acto de que Yo deseo algo, puesto que simplemente eres Yo, actuando la experiencia llamada <u>deseo</u>. Por lo tanto, lo que tú deseas, lo deseo Yo.

Tus parientes y yo somos también uno y el mismo. Por lo tanto, lo que Yo deseo, lo desean ellos. Entonces, lo que tú deseas, también lo desean tus parientes.

En la Tierra también es verdad que todos ustedes desean lo mismo. Desean paz. Desean prosperidad. Desean alegría. Desean realización. Desean satisfacción y autoexpresión en su trabajo, amor en su vida, salud en su cuerpo. Todos desean lo mismo.

¿Piensas que esto es una coincidencia? No lo es. <u>Es la forma como funciona la vida</u>. Te lo explico en este momento.

Ahora, lo único que es diferente en la Tierra que en lo que llaman el mundo del espíritu es que en la Tierra, mientras todos ustedes desean lo mismo, todos tienen ideas diferentes acerca de cómo obtenerlo. ¡Por lo tanto, todos van en direcciones diferentes, buscando lo mismo!

Son estas ideas diferentes que tienen las que producen diferentes resultados. Estas ideas podrían llamarse sus Pensamientos Apoyados. Hablé de esto con anterioridad.

Sí, en el *Libro 1.*

Un pensamiento que muchos de ustedes comparten en común es su idea de insuficiencia. Muchos de ustedes creen en el fondo de su ser que <u>simplemente no hay suficiente</u>. No hay suficiente de <u>nada</u>.

No hay suficiente amor, no hay suficiente dinero, no hay suficiente comida, no hay suficiente ropa, no hay suficiente abrigo, no hay suficiente tiempo, no hay suficientes ideas buenas para continuar y, seguramente, no hay suficientes de ustedes.

Este pensamiento Apoyado hace que empleen toda clase de estrategias y tácticas al tratar de adquirir lo que consideran que «no hay suficiente». Hay enfoques que deben abandonar de inmediato y comprender que hay suficiente para todos... de cualquier cosa que deseen.

En lo que llaman «cielo», sus ideas de «no suficiencia» desaparecen, porque están conscientes de que no hay separación entre ustedes y cualquier cosa que deseen.

Están conscientes de que hay incluso más que suficientes de ustedes. Están conscientes de que pueden estar en más de un lugar en cualquier «momento», por lo que no hay motivo para no desear lo que su hermano desea, para no elegir lo que su hermana elige. Si los desean en su espacio en el momento de su muerte, el sólo pensar en ustedes los lleva a ellos y ustedes no tienen motivo para no correr hacia ellos, puesto que ir allí no quita nada a cualquier otra cosa que estén haciendo.

Este estado de no tener motivo para decir No es el estado en el que Yo resido todo el tiempo.

Lo han oído decir con anterioridad y es verdad: Dios nunca dice No.

Daré a todos exactamente lo que desean, siempre, como lo he hecho desde el principio del tiempo.

¿En realidad siempre *das a todos exactamente lo que desean* en cualquier momento?

Sí, Mi ser amado, lo doy.

Tu vida es un reflejo de lo que deseas y de lo que crees que puedes tener de lo que deseas. No puedo darte lo que no crees que puedes tener, sin importar lo mucho que lo desees, porque no violaré tu propio pensamiento sobre esto. No puedo hacerlo. Ésa es la ley.

Creer que no puedes tener algo es lo mismo que no desear tenerlo, porque produce el mismo resultado.

Sin embargo, en la Tierra no podemos tener *cualquier cosa* que deseamos. No podemos estar en dos lugares al mismo tiempo, por ejemplo. Hay muchas otras cosas que podemos desear, pero que no podemos tener, porque en la Tierra todos estamos muy limitados.

Sé que lo ven de esa manera y, por lo tanto, de esa manera es para ustedes, porque una cosa que permanece eternamente cierta es que siempre recibirán la experiencia que creen que se les dará.

Así, si dices que no puedes estar en dos lugares al mismo tiempo, enton-
ces, no puedes estar. Sin embargo, si dices que puedes estar en cualquier
sitio que desees, con la velocidad de tu pensamiento y puedes incluso mani-
festarte en forma física en más de un lugar en cualquier momento dado,
entonces, puedes hacer eso.

Ahora, como ves, allí es donde me deja este diálogo. Deseo creer
que esta información viene directamente de Dios, pero cuando Tú
dices cosas como ésa, enloquezco interiormente, porque no puedo creerlo. Quiero decir, que no creo que sea verdad lo que dijiste. Nada en la
experiencia humana ha demostrado eso.

Por el contrario. Se dice que los santos y los sabios de todas las religio-
nes han hecho estas dos cosas. ¿Se necesita un nivel muy elevado de creen-
cia? ¿Un nivel extraordinario de creencia? ¿El nivel de creencia logrado por
un ser en mil años? Sí. ¿Eso significa que es imposible? No.

¿Cómo puedo crear esa creencia? ¿Cómo puedo llegar a ese nivel
de creencia?

No puedes llegar allí. Sólo puedes estar allí. No trato de jugar con las
palabras, hablo en serio. Esta clase de creencia, que llamaría Conocimien-
to Completo, no es algo que tratas de adquirir. En realidad, si tratas de
adquirirlo, no puedes tenerlo. Es algo que eres simplemente. Simplemente
eres este Conocimiento. Eres este ser.

Tal forma de ser resulta de un estado de conciencia total. Puede resul-
tar sólo de tal estado. Si buscas llegar a estar consciente, entonces, no pue-
des estarlo.

Es como tratar de «tener» una estatura de 1.84, cuando mides
1.45 metros. No puedes tener 1.84 metros de estatura. Sólo puedes «tener»
lo que tienes, 1.45. «Medirás» 1.84 cuando crezcas y alcances esa
estatura. Cuando midas 1.84, entonces podrás hacer todas las cosas
que pueden hacer las personas que miden 1.84. Cuando estés en un
estado de conciencia total, entonces podrás hacer todas las cosas que
pueden hacer los seres que se encuentran en un estado de conciencia
total.

Por lo tanto, no «trates de creer» que puedes hacer estas cosas. En cam-
bio, trata de alcanzar un estado de conciencia total. Entonces, la creencia
ya no será necesaria. El Conocimiento Completo hará maravillas.

En una ocasión, cuando meditaba, tuve la experiencia de unidad total, de conciencia total. Fue maravilloso, un éxtasis. Desde entonces, he tratado de tener de nuevo esa experiencia. Me siento a meditar y trato de tener de nuevo esa conciencia total. Nunca lo he logrado. Éste es el motivo, ¿no es así? Me estás diciendo que mientras busque tener algo, no puedo tenerlo, porque el hecho de buscarlo es una afirmación de que no lo tengo ahora. La misma sabiduría que me has dado a través de este diálogo.

Sí, sí. Ahora lo comprendes. Ahora resulta más claro para ti. Por eso continuamos yendo en círculos. Por eso no dejamos de repetir las cosas, de tratarlas de nuevo. Las captas la tercera, la cuarta o quizá la quinta vez.

Me da gusto haber formulado la pregunta, porque esto puede ser material peligroso, este asunto acerca de que «podemos estar en dos lugares a la vez» o que «podemos hacer cualquier cosa que deseemos hacer». Éstas son la clase de cosas que hacen que la gente salte desde el Edificio del Empire State gritando «¡Soy Dios! ¡Mírenme! ¡Puedo volar!»

Será mejor que estés en un estado de conciencia total antes de hacer eso. Si tienes que probar ante ti que eres Dios, demostrándolo a los demás, entonces, no sabes que lo eres y este «no saber» se demostrará en tu realidad. En resumen, caerás sobre tu rostro.

Dios no intenta demostrarse a nadie, porque Dios no tiene necesidad de hacer eso. Dios Es y eso es lo que es. Las personas que saben que son Uno con Dios o que tienen la experiencia de Dios en su interior, no tienen necesidad ni intentan demostrar eso a nadie, mucho menos a ellos mismos.

Así fue cuando se mofaron de él diciendo, «¡Si eres el Hijo de Dios, baja de esa cruz!» y el hombre llamado Jesús no hizo nada.

Sin embargo, tres días después, en silencio y discretamente, cuando no había testigos ni una multitud ni nadie a quien demostrar nada, hizo algo mucho más sorprendente... y el mundo ha hablado de eso desde entonces.

En este milagro se encuentra su salvación, porque se les mostró la verdad, no sólo de Jesús, sino de Quiénes Son y así pueden salvarse de la mentira sobre ustedes mismos, que les han dicho y que han aceptado como verdad.

Dios los invita siempre a su pensamiento más elevado sobre ustedes mismos.

En este momento, en su planeta hay personas que han manifestado muchos de estos pensamientos elevados e incluso han hecho aparecer y de-

saparecer objetos físicos, han aparecido y desaparecido ellas mismas e incluso, «han vivido para siempre» en el cuerpo o regresado al cuerpo y vivido de nuevo. Todo esto, todo esto ha sido posible debido a su fe, debido a su conocimiento. Debido a su claridad inmutable acerca de cómo son las cosas y cómo se quiso que fueran.

Aunque en el pasado, siempre que la gente con forma terrenal hizo estas cosas, llamaron a dichos eventos milagros y han convertido a las personas en santos y en salvadores; sin embargo, no son más santos y salvadores que ustedes, porque todos ustedes son santos y salvadores. Éste es el mensaje que ellos les han estado trayendo.

¿Cómo puedo creer eso? Deseo creerlo con todo mi corazón, pero no puedo. Simplemente, no puedo.

No, no puedes creerlo. Sólo puedes saberlo.

¿Cómo puedo saberlo? ¿Cómo puedo lograr eso?

Todo lo que elijas para ti, dalo a otro. Si no puedes hacer eso, ayuda a otra persona para que lo haga. Indica a alguien más eso que ya tiene. Elógialo por eso. Hónralo por eso.

Éste es el valor de tener un gurú. Ése es todo el objetivo. Ha habido mucha energía negativa en Occidente hacia esa palabra. Se ha vuelto casi despectiva. Ser un «gurú» es en cierta forma ser un charlatán. Mostrar lealtad a un gurú es como renunciar a tu poder.

Honrar a tu gurú no es renunciar a tu poder, sino obtener dicho poder. Cuando honras al gurú, cuando elogias a tu gran maestro, lo que dices es: «Te veo» y lo que ves en otro, puedes empezar a verlo en ti. Es una evidencia externa de tu realidad interior. Es la prueba externa de tu verdad interior. La verdad de tu ser.

Ésta es la verdad que se ha transmitido a través de ti en los libros que escribes.

No me veo escribiendo estos libros. Te veo a Ti, Dios, como el autor y me veo simplemente como el escriba.

Dios es el autor... y también lo eres tú. No hay diferencia entre que Yo los escriba y que tú los escribas. Mientras pienses que sí la hay, perderás el objetivo de la escritura en sí. Casi toda la humanidad se ha perdido de esta *enseñanza. Por lo tanto, les envío nuevos maestros, más maestros, todos con el mismo mensaje que los maestros antiguos.*

No comprendo su rechazo a aceptar la enseñanza como su propia verdad personal. Si fueras por allí asegurando ser Uno con Dios o incluso una parte de Dios, hablando o escribiendo estas palabras, el mundo no sabría qué hacer contigo.

La gente puede pensar del mí lo que desee. Esto es lo que sé: no merezco ser el recipiente de la información que me han dado aquí, en todos estos libros. No me siento digno de ser el mensajero de esta verdad. Estoy trabajando en este tercer libro y, sin embargo, sé incluso antes de que se publique, que yo, entre todas las personas, con todos los errores que he cometido, con todas las cosas egoístas que he hecho, simplemente no soy *digno* de ser quien trae esta verdad maravillosa.

No obstante, quizá ése es el mayor mensaje de esta trilogía: que Dios no permanece oculto para ningún hombre, sino que habla a todos, incluso al menos digno entre nosotros. Si Dios me habla, Dios habla directamente al corazón de cada hombre, mujer y niño que busque la verdad.

Por lo tanto, hay esperanza para todos nosotros. Ninguno de nosotros es tan horrible, que Dios lo abandonaría ni tan imperdonable, que Dios se alejaría.

¿Es eso lo que crees, sobre todo lo que acabas de escribir?

Sí.

Entonces, que así sea y así será contigo.

Sin embargo, te diré esto. Tú <u>eres</u> digno, al igual que todos los demás. La falta de mérito es la peor acusación que se ha hecho a la raza humana. Basas tu sentido de valor en el pasado, mientras que Yo baso tu sentido de valor en el futuro.

¡El futuro, el futuro, siempre el futuro! Allí es donde está tu vida, no en el pasado. El futuro. Allí es donde está tu verdad, no en el pasado.

Lo que hiciste no tiene importancia, comparado con lo que estás a punto de hacer. Lo que erraste es insignificante, comparado con lo que estás a punto de crear.

Perdono tus errores, todos ellos. Perdono tus pasiones equivocadas, todas ellas. Perdono tus conocimientos erróneos, tus comprensiones mal guiadas, tus acciones dañinas, tus decisiones egoístas, te perdono todo eso.

Tal vez otros no te perdonen, pero Yo sí. Otros quizá no te liberen de tu culpa, pero Yo sí. Otros tal vez no te permitan olvidar, continuar, convertirte en algo nuevo, pero Yo sí. Sé que no eres lo que fuiste, sino que eres y siempre serás lo que eres ahora.

Un pecador puede convertirse en santo en un minuto, en un segundo, en un aliento.

En verdad, no existe un «pecador», porque no se puede pecar contra nadie, mucho menos contra Mí. Por eso digo que te «perdono». Uso la frase porque es una que pareces comprender.

En realidad, no te perdono y no te perdonaré nunca, por nada. No tengo que hacerlo. No hay nada que perdonar. Sin embargo, puedo liberarte y eso hago, ahora, una vez más, como lo he hecho a menudo en el pasado, a través de las enseñanzas de muchos otros maestros.

¿Por qué no los hemos escuchado? ¿Por qué no creímos esto, Tu mayor promesa?

Porque no pueden creer en la bondad de Dios. Olvídate de creer en Mi bondad. En cambio, cree en la lógica simple.

El motivo por el que no necesito perdonarte es que tú no puedes ofenderme, no puedes dañarme ni destruirme. No obstante, te imaginas capaz de ofenderme e incluso de dañarme. ¡Qué ilusión! ¡Qué obsesión tan grande! No puedes dañarme ni puedo resultar dañado en forma alguna, puesto que soy indomable. Eso que no puede ser dañado, no puede dañar a otro ni lo haría.

Ahora comprendes la lógica que hay detrás de la verdad de que Yo no condeno, no castigo, no tengo la necesidad de buscar retribución. No tengo esa necesidad, porque no he sido y no puedo ser ofendido ni dañado ni herido en forma alguna.

Lo mismo es verdad respecto a ti y a todos los demás, Aunque todos ustedes imaginan que pueden ser y que han sido heridos, dañados y destruidos.

Debido a que imaginan el daño, requieren de la venganza. Debido a que experimentan el dolor, necesitan que otro experimente el dolor como retribución para ustedes. ¿Qué posible justificación puede haber para infligir dolor a otro? ¿Debido (imaginan) a que alguien los hirió, consideran que es correcto y propio infligir daño a cambio? Eso que dicen que no es correcto que los seres humanos se hagan mutuamente, ¿es correcto que tú lo hagas, mientras estés justificado?

Esto es locura. Lo que no ven en esta locura es que todas las personas que infligen dolor a otros asumen que están justificadas. Cada acción que hace una persona la entiende esa persona como la acción correcta, puesto que eso es lo que busca y desea.

Por tu definición, lo que buscan y desean es malo. No obstante, de acuerdo con su definición, no lo es. Tal vez no estés de acuerdo con su modelo del mundo, con su moral y construcciones éticas, con su comprensión teológica ni con sus decisiones, elecciones y acciones... pero ellos están de acuerdo con esto, basándose en sus valores.

Consideras que sus valores son «malos»; sin embargo, ¿quién dice que tus valores son «correctos»? Sólo tú. Tus valores son «correctos» porque tú dices que lo son. Incluso esto podría tener algún sentido, si te mantienes firme a tu palabra respecto a esto, pero tú mismo cambias de opinión constantemente acerca de lo que consideras «correcto» e «incorrecto». Hacen esto como individuos y también como sociedades.

Lo que su sociedad consideró «correcto» hace apenas unas décadas, en la actualidad ustedes lo consideran «incorrecto». Lo que consideraron «incorrecto» en un pasado no muy lejano, ahora lo consideran «correcto». ¿Quién puede decir qué es qué? ¿Cómo conocen a los jugadores sin un anotador?

Sin embargo, nos atrevemos a juzgarnos uno al otro. Nos atrevemos a condenar, porque otra persona no estuvo de acuerdo con nuestro cambio de ideas sobre lo que es permitido y lo que no lo es. En verdad somos algo. Ni siquiera podemos no cambiar de opinión acerca de lo que está «bien» y lo que no lo está.

Ése no es el problema. El hecho de que cambien de ideas acerca de lo que es «correcto» e «incorrecto» no es el problema. Tienen que cambiar esas ideas o nunca evolucionarán. El cambio es un producto de la evolución.

No, el problema no es que hayan cambiado o que sus valores hayan cambiado. El problema es que muchos de ustedes insisten en pensar que los valores que ahora tienen son los correctos y los perfectos y que todos los demás deben apegarse a éstos. Algunos de ustedes han llegado a autojustificarse y a creerse muy justos.

Apéguense a sus creencias, si eso les sirve. Manténganse firmes, no renuncien, porque sus ideas acerca de lo «correcto» y lo «incorrecto» son sus definiciones de Quiénes Son. No requieran que otros se definan de acuerdo con sus términos. No permanezcan tan «apegados» a sus creencias y costumbres actuales y detengan así el proceso de la evolución.

En realidad, no podrían hacerlo, si lo desearan, porque la vida continúa, con ustedes y sin ustedes. Nada permanece igual ni nada puede permanecer sin cambio. Estar sin cambio es no moverse y no moverse es morir.

Toda la vida es movimiento. Incluso las rocas están llenas de movimiento. Todo se mueve. Todo. No hay nada que no esté en movimiento. Por lo tanto, debido al simple hecho del movimiento, nada es lo mismo de un momento al siguiente. Nada.

Permanecer igual o tratar de hacerlo, va en contra de las leyes de la vida. Esto es tontería, porque en esta lucha, la vida siempre ganará.

¡Cambien! ¡Sí, cambien! Cambien sus ideas de «correcto e «incorrecto». Cambien sus nociones sobre esto y aquello. Cambien sus estructuras, sus construcciones, sus modelos, sus teorías.

Permitan que sus verdades más profundas se alteren. Altérenlas ustedes mismos, por el bien de la bondad. Lo digo literalmente. Altérenlas ustedes mismos, por el bien de la bondad, porque su nueva idea de Quiénes Son es donde está la evolución. Su nueva idea de Qué Es Así es donde la evolución se acelera. Su nueva idea de Quién, Qué, Dónde, Cuándo, Cómo y Por Qué de ellos es donde se soluciona el misterio, donde se descubre la trama, donde termina la historia. Entonces, podrán empezar una nueva historia, una más grandiosa.

Su nueva idea acerca de todo ello es donde está el entusiasmo, donde está la creación, donde se manifiesta Dios en ustedes y se realiza plenamente.

No importa lo «buenas» que piensen que han sido las cosas, pueden ser mejor. No importa lo maravilloso que consideren sus teologías, sus ideologías, sus cosmologías, pues pueden estar plenas de más maravilla. Hay «más cosas en el cielo y en la tierra, que las que sueñan en su filosofía».

Por lo tanto, estén abiertos. Estén ABIERTOS. No cierren la posibilidad de la nueva verdad porque están cómodos con la antigua. La vida empieza al final de su zona de comodidad.

Sin embargo, no se precipiten a juzgar a los demás. Traten de evitar el juicio, porque los «errores» de otra persona fueron lo que para ustedes estuvo «correcto» ayer por la mañana; los errores de otra persona son sus propias acciones pasadas, ahora corregidas; las elecciones y las decisiones de otra persona son tan «nocivas» y «dañinas», tan «egoístas» e «imperdonables» como lo fueron muchas de sus propias acciones.

Es cuando «no pueden imaginar» cómo otra persona pudo «hacer tal cosa», cuando han olvidado de dónde vienen y hacia dónde se dirigen ustedes y la otra persona.

A aquellos de ustedes que se consideran malos, que se consideran indignos e irredimibles, les digo esto: no hay nadie entre ustedes que esté perdido para siempre ni nunca lo habrá, porque todos, todos, se están moviendo a través de la experiencia de la evolución.

Eso es lo que me propongo.

A través de ustedes.

5

Recuerdo una oración que me enseñaron cuando era niño. «Señor, yo no soy digno de que Tú entres en mi morada, pero una palabra tuya sanará mi alma». Tú dijiste estas palabras y me siento curado. Ya no me siento indigno. Tienes una forma de hacerme sentir digno. Si pudiera dar un regalo a todos los seres humanos, ése sería.

Ya les diste ese regalo, con este diálogo.

Me gustaría continuar dándoselos, cuando termine esta conversación.

Esta conversación nunca terminará.

Entonces, cuando esta trilogía esté terminada.

Habrá formas para que hagas eso.

Estoy muy feliz por eso, porque éste es el regalo que mi alma anhela dar. Todos nosotros tenemos un regalo para dar. Me gustaría que éste fuera el mío.

Adelante, dalo. Trata que todas las personas cuya vida toques se sientan dignas. Da a todos un sentido de su propio valor como personas, un sentido de la verdadera maravilla de quiénes son. Da este regalo y sanarás al mundo.

Humildemente pido Tu ayuda.

Siempre la tendrás. Somos amigos.

Mientras tanto, adoro este diálogo y me gustaría formular una pregunta sobre algo que Tú dijiste anteriormente.

Estoy aquí.

Cuando hablabas sobre la vida «entre vidas», por decirlo así, dijiste, «Puedes recrear la experiencia de tu Yo individual siempre que lo elijas». ¿Qué significa eso?

Significa que puedes surgir de El Todo siempre que lo desees, como un nuevo «Yo» o el mismo Yo que eras antes.

¿Quieres decir que puedo conservar y volver a mi conciencia individual, a mi conocimiento de «mí»?

Sí. En cualquier momento puedes tener la experiencia que desees.

Entonces, ¿puedo volver a esta vida, a la Tierra, como la misma persona que era antes de «morir»?

Sí.

¿En la carne?

¿Has oído hablar de Jesús?

Sí, pero yo no soy Jesús ni nunca pediría ser como él.

¿Acaso no dijo él, «Ustedes también podrán hacer estas cosas y más»?

Sí, pero él no hablaba de milagros como ése, no lo creo.

Lamento que no lo creas, porque Jesús no fue el único que resucitó entre los muertos.

¿No lo fue? ¿Otros han resucitado de entre los muertos?

Sí.

¡Cielos, eso es una blasfemia!

¿Es una blasfemia que alguien, además de Cristo, haya resucitado de entre los muertos?

Algunas personas dirían que sí lo es.

Entonces, esas personas nunca han leído la Biblia.

¿La Biblia? ¿La *Biblia* dice que otras personas, además de Jesús, volvieron al cuerpo después de la muerte?

¿No has oído hablar de Lázaro?

Oh, fue a través del poder de Cristo que él se *levantó* de entre los muertos.

Precisamente. ¿Piensas que el «poder de Cristo», como tú lo llamas, estaba reservado únicamente para Lázaro? ¿Una persona en la historia del mundo?

No lo había pensado de esa manera.

Te diré esto: ha habido muchos que se han levantado de entre los «muertos». Ha habido muchos que han «regresado a la vida». Sucede todos los días, en este momento, en sus hospitales.

Oh, vamos, no es así. Eso es ciencia médica, no teología.

Oh, comprendo. Dios no tiene nada que ver con los milagros actuales, sólo con los pasados.

Hmph... de acuerdo, aceptaré lo que dices sobre una base técnica. Sin embargo, ¡nadie se ha levantado de entre los muertos por cuenta propia, como lo hizo Jesús! Nadie ha regresado de entre los «muertos» de *esa* manera.

¿Estás seguro?

Bueno... bastante seguro...

¿Nunca has oído hablar de Mahavatar Babaji?

No creo que debamos incluir la mística oriental en esto. Muchas personas no creen esas cosas.

Comprendo. Por supuesto, deben tener razón.

Permíteme aclarar esto. ¿Estás diciendo que las almas pueden regresar de lo que llamamos «muerte» en forma de espíritu o en forma física, si eso es lo que desean?

Ahora empiezas a comprender.

De acuerdo, entonces, ¿por qué no lo han hecho más personas? ¿Por qué no lo escuchamos todos los días? Este tipo de tema sería una noticia internacional.

En realidad, muchas personas lo hacen, en forma de espíritu. Admitiré que no muchas eligen regresar al cuerpo.

¡Ah! ¡Vaya! *¿Por qué no?* Si eso es tan fácil, *¿por qué no lo hacen más almas?*

No es una cuestión de facilidad, sino de desearlo.

¿Qué significa eso?

Significa que es muy rara el alma que desea regresar a lo físico en la misma forma que antes.
Si un alma elige regresar al cuerpo, casi siempre lo hace con otro cuerpo; con uno diferente. De esta manera, empieza una nueva agenda, experimenta nuevos recuerdos, lleva a cabo nuevas aventuras.
Por lo general, las almas dejan los cuerpos porque terminaron con ellos. Completaron eso por lo que se unieron con el cuerpo. Vivieron la experiencia que buscaban.

¿Qué hay acerca de las personas que mueren accidentalmente? ¿Habían terminado con su experiencia o ésta se «interrumpió»?

¿Aun imaginas que la gente muere por accidente?

¿Quieres decir que no es así?

<u>Nada en este universo ocurre por accidente</u>. No existe el «accidente» ni la «coincidencia».

Si pudiera convencerme de que eso es verdad, no volvería a sufrir por aquellos que murieron.

Sufrir por ellos es lo último que hubieran deseado que hicieras.
Si supieras dónde están y que están allí por su elección suprema, <u>celebrarías</u> su partida. Si experimentaras por un momento lo que ustedes llaman la otra vida, habiendo llegado a ella con tu pensamiento más grandioso respecto a ti y a Dios, sonreirías con la sonrisa más grande en su funeral y permitirás que tu corazón se llenara de alegría.

En los funerales, lloramos por nuestra pérdida. Nos sentimos tristes al saber que no volveremos a verlos, que nunca los abrazaremos ni tocaremos ni estaremos con alguien a quien amábamos.

Ése es un buen llanto. Eso honra su amor y a su ser amado. Sin embargo, incluso este dolor se acortaría, si supieran las grandiosas realidades y las maravillosas experiencias que esperan a las almas felices que dejan el cuerpo.

¿Cómo *es* la otra vida? Realmente. Cuéntamelo todo.

Hay algunas cosas que no pueden revelarse, no porque Yo no elija hacerlo, sino porque en su condición presente, en su nivel actual de comprensión, no podrían concebir lo que yo les dijera. No obstante, hay más que puedo decir.
Como lo discutimos anteriormente, pueden hacer una de tres cosas en lo que ustedes llaman la otra vida, así como en la vida que ahora experimentan. Pueden someterse a las creaciones de sus pensamientos incontrolables, pueden crear su experiencia conscientemente por elección

o pueden experimentar la conciencia colectiva de Todo Lo Que Es. Esta última experiencia se llama Reunificación o Reunirse Nuevamente con el Uno.

Si siguen el primer camino, la mayoría de ustedes no lo hará por mucho tiempo (a diferencia de la forma como se comportaron en la Tierra). Esto es porque en el momento que no les guste lo que están experimentando, elegirán crear una nueva realidad más placentera, lo que harán deteniendo simplemente sus pensamientos negativos.

Debido a esto, nunca experimentarán el «infierno» al que tanto temen, a no ser que lo elijan. Incluso en ese caso, estarán «felices», porque obtendrán lo que desean. (Más personas de las que crees son «felices» siendo «miserables».) Continuarán experimentándolo, hasta que decidan ya no hacerlo.

Para la mayoría de ustedes, en el momento en que empiecen a experimentarlo, se alejarán de esto y crearán algo nuevo.

<u>Pueden eliminar el infierno en su vida en la Tierra exactamente de la misma manera.</u>

Si siguen el segundo camino y en forma consciente crean su experiencia, sin duda experimentarán ir «directamente al cielo», porque eso es lo que creará cualquiera que elija libremente y que crea en el cielo. Si no creen en el cielo, experimentarán lo que deseen experimentar y en el momento en que comprendan eso, sus deseos serán cada vez mejores. ¡Entonces <u>creerán</u> en el cielo!

Si siguen el tercer camino y se someten a las creaciones de la conciencia colectiva, se moverán velozmente hacia la aceptación total, la paz total, la alegría total, la conciencia total y el amor total, porque ésa es la conciencia de lo colectivo. Serán entonces uno con la Unidad y no habrá nada más, excepto Eso Que Son, que es Todo Lo Que Siempre Fue, hasta que decidan que debe haber algo más. Esto es nirvana, la experiencia del «uno con la Unidad», que muchos de ustedes han tenido en forma muy breve en la meditación y es un éxtasis indescriptible.

Después de experimentar la Unidad por un tiempo-no tiempo infinito, dejarán de experimentarla, porque no pueden experimentar la Unidad como Unidad, a no ser que también exista Eso Que No es Uno y hasta que exista. Al comprender esto, crearán una vez más la idea y el pensamiento de separación o de falta de unidad.

Continuarán viajando en la Rueda Cósmica, moviéndose, formando círculos, siendo, por siempre e incluso por siempre jamás.

Regresarán a la Unidad muchas veces (un número infinito de veces y por un periodo infinito cada vez) y sabrán que tienen las herramientas para regresar a la Unidad en cualquier punto en la Rueda Cósmica.
Pueden hacerlo ahora, incluso mientras leen esto.
Pueden hacerlo mañana, en su meditación.
Pueden hacerlo en cualquier momento.

¿Dijiste que no tenemos que permanecer en el nivel de conciencia que estamos cuando morimos?

No. Pueden moverse hacia otro nivel con la rapidez que lo deseen o tardar todo el «tiempo» que quieran. Si «mueren» en un estado de perspectiva limitada y de pensamientos incontrolados, experimentarán lo que ese estado les proporcione, hasta que ya no lo deseen. Entonces, «despertarán» (estarán conscientes) y empezarán a experimentar que crean su realidad.

Mirarán hacia atrás la primera etapa y la llamarán purgatorio. La segunda etapa, cuando pueden tener cualquier cosa que deseen con la velocidad del pensamiento, la llamarán cielo. La tercera etapa, cuando experimenten la dicha de la Unidad, la llamarán Nirvana.

Hay una cosa más que me gustaría explorar en estas líneas. No se trata de «después de la muerte», sino de experiencias fuera del cuerpo. ¿Puedes explicármelas? ¿Qué sucede allí?

La esencia de Quién Eres dejó simplemente el cuerpo físico. Esto puede suceder durante el sueño normal, a menudo durante la meditación y, frecuentemente, en una forma sutil mientras el cuerpo está en el sueño profundo.

Durante tal «excursión», el alma puede estar en cualquier lugar que desee. Con frecuencia, la persona que reporta tal experiencia no recuerda haber tomado decisiones voluntarias sobre esto. Pueden experimentarlo como «algo que me sucedió». No obstante, nada que incluye una actividad del alma es involuntario.

¿Cómo nos pueden «mostrar» cosas, cómo nos pueden «revelar» cosas durante una de estas experiencias, si todo lo que estamos haciendo es crear al pasar? Me parece que la única manera en que nos pueden revelar cosas sería si esas cosas existieran separadas de nosotros, no como parte de nuestra propia creación. Necesito ayuda en esto.

Nada existe separado de ustedes y todo es su propia creación. Incluso su aparente falta de comprensión es su propia creación; literalmente, es un fragmento de su imaginación. Imaginan que no conocen la respuesta a esta pregunta y, por lo tanto, no la conocen. Sin embargo, tan pronto como imaginan que la conocen, así es.

Se permiten tener esta clase de imaginación, para que El Proceso pueda continuar.

¿El Proceso?

La vida. El Proceso eterno.

En esos momentos, durante los cuales experimentan ser «revelados» a sí mismos, ya sea que se trate de lo que llaman experiencias fuera del cuerpo o sueños o momentos mágicos o vigilia cuando tienen una claridad cristalina, lo que sucedió es que simplemente se deslizaron hacia «recordar». Están recordando lo que ya crearon y estos recuerdos pueden ser muy poderosos. Pueden producir una epifanía personal.

Una vez que hayan tenido esa experiencia magnífica, puede ser muy difícil regresar a la «vida real» de una manera que se mezcle bien con lo que otras personas llaman «realidad». Esto es porque su realidad ha cambiado. Se ha convertido en algo más. Se ha expandido, crecido y no puede encogerse de nuevo. Es como tratar de meter de nuevo al genio en la botella. No puede hacerse.

¿Es por eso que muchas personas que regresan de experiencias fuera del cuerpo o de las llamadas experiencias «cercanas a la muerte», a veces parecen muy diferentes?

Exactamente. Son diferentes, porque ahora saben mucho más. Con frecuencia, mientras más obtienen de dichas experiencias, mientras más tiempo transcurra, más recaen en sus antiguos comportamientos, porque olvidaron nuevamente lo que saben.

¿Hay alguna forma para «continuar recordando»?

Sí. Actúa tu conocimiento en cada momento. Continúa actuando lo que sabes, en lugar de lo que te muestra el mundo de la ilusión. Permanece con esto, sin importar lo engañosas que sean las apariencias.

Esto es lo que han hecho todos los maestros y lo que hacen. Juzgan no por las apariencias, sino que actúan de acuerdo con lo que saben.
Hay otra forma para recordar.

¿Sí?

Haz que otra persona recuerde. Eso que desees para ti, dalo a otro.

Eso es lo que siento que estoy haciendo con estos libros.

Eso es con exactitud lo que estás haciendo y mientras más lo hagas, menos tendrás que hacerlo. Mientras más envíes a otros este mensaje, menos tendrás que enviarlo a tu Yo.

Porque mi Yo y la otra persona son Uno y lo que yo doy a otro, me lo doy.

Como ves, ahora me estás dando las respuestas. Por supuesto, así es como funciona.

Acabo de dar una respuesta a Dios. Eso es excelente, en verdad excelente.

Tú me lo estás diciendo.

Eso es lo que es <u>excelente</u>, el hecho de que <u>yo Te lo esté diciendo</u>.

Te diré esto: llegará el día cuando hablaremos como Uno. Ese día llegará para todas las personas.

Si ese día va a llegar para mí, me gustaría asegurarme de que comprendo con exactitud lo que Tú estás diciendo. Me gustaría volver a algo más, sólo una vez más. Sé que dijiste esto en más de una ocasión, pero en realidad deseo asegurarme de que lo comprendo totalmente.

¿Entendí bien que una vez que alcancemos este estado de Unidad que muchos llaman Nirvana (una vez que regresemos a la Fuente) no nos quedaremos allí? El motivo por el que pregunto esto de nuevo es que parece ir en contra de mi comprensión de muchas enseñanzas esotéricas y místicas orientales.

Permanecer en el estado de nada sublime o Unidad con el Todo, haría imposible estar allí. Como te acabo de explicar, Eso Que Es no puede ser, excepto en el espacio de Eso Que No es. Incluso la dicha total de Unidad no puede experimentarse como «dicha total», a no ser que exista algo menos que la dicha total. Así, algo menos que la dicha total de la Unidad total tiene que ser (y continuamente tiene que ser) creada.

Cuando experimentamos la dicha total, cuando nos hemos mezclado una vez más con la Unidad, cuando nos hemos convertido en Todo/Nada, ¿cómo podemos *saber* que existimos? Puesto que no hay nada más que estemos experimentando... No lo sé. Parece que no comprendo esto. Es algo que parece que no puedo dominar.

Estás describiendo lo que Yo llamo el Dilema Divino. Es el mismo dilema que Dios siempre ha tenido y que Dios solucionó con la creación de eso que no era Dios (o que pensó que no lo era).

Dios dio (y da de nuevo a cada instante) una parte de Sí a la Experiencia Inferior de no conocerse a Sí Mismo, por lo que el Resto de Sí Mismo puede conocerse a Sí Mismo como Quién y Qué Es Realmente.

Así, «Dios dio a Su único hijo engendrado, para que ustedes pudieran salvarse». Ahora podrás comprender de dónde surgió esta mitología.

Creo que todos somos Dios y que constantemente, cada uno de nosotros está yendo de Saber a No Saber que Sabe, de ser a no estar siendo de nuevo, de la Unidad a la Separación de la Unidad de nuevo, en un ciclo continuo. Éste <u>es</u> el ciclo de la vida, lo que Tú llamas la Rueda Cósmica.

Exactamente. Precisamente. Está bien expresado.

¿Todos tenemos que regresar al *punto cero*? ¿Siempre tenemos que empezar de nuevo, completamente? ¿Volver al principio? ¿Regresar al primer cuadro? ¿No pasamos «Adelante», no cobramos $200?

No tienen que hacer nada. No en esta vida ni en ninguna otra. Tendrán una alternativa, <u>siempre tendrán libre albedrío</u>, para ir a cualquier parte que deseen ir, para hacer cualquier cosa que deseen hacer, en su recreación de la experiencia de Dios. Pueden moverse hacia cualquier lugar en la Rueda Cósmica. Pueden «regresar» como cualquier cosa que de-

seen o en cualquier otra dimensión, realidad, sistema solar o civilización que elijan. Algunos de los que han llegado al lugar de unión total con lo Divino han incluso elegido «regresar» como maestros iluminados. Sí, algunos eran maestros iluminados cuando partieron y eligieron «regresar» como ellos mismos.

Con toda seguridad tienes noticia de los reportes de gurús y maestros que han regresado a su mundo una y otra vez, manifestándose en repetidas apariciones a través de décadas y de siglos.

Tienen una religión entera basada en dicho reporte. Se llama la Iglesia de Jesucristo de los Santos de los Últimos Días y se basa en el reporte de Joseph Smith, acerca de que el Ser que se llamó a sí mismo Jesús regresó a la Tierra muchos siglos después de su partida aparentemente «final», en esta ocasión, apareciendo en Estados Unidos.

Por lo tanto, pueden regresar a cualquier punto en la Rueda Cósmica, al que les agrade regresar.

Sin embargo, aún eso podría ser deprimente. ¿Nunca vamos a *descansar*? ¿Nunca vamos a quedarnos en nirvana, para *permanecer* allí? ¿Estamos condenados eternamente a este «ir y venir», a esta rutina de «ahora ves y ahora no ves»? ¿Hacemos un viaje eterno hacia ninguna parte?

Sí. Ésa es la mayor verdad. No hay adónde ir, nada qué hacer y nadie que tengas que «ser», excepto exactamente quien estás siendo en este momento.

La verdad es que no hay viaje. En este momento eres lo que estás intentando ser. En este momento estás donde estás intentando ir.

Es el maestro quien sabe esto y, así, termina la lucha. Entonces, el maestro intenta asistirte para que termines tu lucha, así como tú tratarás de poner fin a la lucha de otros cuando alcances la maestría.

Sin embargo, este proceso, esta Rueda Cósmica, no es una rutina deprimente. Es una reafirmación gloriosa y continua de la suprema magnificencia de Dios y de toda la vida y no hay nada deprimente en eso.

Me sigue pareciendo deprimente.

Déjame ver si puedo cambiar tu opinión. ¿Te gusta el sexo?

Me encanta.

A la mayoría de la gente le encanta, excepto a aquéllos con ideas realmente extrañas respecto a éste. Si yo te dijera que a partir de mañana podrás tener sexo con todas las personas hacia quienes sientas atracción y amor, ¿eso te haría feliz?

¿Esto tendría que ser en contra de su voluntad?

No, lo arreglaría para que cada persona con la que desearas celebrar la experiencia humana del amor de esta manera, también deseara tenerla contigo. Sentirían una gran atracción y amor hacia ti.

¡Vaya! ¡Hey... sí!

Sólo hay una condición: tendrás que detenerte entre cada una. No podrás ir de una a otra sin interrupción.

Explícamelo.

Para experimentar el éxtasis de esta clase de unión física, tienes que experimentar también <u>no</u> estar unido sexualmente con alguien, aunque sea por un tiempo.

Creo que comprendo hacia donde te diriges.

Sí. Incluso el éxtasis no sería éxtasis, si no hubiera un tiempo en que no hubiera dicho éxtasis. Esto es igualmente cierto con el éxtasis espiritual que con el físico.
No hay nada deprimente en el ciclo de la vida, sólo hay alegría. Simplemente, alegría y más alegría.
Los verdaderos maestros siempre están alegres. Este permanecer en el nivel de la maestría es lo que ahora puede parecerte deseable. Entonces, puedes entrar y salir del éxtasis y siempre estar gozoso. No necesitas el éxtasis para estar gozoso. Estás alegre simplemente al saber lo que es el éxtasis.

6

Me gustaría cambiar ahora el tema, si puedo, y hablar sobre los cambios en la Tierra. Sin embargo, antes de hacerlo, me gustaría hacer una observación. Parece que aquí se han dicho muchas cosas más de una vez. En ocasiones siento como si escuchara las mismas cosas una y otra vez.

¡Eso es bueno! ¡Porque las escuchas! Como dije anteriormente, esto es a propósito.

Este mensaje es un resorte. Cuando está enroscado, sus círculos regresan. Un círculo cubre al otro y literalmente, parece que «gira en círculos». Sólo cuando se estira el resorte notas que se extiende en una espiral, más lejos de lo que podías haber imaginado.

Sí, tienes razón. Mucho de lo que se dice aquí se ha dicho varias veces, en diferentes formas. En ocasiones, de la misma *manera. La observación es correcta.*

Cuando termines con este mensaje, podrás repetir sus puntos esenciales virtualmente al pie de la letra. Llegará el día en que desees hacerlo.

De acuerdo, bastante justo. Ahora, siguiendo *adelante,* un grupo de personas parece pensar que tengo una «línea directa con Dios» y desea saber si nuestro planeta está predestinado al fracaso. Sé que pregunté esto antes, pero ahora me gustaría una respuesta directa. ¿Los cambios en la Tierra ocurrirán, como muchas personas lo han predicho? Si no es así, ¿qué están viendo todos esos psíquicos? ¿Una visión fabricada? ¿Deberíamos orar? ¿Cambiar? ¿Hay algo que podamos hacer? ¿O, tristemente, no hay esperanza?

Con gusto responderé esas preguntas, pero no estaremos «progresando».

¿No?

No, porque las respuestas ya se te dieron, en Mis varias explicaciones previas sobre el tiempo.

Te refieres a la parte acerca de que «todo lo que va a suceder ya sucedió».

Sí.

Pero, ¿qué ES «todo lo que ya sucedió?» ¿Cómo sucedió? *¿Qué* sucedió?

Sucedió todo. Todo ya sucedió. Cada posibilidad existe como un hecho, como eventos terminados.

¿Cómo puede ser esto? Todavía no comprendo cómo puede ser eso.

Voy a expresarlo en términos que puedas relacionar mejor. Veremos si esto ayuda. ¿Alguna vez has observado a los niños con un CD-ROM para jugar un juego de video computarizado?

Sí.

¿Alguna vez te has preguntado cómo sabe la computadora cómo responder a cada movimiento que el niño hace con la palanca de juegos?

Sí, en realidad me he preguntado eso.

Todo está en el disco. La computadora sabe cómo responder a cada movimiento que hace el niño, porque cada movimiento posible ya fue colocado en el disco, junto con su respuesta apropiada.

Eso es espeluznante, casi surrealista.

¿Qué, que cada terminación, cada giro y vuelta que producen ese final están programados en el disco? No hay nada espeluznante en eso. Es sólo tecnología. Si piensas que la tecnología de los juegos de video es algo, ¡espera hasta que veas la tecnología del universo!

Piensa en la Rueda Cósmica como el CD-ROM. Todas los finales ya existen. El universo sólo espera ver cuál eliges esta vez. Cuando el juego termina, ya sea que ganes, pierdas o te retires, el universo dirá: «¿Quieres jugar de nuevo?»

Al disco de tu computadora no le importa si ganas o no ganas y no puedes «herir sus sentimientos». Sólo te ofrece una oportunidad para jugar de nuevo. Todos los finales ya existen y el final que experimentes depende de las elecciones que hagas.

Entonces, ¿Dios no es otra cosa que un CD-ROM?

No lo expresaría exactamente de esa manera. Sin embargo, a través de este diálogo he tratado de emplear ilustraciones que den forma a conceptos que todos puedan comprender. Por lo tanto, considero que la ilustración del CD-ROM es buena.

En muchas maneras, la vida es como un CD-ROM. Todas las posibilidades existen y ya han ocurrido. Ahora tienes que seleccionar la que decidas experimentar.

Esto se relaciona de manera directa con tu pregunta acerca de los cambios de la Tierra.

Lo que muchos videntes están diciendo acerca de los cambios de la Tierra es verdad. Han abierto una ventana hacia el «futuro» y lo han visto. La pregunta es: ¿qué «futuro» vieron? Así como con el final del juego en el CD-ROM, hay más de una versión.

En una versión, la Tierra sufrirá un cataclismo. En otra versión, no lo sufrirá.

En realidad, todas las versiones ya sucedieron. Recuerda, el tiempo...

Lo sé, lo sé. «El tiempo no existe».

Eso es correcto. Y, ¿entonces?

Entonces, todo está sucediendo al mismo tiempo.

Correcto otra vez. Todo lo que ha sucedido, está sucediendo ahora y todo lo que sucederá siempre, ya existe ahora. Así como todas las jugadas en el juego de la computadora existen ahora en ese disco. Si consideras que sería interesante que las predicciones de los videntes sobre el día del Juicio Final se convirtieran en realidad, enfoca toda tu atención en eso y puedes atraerlo hacia ti. Si crees que te gustaría experimentar una realidad diferente, enfócate en eso y ése será el resultado que atraigas hacia ti.

Entonces, no me dirás si los cambios de la Tierra ocurrirán o no, ¿no es así?

Estoy esperando que tú Me lo digas. Tú lo decidirás mediante tus pensamientos, palabras y acciones.

¿Qué hay acerca del problema con las computadoras en el año 2000? Hay quien dice ahora que lo que en la actualidad llamamos la falla «Y2K» será la causa de un gran trastorno en nuestros sistemas social y económico. ¿Lo será?

¿Qué dices al respecto? ¿Qué eliges? ¿Crees que no tienes nada que ver con esto? Te diré que eso sería impreciso.

¿No nos dirás cómo resultará todo esto?

No estoy aquí para predecir su futuro y no lo haré. Puedo decirles esto. <u>Cualquiera</u> puede decirles esto. Si no tienen cuidado, irán exactamente adonde se están dirigiendo. Por lo tanto, si no te gusta el camino que has tomado, <u>cambia de dirección</u>.

¿Cómo puedo hacer eso? ¿Cómo puedo afectar un resultado tan grande? ¿Qué *debemos* hacer ante todas estas predicciones de desastre por personas con «autoridad» psíquica o espiritual?

Ve hacia el interior. Busca tu lugar de sabiduría interior. Ve qué te indica que hagas. Entonces, hazlo.
Si eso significa que escribas a los políticos y a los industriales, pidiéndoles que actúen respecto a los abusos contra el medio ambiente que pueden ocasionar cambios en la Tierra, hazlo. Si eso significa reunir a los líderes de tu comunidad para trabajar en el problema Y2K, hazlo. Si eso significa seguir por tu camino, enviando energía positiva cada día y evitando que los que te rodean sean dominados por el pánico que <u>causa</u> un problema, hazlo.
Lo más importante de todo es que no temas. No puedes «morir» en ningún caso, por lo tanto, no hay nada que temer. Estás consciente de El

Proceso que se desarrolla y en silencio debes saber que todo está bien contigo.

Trata de ponerte en contacto con la perfección de todas las cosas. Debes saber que estarás exactamente donde tienes que estar para experimentar con exactitud lo que elijas mientras creas Quién Eres Realmente.

Éste es el camino hacia la paz. En todas las cosas, ve la perfección.

Finalmente, no trates de «salir» de nada. Lo que resistes, persiste. Te lo dije en el primer libro y es verdad.

Las personas que están tristes por lo que «ven» en el futuro o por lo que les han «dicho» sobre el futuro no están «permaneciendo en la perfección».

¿Algún otro consejo?

¡Celebra! ¡Celebra la vida! ¡Celebra el Yo! ¡Celebra las predicciones! ¡Celebra a Dios! ¡Celebra! Juega el juego.

Lleva alegría al momento, sin importar lo que el momento traiga, porque la alegría es Quien Eres y Quien Serás Siempre.

Dios no puede crear nada imperfecto. Si piensas que Dios puede crear algo imperfecto, entonces no sabes nada sobre Dios.

Por lo tanto, celebra. ¡Celebra la perfección! Sonríe y celebra y ve únicamente la perfección y lo que los demás llaman imperfección, no te tocará de ninguna manera que sea imperfecta para ti.

¿Quieres decir que puedo evitar que la Tierra gire sobre su eje o que la golpee un meteoro o que la desplomen los terremotos o que quede atrapada en las consecuencias confusas e histéricas de Y2K?

En definitiva, puedes evitar resultar afectado negativamente por cualesquiera de esas cosas.

Eso no es lo que Te pregunté.

Pero es lo que Yo respondí. Enfrenta el futuro sin temor, comprendiendo El Proceso y viendo la perfección en todo.

Esa paz, esa serenidad, esa calma te alejarán de casi todas las experiencias y resultados que los demás llamarían «negativos».

¿Y si estás equivocado respecto a todo esto? ¿Y si Tú no eres «Dios», sino sólo un producto de mi fértil imaginación?

Ah, volvemos a esa pregunta, ¿eh?

Bueno, ¿y si es así? ¿Entonces, qué? ¿Puedes pensar en una mejor manera para vivir?

Todo lo que estoy diciendo aquí es que permanezcas calmado, que estés en paz, sereno, frente a estas predicciones terribles de calamidad en todo el planeta y tendrás el mejor resultado posible.

Incluso si Yo no fuera Dios y sólo fuera «tú», inventando todo, ¿puedes obtener un consejo mejor?

No, creo que no.

Entonces, como siempre, no importa si soy «Dios» o no lo soy.

Con esto, al igual que con la información en todos los tres libros, sólo vive la sabiduría. O, si puedes pensar en una mejor manera de proceder, <u>hazlo</u>.

Mira, si sólo es Neale Donald Walsch quien habla en todos estos libros, es difícil que puedas encontrar un mejor consejo para seguir, sobre cualesquiera de los temas cubiertos. Míralo de esta manera: o Yo soy Dios hablando o Neale es un tipo bastante inteligente.

¿Cuál es la diferencia?

La diferencia es que si estuviera convencido de que es Dios realmente quien dice estas cosas, escucharía con más atención.

Oh, tonterías. Te he enviado mensajes mil veces en cien formas diferentes y has ignorado la mayoría.

Sí, supongo que lo hice.

¿Supones?

De acuerdo, los ignoré.

En esta ocasión, no los ignores. ¿Quién supones que te trajo a este libro? Lo hiciste tú. Entonces, si no puedes escuchar a Dios, escúchate a ti mismo.

O a mi vidente amistoso.

O a tu vidente amistoso.

Ahora bromeas conmigo, pero esto trae otro tema que deseaba discutir.

Lo sé.

¿Lo sabes?

Por supuesto. Deseas discutir a los videntes.

¿Cómo lo supiste?

Soy vidente.

Apuesto que lo eres. Eres la Madre de todos los videntes. Eres *Chief Honcho, Top Banana, Big Cheese.* Eres El Hombre, El Jefe, La Unidad, El director del Consejo.

Lo captaste... bien.

¡Vengan esos *cinco!*

Calma, hermano. Adelante.

Lo que deseo saber es, ¿qué es el «poder psíquico»?

Todos ustedes tienen lo que llaman «poder psíquico». En realidad, es un sexto sentido. Todos ustedes tienen un «sexto sentido respecto a las cosas».
El poder psíquico es sencillamente la habilidad para salir de su experiencia limitada hacia una vista más amplia. Regresar. Sentir más que lo que el individuo limitado que imaginan que son sentiría; saber más que lo que él o ella sabría. Es la habilidad para captar la <u>verdad suprema</u> a su alrededor; sentir una energía diferente.

¿Cómo podemos desarrollar esta habilidad?

«Desarrollar» es una buena palabra. Es algo parecido a los músculos. Todos ustedes los tienen; sin embargo, algunos eligen desarrollarlos, mientras que otras personas no los desarrollan y les son menos útiles.

Para desarrollar su «músculo» psíquico, deben ejercitarlo. Usarlo, cada día, todo el tiempo.

En este momento, el músculo está allí, pero es pequeño y débil. No lo utilizan lo suficiente. De vez en cuando tendrán un «indicio» intuitivo, pero no actuarán siguiéndolo. Tendrán una «corazonada» respecto a algo, pero la ignorarán. Tendrán un sueño o una «inspiración», mas la dejarán pasar, prestándole poca atención.

Por fortuna prestaste atención al «indicio» sobre este libro o no estarías leyendo estas palabras ahora.

¿Crees que llegaste a estas palabras por accidente? ¿Por casualidad?

El primer paso para desarrollar el «poder» psíquico es saber que lo tienes y utilizarlo. Presta atención a cada corazonada que tengas, a cada sentimiento que sientas, a cada «indicio» que experimentes. Presta atención.

Luego, actúa de acuerdo con lo que «sabes». No permitas que tu mente te convenza para que no lo hagas. No permitas que el temor te aparte de ello.

Mientras más actúes de acuerdo con tu intuición, sin temor, más te servirá dicha intuición. Siempre estuvo allí, sólo que no le prestas atención.

No me refiero a la habilidad psíquica para encontrar siempre un espacio para estacionarme. Hablo del poder psíquico real. El poder que ve el futuro. La clase de poder que te permite saber cosas sobre la gente que no podrías saber de otra manera.

De eso es lo que estoy hablando también.

¿Cómo funciona este poder psíquico? ¿Debo escuchar a la gente que lo tiene? Si un vidente hace una predicción, ¿puedo cambiarla o es mi futuro grabado en piedra? ¿Cómo pueden algunos videntes decir cosas sobre uno, en el momento en que uno entra en la habitación? ¿Qué si...

Espera. Ésas son cuatro preguntas diferentes. Vamos a calmarnos un poco y tratar una a la vez.

De acuerdo. ¿Cómo funciona el poder psíquico?

Hay otras reglas de los fenómenos psíquicos que te permitirán comprender cómo funciona el poder psíquico. Vamos a examinarlas.

1. *Todo pensamiento es energía.*
2. *Todas las cosas están en movimiento.*
3. *Todo el tiempo es ahora.*

Los videntes son personas que se han abierto a las experiencias que producen estos fenómenos: las vibraciones. A veces se forman como imágenes en la mente y en otras ocasiones como un pensamiento en la forma de una palabra.

El vidente acostumbra sentir estas energías. Al principio, quizá esto no es fácil, porque estas energías son muy ligeras, muy transitorias, muy sutiles. Como la brisa más ligera en una noche de verano, que piensas que movió tu cabello, pero quizá no lo hizo. Como el sonido más suave a una gran distancia, que piensas que escuchaste, pero que no puedes estar seguro. Como el movimiento más suave de una imagen en el extremo de tu ojo, que juraste estaba allí, pero que cuando vuelves la cabeza, se fue, desapareció. ¿Estaba allí?

Ésa es la pregunta que el vidente principiante siempre se hace. El vidente consumado nunca pregunta, porque al formular la pregunta se aleja la respuesta. Al formular la pregunta entra la mente y eso es lo último que desea hacer un vidente. La intuición no reside en la mente. Para ser vidente, tienes que estar fuera de tu mente, porque la intuición reside en el psique, en el alma.

La intuición es el oído del alma.

El alma es el único instrumento lo bastante sensible para «captar» las vibraciones más ligeras de la vida, para «sentir» estas energías, para sentir estas ondas en el campo e interpretarlas.

Tienes seis sentidos, no cinco. Éstos son: el sentido del olfato, el sentido del gusto, el sentido del tacto, el sentido de la vista, el sentido del oído y... el sentido de saber.

Así es como funciona el «poder psíquico».

Cada vez que tienes un pensamiento, éste envía energía. Es energía. El alma del vidente capta esa energía. El vidente verdadero no se detendrá para interpretarla, sino que probablemente sólo dice de pronto cómo siente esa energía. Así es como un vidente puede decirte lo que estás pensando.

Cada sentimiento que has tenido reside en tu alma. Tu alma es la suma absoluta de todos tus sentimientos. Es el recipiente. A pesar de que hayan transcurrido años desde que los almacenaste Allí, un vidente que esté verdaderamente abierto puede «sentir» estos «sentimientos» aquí y ahora. Esto es porque...

No existe el tiempo.

Así es como un vidente puede hablarse sobre su «pasado».

El «mañana» tampoco existe. Todas las cosas están sucediendo en este momento. Cada suceso envía una onda de energía, imprime una imagen indeleble en el placa fotográfica cósmica. El vidente ve o siente la imagen del «mañana», como si estuviera sucediendo ahora, lo cual es así. Así es como algunos videntes dicen el «futuro».

¿Cómo se hace esto fisiológicamente? Un vidente, tal vez sin saber en realidad lo que está haciendo, a través del acto de enfoque intenso, está enviando un componente submolecular de él. Su «pensamiento» abandona el cuerpo, sale al espacio y se aleja bastante, rápidamente, para poder volverse y «ver» desde una distancia el «ahora» que tú todavía no has experimentado.

¡Un viaje submolecular en el tiempo!

Podrías decirlo así.

¡Un viaje submolecular en el tiempo!

De acuerdo. Decidimos convertir esto en un espectáculo.

No, no. Seré bueno. Lo prometo... en verdad. Adelante. En verdad deseo escuchar esto.

De acuerdo. La parte submolecular del vidente, después de haber absorbido la energía de la imagen obtenida al enfocar, regresa al cuerpo del vidente, llevando con ella la energía. El vidente «recibe una imagen» (en ocasiones con un estremecimiento) o «siente una sensación» y se esfuerza mucho para no llevar a cabo ningún «procesamiento» de la información, sino que simple e instantáneamente, la describe. El vidente ha aprendido a no cuestionar lo que está «pensando» o «viendo» o «sintiendo» de pronto, sino sólo a permitir que «llegue», lo más intacta posible.

Semanas después, si el evento imaginado o «sentido» sucede en realidad, al vidente se le llama clarividente, ¡lo cual es verdad, por supuesto!

Si ése es el caso, ¿por qué algunas «predicciones» son «erróneas»; esto es, nunca «suceden»?

Porque el vidente no «predijo el futuro», sino que sólo ofreció una mirada de una de las «posibilidades posibles» observadas en el Momento Eterno de Ahora. Es siempre el tema de la lectura del vidente que hizo la elección. Él podría con la misma facilidad hacer otra elección, una no relacionada con la predicción.

El Momento Eterno contiene todas las «posibilidades posibles». Como lo he explicado varias veces, todo ya sucedió, en un millón de formas diferentes. Lo único que queda es que elijas algunas percepciones.

Todo es una cuestión de percepción. Cuando cambias tu percepción, cambias tu pensamiento y tu pensamiento crea tu realidad. Cualquier resultado que puedas anticipar en una situación ya está allí para ti. Todo lo que tienes que hacer es percibirlo, conocerlo.

Esto es lo que significa «incluso antes de que preguntes, Yo habré respondido». En realidad, tus oraciones son «respondidas» antes de que se ofrezca la oración.

Entonces, ¿por qué no todos obtenemos lo que pedimos en la oración?

Esto se cubrió en el <u>Libro 1</u>. No siempre obtienen lo que piden, pero siempre obtienen lo que crean. La creación sigue al pensamiento, el cual sigue a la percepción.

Esto es inconcebible. A pesar de que ya hemos hablado sobre esto anteriormente, aún es inconcebible.

¿Acaso no lo es? Por eso es bueno insistir sobre esto. El escucharlo varias veces te da la oportunidad de captarlo. Entonces, tu mente deja de estar «atónita».

Si todo está sucediendo ahora, ¿qué establece qué *parte* de todo esto estoy experimentando en *mi* momento de «ahora»?

Tus elecciones y tu creencia en éstas. Esa creencia la crearán tus pensamientos sobre un tema particular y esos pensamientos surgen de tus percepciones; esto es, «la forma como tú lo ves».

El vidente ve la elección que tú estás haciendo ahora sobre el «mañana» y la ve realizada. Un vidente verdadero siempre te dirá que no tiene que ser de esa manera. Puedes «elegir de nuevo» y cambiar el resultado

¡En efecto, estaría cambiando la experiencia que ya tuve!

¡Exactamente! ¡Lo estás comprendiendo! Ahora comprendes cómo vivir en la paradoja.

Sin embargo, si «ya sucedió», ¿a quién le «sucedió»? Si yo lo cambio, ¿quién es el «yo» que experimenta el cambio?

Hay más de un «tú» moviéndose por la línea del tiempo. Todo esto se describió con detalle en el <u>Libro 2</u>. Sugiero que lo leas de nuevo. Luego, combina lo que está allí con lo que está aquí, para una comprensión mayor.

De acuerdo. Suficiente. Me gustaría hablar un poco más sobre este tema del vidente. Muchas personas aseguran ser videntes. ¿Cómo puedo distinguir al vidente real del falso?

Todos son «videntes», por lo tanto, <u>todos</u> son «reales» Lo que deseas buscar es su propósito. ¿Están intentando ayudarte o enriquecerse?

Los videntes llamados «videntes profesionales» que buscan enriquecerse, a menudo prometen hacer cosas con su poder psíquico («hacer volver a un amante perdido», «dar riqueza y fama», ¡incluso, ayudarte a bajar de peso!)

Prometen que pueden hacer todo esto, mas sólo por dinero. Incluso harán una «lectura» sobre otra persona (tu jefe, tu amante, un amigo) y te dirán todo acerca de ellos. Dirán: «Tráeme algo, una bufanda, una fotografía, una muestra de su escritura».

<u>Pueden</u> decirte sobre la otra persona, a menudo bastante, porque todos dejan un rastro, una «huella psíquica», un rastro de energía y una persona verdaderamente sensible puede sentir esto.

Sin embargo, una persona intuitiva sincera nunca ofrecerá hacer que alguien regrese a ti, hacer que una persona cambie de opinión <u>o crear cualquier resultado con su «poder» psíquico</u>. Un vidente verdadero (uno que ha entregado su vida al desarrollo y al uso de este don) sabe que el libre albedrío de otra persona nunca se puede alterar y que los pensamientos de otra persona nunca deben invadirse y que el espacio psíquico de otra persona nunca debe violarse.

Pensé que habías dicho que no hay «correcto» e «incorrecto». ¿Qué significan todos estos «nuncas» de pronto?

Cada vez que pronuncies un «siempre» o un «nunca», está dentro del contexto de lo que sabes estás buscando lograr; lo que estás tratando de hacer.

Sé que todos ustedes buscan evolucionar, crecer espiritualmente, regresar a la Unidad. Están buscando experimentarse como la versión más grandiosa de la mayor visión que han tenido acerca de Quienes Son. Están buscando esto individualmente y como una raza.

En mi mundo, no hay «correcto» e «incorrecto» ni «sí» ni «no», como lo he dicho muchas veces y no se quemarán en el fuego eterno del infierno, si hacen una «mala» elección, porque no existe lo «malo» ni el «infierno», a no ser, por supuesto, que piensen que sí existen.

No obstante, hay leyes naturales que se han creado en el universo físico y una de ésas es la ley de la causa y el efecto.

Una de las leyes más importantes de la causa y el efecto es ésta: Todo efecto causado lo experimenta finalmente el Yo.

¿Qué significa eso?

Lo que hagas que experimente otra persona, algún día lo experimentarás tú.

Los miembros de su comunidad New Age tienen una forma más expresiva de decirlo.

«Lo que va, viene».

Correcto. Otros conocen esto como el Mandato de Jesús: Hagan a los demás lo que harían para ustedes.

Jesús enseñaba la ley de la causa y el efecto. Es lo que podría llamarse la Ley Principal. Algo así como el Mandato Principal dado a Kirk, Picard y Janeway.

¡Hey, Dios es un *Trekkie!*

¿Bromeas? Yo escribí la mitad de esos episodios.

Será mejor que no permitas que Gene Te escuche decir eso.

Vamos... Gene me dijo que dijera eso.

¿Estás en contacto con Gene Roddenberry?

Y con Carl Sagan, Bob Heinlein y <u>toda la pandilla</u> aquí.

No deberíamos bromear de esta manera. Esto le quita la credibilidad a todo el diálogo.

Comprendo. Una conversación con Dios tiene que ser seria.

Bueno, al menos, creíble.

¿No es creíble que tenga aquí a Gene, Carl y Bob? Tendré que decirles eso. Volvamos a cómo puedes diferenciar a un vidente verdadero de uno «falso». Un vidente verdadero sabe y vive el Mandato Principal. Por eso, si le pides que traiga a un «amor perdido» o que lea el aura de otra persona, cuyo pañuelo o carta tienes tú, un vidente verdadero te dirá:
«Lo lamento, pero no haré eso. Nunca interferiré, intervendré ni visitaré el sendero caminado por otra persona.
«No intentaré afectar, dirigir o impactar sus elecciones, de manera alguna.
«No te divulgaré información personal o privada, acerca de ningún individuo».
Si una persona ofrece llevar a cabo uno de estos «servicios» para ti, esa persona es lo que llamarían un sinvergüenza, que utiliza tu propia debilidad humana y tu vulnerabilidad para quitarte dinero.

¿Qué hay acerca de los videntes que pueden ayudar a la gente a localizar a un ser amado extraviado, a un niño raptado, un adolescente que huyó y tiene demasiado orgullo para regresar a casa, incluso aunque lo desee con desesperación? ¿O qué hay acerca del caso clásico de localizar a una persona (viva o muerta) para la policía?

Por supuesto, estas preguntas se contestan a sí mismas. Lo que evita siempre el vidente verdadero es imponer su voluntad a otra persona. Está allí sólo para servir.

¿Es correcto pedir a un vidente que contacte a los muertos? ¿Debemos intentar ponernos en contacto con aquellos que «partieron antes»?

¿Por qué querrías hacerlo?

Para saber si desean decirnos algo.

Si alguien del «otro lado» desea que sepan algo, encontrará una forma para hacer que lo sepas, no te preocupes.

La tía, el tío, el hermano, la hermana, el padre, la madre, el esposo y el amante que «partieron antes» continúan su propio viaje, experimentando alegría total, moviéndose hacia la comprensión total.

Si parte de lo que desean hacer es regresar a ti, para saber cómo estás, para que sepas que están bien, por cualquier motivo que sea, ten la seguridad de que lo harán.

Entonces, observa la «señal» y cáptala. No la apartes como si sólo fuera tu imaginación, un «pensamiento deseado» o una coincidencia. Espera el mensaje y recíbelo.

Sé sobre una señora que cuidaba a su esposo moribundo y le suplicó que si él tenía que irse, por favor regresara a ella y le permitiera saber que estaba bien. Él prometió que lo haría y murió dos días después. No había transcurrido una semana, cuando una noche despertó la señora, sintiendo que alguien acababa de sentarse en la cama, junto a ella. Al abrir los ojos, podía jurar que había visto a su esposo, sentado al pie de la cama, sonriéndole. Sin embargo, cuando parpadeó y miró de nuevo, él había desaparecido. Más tarde me contó la historia, diciendo entonces que con seguridad había tenido una alucinación.

Sí, eso es muy común. Recibes señales, irrefutables, obvias, y las ignoras. O las consideras como un truco que te jugó tu mente.

Con este libro tienes la misma alternativa.

¿Por qué hacemos eso? ¿Por qué pedimos algo (como la sabiduría que contienen estos tres libros) y luego nos negamos a creerlo cuando lo recibimos?

Porque dudan de la gran gloria de Dios. Como Tomás, tienen que ver, sentir, tocar, antes de creer. Sin embargo, lo que desean saber no puede ser visto, sentido o tocado. Es de otro reino. No están abiertos a eso; no están listos. No obstante, no se preocupen. Cuando el estudiante esté listo, el maestro aparecerá.

¿Estás diciendo entonces (para volver a la línea de interrogatorio original) que *no* debemos visitar a un vidente o asistir a una sesión espiritista en busca de contactar a aquellos que están en el otro lado?

No estoy diciendo que deberían o no deberían hacer algo. No estoy seguro de cuál sería el objeto.

¿Suponiendo que tuvieras algo que desearas decir a ellos, en lugar de que desearas tener noticias de *ellos?*

¿Imaginas que puedes decirlo y que ellos no lo escucharán? El pensamiento más ligero que tiene que ver con un ser existente en lo que ustedes llaman «el otro lado» trae volando hacia ti esa conciencia del ser.

No puedes tener un pensamiento o una idea sobre una persona que está lo que ustedes llaman «muerta», sin que la Esencia de esa persona esté totalmente consciente de eso. No es necesario emplear a un médium para lograr tal comunicación. El amor es el mejor «médium» de comunicación.

¿Qué hay acerca de la comunicación en *dos sentidos?* ¿En eso sería útil un médium? ¿Es posible esa comunicación? ¿Es bazofia? ¿Es peligrosa?

Estás hablando ahora sobre la comunicación con los espíritus. Sí, tal comunicación es posible. ¿Es peligrosa? Virtualmente, todo es «peligroso», si temes. Creas aquello que temes. Sin embargo, en realidad no hay nada que temer.

Los seres queridos nunca están lejos de ti, nunca más lejos que un pensamiento y siempre estarán allí, si los necesitas, listos para asesorar, confortar o aconsejar. Si por tu parte existe un nivel alto de estrés porque un ser querido esté «bien», él te enviará una señal, un pequeño «mensaje» que te permitirá saber que todo está bien.

Ni siquiera tendrás que llamarlo, porque las almas que te amaron en esta vida son atraídas hacia ti, empujadas hacia ti, vuelan hacia ti, en el momento en que presienten el problema o la dificultad más ligera en el campo de tu aura.

Una de sus primeras oportunidades, mientras aprenden las posibilidades de su nueva existencia, es proporcionar ayuda y consuelo a aquellos que aman. Sentirás su presencia confortante, si en realidad te abres a ellos.

Entonces, las historias que escuchamos sobre personas «que podrían jurar» que un ser amado difunto estaba en la habitación podrían ser verdad.

Con toda seguridad. Uno podría oler el perfume o la colonia del ser amado u oler el puro que fumaba o escuchar ligeramente una canción que solía cantar. O también, de la nada, alguna posesión personal suya puede aparecer de pronto. Un pañuelo, una billetera, una mancuernilla o una joya «aparece», «sin motivo». Se «encuentra» en el cojín de una silla o bajo una pila de revistas viejas. Allí está. Un retrato, una fotografía o un momento especial, justamente cuando extrañas a esa persona, piensas en ella y te sientes triste por su muerte. Estas cosas no «sólo suceden». Esta clase de cosas no «sólo aparecen» por azar en «el momento adecuado». Te diré esto: <u>No hay coincidencias en el universo</u>.

Esto es muy común, muy común.

Ahora, regresemos a tu pregunta: ¿necesitas a un «médium» o un «canal» para comunicarte con los seres fuera del cuerpo? No. ¿En ocasiones es útil? A veces. De nuevo, mucho depende del vidente o del médium y de su motivación.

Si alguien se niega a trabajar de esta manera contigo o de llevar a cabo cualquier clase de trabajo de «canalización» o «intervención», sin una muy buena compensación, huye, no camines, hacia el lado contrario. Esa persona puede estar en eso sólo por el dinero. No te sorprenda si quedas «atrapado» y regresas una y otra vez durante semanas o meses o incluso años, mientras juega con tu necesidad o tu deseo de ponerte en contacto con el «mundo de los espíritus».

Una persona que sólo está allí, como lo está el espíritu, para ayudar, no pide nada para ella, excepto lo que se necesita para continuar llevando a cabo el trabajo que intenta hacer.

Si un vidente o un médium llega de ese lugar cuando acepta ayudarte, asegúrate de ofrecer toda la ayuda que puedas a cambio. No te aproveches de esa generosidad extraordinaria del espíritu dando poco o nada, cuando sabes que podrías hacer más.

Trata de ver quién está en verdad sirviendo al mundo, buscando en realidad compartir la sabiduría y el conocimiento, la perspectiva y la comprensión, el interés y la compasión. Proporciona algo a esas personas y hazlo con grandeza. Págales el gran honor. Dales la cantidad más grande, porque ellas son los Portadores de la Luz.

7

Hemos cubierto mucho aquí. En realidad, cubrimos mucho. ¿Podemos hacer otro cambio? ¿Estás listo para continuar?

¿Lo estás tú?

Sí, ahora estoy avanzando. Al fin logré un avance. Deseo formular cada pregunta que he esperado tres años para preguntar.

Estoy de acuerdo, adelante.

Calma. Me gustaría hablar sobre otro de los misterios esotéricos. ¿Me hablarás sobre la reencarnación?

Seguro.

Muchas religiones dicen que la reencarnación es una doctrina falsa; que sólo tenemos una vida aquí; una oportunidad.

Lo sé. Eso no es preciso.

¿Cómo pueden estar tan equivocados respecto a algo tan importante? ¿Cóm~ ` es que no saben la verdad sobre algo tan básico?

Debes entender que los seres humanos tienen muchas religiones basadas en el temor, cuyas enseñanzas rodean una doctrina de un Dios al que se le debe adorar y temer.
Fue a través del temor como toda su sociedad terrenal se reformó del matriarcado y pasó al patriarcado. Fue a través del temor que los primeros

sacerdotes lograron que la gente «enmendara su mal camino» y «escuchara la palabra del Señor». Fue mediante el temor que las iglesias obtuvieron y controlaron a sus miembros.

Una iglesia insistió incluso en que Dios los castigaría si no iban a la iglesia cada domingo. No ir a la iglesia se declaró como un pecado.

Y no sólo a cualquier iglesia. Uno tenía que asistir a una iglesia particular. Si asistían a una iglesia de una denominación diferente, eso también era un pecado. Esto fue un intento de control puro y simple, mediante el temor. Lo sorprendente es que funcionó. ¡Diablos, todavía funciona!

Tú eres Dios, no maldigas.

¿Quién está maldiciendo? Hice una afirmación de un hecho. Dije: «¡Diablos, todavía funciona!»

La gente siempre creerá en el infierno y en un Dios que los enviará allí, mientras crea que Dios es como el hombre: despiadado, interesado, que no perdona y vengativo.

En el pasado, la mayoría de la gente no podía imaginar a un Dios que pudiera elevarse sobre todo eso. Por lo tanto, aceptaron las enseñanzas de muchas iglesias de «temer la terrible venganza del Señor».

Fue como si la gente no pudiera confiar en sí misma para ser buena, para actuar adecuadamente por cuenta propia, por sus propios motivos. Por lo tanto, tuvieron que crear una religión que enseñó la doctrina de un Dios enfadado y castigador para mantenerse en línea.

Ahora, la idea de la reencarnación atacó todo eso.

¿Cómo? ¿Qué hizo a esa doctrina tan amenazante?

La iglesia proclamó que sería mejor que fueran buenos o, _de lo contrario_... Y los que creen en la reencarnación dijeron: «Tendrán otra oportunidad después de ésta y otra después de ésa y aún más oportunidades. Por lo tanto, no se preocupen. Actúen lo mejor posible. No se paralicen tanto debido al temor, que no puedan moverse. Prométanse a sí mismos ser mejores y continúen».

Naturalmente, la primera iglesia no quiso escuchar tal cosa. Por lo tanto, hizo dos cosas. Primero, denunció la doctrina de la reencarnación como herética. Luego, creó el sacramento de la confesión. La confesión podía hacer para el creyente lo que prometía la reencarnación. Esto es, _darle otra oportunidad_.

Entonces, tuvimos un arreglo en el que Dios nos castigaría por nuestros pecados, a no ser que <u>los confesáramos</u>. En ese caso podíamos sentirnos a salvo, sabiendo que Dios había escuchado la confesión y nos había perdonado.

Sí, pero hubo un impedimento. Esta absolución <u>no podía llegar directamente de Dios</u>. Tenía que llegar a través de la iglesia, cuyos sacerdotes daban «penitencias» que tenían que cumplirse. Por lo general, éstas consistían en oraciones que se le requerían al pecador. Por lo tanto, ahora tenían dos motivos para continuar siendo miembros.

La iglesia descubrió que la confesión era una atracción tan buena, que pronto declaró que era pecado <u>no confesarse</u>. Todos tenían que hacerlo al menos una vez al año. Si no lo hacían, Dios tendría <u>otro</u> motivo para enfadarse.

Más y más reglas, muchas de ellas arbitrarias y caprichosas, empezó a promulgar la iglesia, cada regla teniendo detrás de ella el poder de la condenación eterna de Dios, a no ser, por supuesto, que se <u>confesara</u> el fracaso. Entonces, Dios perdonaba a la persona y evitaba la condenación.

Se presentó otro problema. La gente supuso que esto significaba que podía hacer cualquier cosa, siempre que la confesara. La iglesia se encontró en un dilema. El temor había abandonado el corazón de la gente. La asistencia a la iglesia y sus miembros disminuyeron. La gente se iba a «confesar» una vez al año, cumplía su penitencia, era absuelta de sus pecados y continuaba con su vida.

No había duda en eso. Había que encontrar una manera para inculcar de nuevo el temor en el corazón.

Por lo tanto, se inventó el purgatorio.

¿El purgatorio?

El purgatorio. Se describió como un lugar parecido al infierno, pero no eterno. Esta nueva doctrina declaró que Dios los haría sufrir por sus pecados, incluso si los <u>confesaban</u>.

Bajo esta doctrina, Dios decretó cierta cantidad de sufrimiento para cada alma no perfecta, basándose en el número y tipo de pecados cometidos. Había pecados «mortales» y «veniales». Los pecados mortales los enviarían directamente al infierno, si no se confesaban antes de morir.

Una vez más, la asistencia a la iglesia aumentó. Se hicieron también colectas y contribuciones especiales, porque la doctrina del purga-

torio incluía también una forma en que uno podía <u>comprar evitar el</u> <u>sufrimiento</u>.

¿Perdón?

De acuerdo con las enseñanzas de la iglesia, uno podía recibir una indulgencia especial (una vez más, no directamente de Dios), sólo de un ministro de la iglesia. Estas indulgencias especiales liberaban a uno de sufrir en el purgatorio, que se había «ganado» con los pecados o, al menos, de parte de éste.

¿Algo como «menos tiempo por buen comportamiento»?

Sí. Por supuesto, estas suspensiones del castigo se concedían a muy pocas personas. Por lo general a aquellas que hacían una contribución a la iglesia.
Por una gran suma, uno podía obtener una indulgencia <u>plenaria</u>. Esto significaba <u>no pasar ningún tiempo en el purgatorio</u>. Era un boleto sin parada directo al cielo.
Este favor especial de Dios estaba disponible para muy pocas personas. Tal vez para la realeza y los muy ricos. La cantidad de dinero, joyas y tierra dada a la iglesia a cambio de estas indulgencias plenarias fue enorme. Sin embargo, la exclusividad de todo esto produjo gran frustración y resentimiento entre las masas.
El campesino más pobre no tenía esperanza de obtener una indulgencia del obispo y, por lo tanto, el vulgo perdió fe en el sistema y la asistencia amenazó con disminuir de nuevo.

¿Qué hicieron *entonces*?

Introdujeron las velas de la novena.
La gente podía ir a la iglesia y encender una vela de la novena por las «pobres almas del purgatorio» y al recitar una novena (una serie de oraciones en un orden particular que llevaba cierto tiempo completar), podían quitar años a la «sentencia» del difunto querido, sacándolo del purgatorio más pronto de lo que de otra manera hubiera permitido Dios.
No podían hacer nada por sí mismos, pero, al menos, podían orar para pedir piedad por los difuntos. Por supuesto, sería útil si se introducían en la ranura una o dos monedas, por cada vela encendida.

Muchas pequeñas velas ardían detrás de mucho cristal rojo y muchos pesos y centavos se depositaban en multitud de cajas pequeñas, en un intento de «disminuir» el sufrimiento infligido a las almas del purgatorio.

¡Vaya»! Esto es *increíble*. ¿Quieres decir que la gente no pudo ver a través de todo eso? ¿La gente no lo consideró un intento desesperado, de una iglesia desesperada, para mantener a sus miembros desesperados por hacer algo para protegerse de ese malhechor que llamaban Dios? ¿Quieres decir que la gente se creyó eso?

Bastante literalmente.

No me sorprende que la iglesia declarara que la reencarnación no existía.

Sí. Sin embargo, cuando Yo los creé, no los creé para que pudieran vivir una vida (un periodo infinitesimal, dada la edad del universo), cometieran los errores que inevitablemente cometerían y luego esperaran lo mejor al final. He tratado de imaginar planteándolo de esa manera, pero nunca puedo averiguar cuál sería Mi propósito.

Ustedes tampoco pudieron averiguarlo. Por eso tuvieron que seguir diciendo cosas tales como: «El Señor trabaja en formas misteriosas, para llevar a cabo Sus maravillas». Sin embargo, no trabajo en formas misteriosas. Todo lo que hago tiene un motivo y es perfectamente claro. Ya expliqué por qué los creé y el propósito de su vida, muchas veces en esta trilogía.

La reencarnación encaja perfectamente en ese propósito, que es que Yo cree y experimente Quién Soy a través de ustedes, vida tras vida y a través de los millones de criaturas de conciencia que he colocado en el universo.

Entonces HAY vida en otros...

Por supuesto que la hay. ¿En realidad crees que están solos en este universo gigante? Ése es otro tema que podemos tratar más adelante...

¿Lo prometes?

Lo prometo.
Tu propósito como alma es experimentarte como Todo Eso. Nosotros evolucionamos. Estamos... llegando a ser.

¿Llegando a ser qué? ¡No lo sabemos! ¡No podemos saberlo hasta que estemos allí! Para Nosotros, el viaje es la alegría. Tan pronto como «lleguemos allí», tan pronto como creemos la siguiente idea superior de Quiénes Somos, crearemos un pensamiento más grandioso, una idea superior y continuaremos la alegría por siempre.

¿Estás conmigo en esto?

Sí. En este momento, casi *podría* repetirlo al pie de la letra.

Bien.

Entonces... el punto y el propósito de tu vida es decidir Quién Eres Realmente. Lo estás haciendo cada día, con cada acción, en cada pensamiento, con cada palabra. Eso es lo que estás haciendo.

En la medida en que eso te agrade, que te agrade Quién Eres en tu experiencia, en esa medida te apegarás, más o menos, a la creación, haciendo sólo ajustes menores aquí y allá, para acercarte más a la perfección.

Paramahansa Yogananda es un ejemplo de una persona que estuvo muy cerca de lo «perfecto» como una imagen externa de lo que pensaba de sí mismo. Tenía una idea muy clara sobre sí mismo y acerca de su relación Conmigo y utilizó su vida para «expresar» eso. Deseaba experimentar su idea sobre sí mismo en su propia realidad; conocerse como eso, experimentalmente.

Babe Ruth hizo lo mismo. Tenía una idea muy clara sobre sí mismo y su relación Conmigo y usó su vida para expresar eso; para conocerse a sí mismo en su propia experiencia.

No muchas personas viven ese nivel. Aunque el Maestro y Babe tenían dos ideas totalmente diferentes sobre sí mismos, ambos las actuaron con magnificencia.

Ambos tenían también ideas diferentes respecto a Mí, eso es seguro, y procedían de diferentes niveles de conciencia respecto a Quién Soy y acerca de su verdadera relación Conmigo. Esos niveles de conciencia se reflejaron en sus pensamientos, palabras y obras.

Uno de ellos estuvo en un lugar de paz y serenidad la mayor parte de su vida y llevó una paz profunda y serenidad a los demás. El otro estuvo en un lugar de ansiedad, agitación e ira ocasional (en particular, cuando no podía hacer las cosas a su manera) y llevó agitación a las vidas de las personas a su alrededor.

Ambos eran de buen corazón, sin embargo, nunca hubo un toque más suave que el de Babe y la diferencia entre los dos es que uno virtualmente no tuvo nada en términos de adquisiciones físicas, pero nunca deseó más de que lo obtuvo, mientras que el otro lo «tuvo todo» y nunca obtuvo lo que en realidad deseaba.

Si ése fuera el final de esto para George Herman, supongo que todos podríamos sentirnos un poco tristes por eso, pero el alma que encarnó como Babe Ruth está lejos de terminar con este proceso llamado evolución. Ha tenido la oportunidad de examinar las experiencias que produjo para sí, así como las experiencias que produjo para otros y ahora tiene que decidir qué le gustaría experimentar en seguida, mientras busca crear y recrearse en versiones cada vez más grandiosas.

Dejaremos nuestra narración sobre estas dos almas, porque ambas ya hicieron su siguiente elección en relación con lo que desean experimentar ahora y, en realidad, ambas lo están experimentando ya.

¿Quieres decir que ambos reencarnaron ya en otros cuerpos?

Sería un error suponer que reencarnar (regresar a otro cuerpo físico) era la única opción que tenían.

¿Cuáles son las otras opciones?

En realidad, lo que desearon ser.

Ya expliqué aquí lo que ocurre después de lo que ustedes llaman muerte.

Algunas almas sienten que hay mucho más que les gustaría saber y, por lo tanto, se encuentran asistiendo a una «escuela», mientras que otras almas (lo que ustedes llaman «almas viejas») les enseñan. ¿Y qué les enseñan? Que no tienen nada que aprender. Que nunca tuvieron nada que aprender. Que lo único que han tenido que hacer es recordar. Recordar Quién y Qué Son Realmente.

Les «enseñan» que la experiencia de Quiénes Son se obtiene al actuarla, al serla. Se les recuerda esto mostrándoselos con amabilidad.

Otras almas ya recordaron esto cuando llegan (o poco después de que llegan) al «otro lado». (Empleo el lenguaje con el que estás familiarizado, hablando en tu idioma vernacular, para mantener lo más posible las palabras fuera del camino.) Estas almas pueden entonces buscar la alegría inmediata de experimentarse como lo que desean «ser». Pueden elegir entre el millón de aspectos Míos y escoger experimentar eso, en ese momento y lugar. Algunas pueden optar por regresar a la forma física para hacer eso.

¿Cualquier forma física?

Cualquiera.

¿Entonces, es *verdad* que las almas pueden regresar como animales, que Dios puede ser una vaca? ¿Y que las vacas en verdad son sagradas? ¡Vaca sagrada!

(¡Ejem!)

Lo lamento.

Has tenido toda una vida para hacer comedia. A propósito, mirando tu vida, has hecho un trabajo bastante bueno con ella.

¡Vaya! Un buen comentario. Si tuviera aquí un platillo, lo tocaría para Ti.

Gracias, gracias.
Seriamente, amigos...
La respuesta a la pregunta que básicamente me haces, ¿puede un alma regresar como un animal? es sí, por supuesto. La pregunta real es, ¿lo haría? La respuesta es, probablemente no.

¿Los animales tienen alma?

Cualquiera que haya mirado a los ojos a un animal ya conoce la respuesta a eso.

Entonces, ¿cómo sé que *no* es mi abuela que regresó como *mi* gato?

El proceso que discutimos aquí es la evolución. La autocreación y la evolución. La evolución procede en una dirección, hacia arriba, siempre hacia arriba.
El deseo más grande del alma es experimentar aspectos cada vez más elevados de sí misma. Por lo tanto, busca moverse hacia arriba, no hacia abajo, en la escala evolutiva, hasta que experimenta lo que se ha llamado nirvana, la Unidad total con el Todo. Esto es, Conmigo.

Si el alma desea experiencias de sí misma cada vez superiores, ¿por qué se molestaría en regresar como un ser humano? Con seguridad, ése no puede ser un paso «hacia arriba».

Si el alma regresa a la forma humana, siempre es en un esfuerzo de experimentar más y, así, evolucionar más. Hay muchos niveles de evolución observables y demostrados en los seres humanos. Uno podría regresar por muchas vidas, muchos cientos de vidas y continuar evolucionando hacia arriba. Sin embargo, el movimiento ascendente, el deseo más grande del alma, no se logra al regresar a una forma de vida inferior. Así, dicho regreso no ocurre. No hasta que el alma alcanza la reunión final con Todo Lo Que Es.

Eso debe significar que cada día llegan «nuevas almas» al sistema, tomando formas de vida inferiores.

No. Cada alma que ha sido creada lo fue De Inmediato. Todos estamos aquí Ahora. No obstante, como expliqué con anterioridad, cuando un alma (una parte de Mí) alcanza la realización final, tiene la opción de «empezar de nuevo», literalmente «olvidar todo», para poder recordar todo de nuevo y recrearse nuevamente una vez más. De esta manera, Dios continúa reexperimentándose a sí mismo.

Las almas pueden elegir también «reciclarse» a través de una forma de vida particular, en un nivel particular, con la frecuencia que lo deseen.

Sin la reencarnación, sin la habilidad para regresar a una forma física, el alma tendría que lograr todo lo que busca lograr dentro de una vida, que es un billón de veces más corta que el parpadeo de un ojo en el reloj cósmico.

Por lo tanto, sí, por supuesto, la reencarnación es un hecho. Es real, tiene un propósito y es perfecta.

De acuerdo, pero me confunde una cosa. Dijiste que no existe el tiempo; que todas las cosas están sucediendo en este momento. ¿Es eso correcto?

Lo es.

Entonces, Tú implicaste (y en el *Libro 2* ahondaste en esto) que existimos «todo el tiempo» en diferente niveles o en varios puntos, en el Continuo Espacio-Tiempo.

Eso es verdad.

De acuerdo, pero ahora aquí es donde no comprendo. Si uno de mis «yoes» en el Continuo Espacio-Tiempo «muere», entonces *regresa* aquí como *otra persona*... entonces... entonces, ¿quién soy? Tendría que estar existiendo como *dos personas a la vez*. Si continúo haciendo esto a través de toda la eternidad, que dijiste lo haga, entonces, ¡estoy siendo *cien* personas a la vez! Mil, un *millón*. Un millón de versiones de un millón de personas en un millón de puntos en el Continuo Espacio-Tiempo.

Sí.

No comprendo eso. Mi mente no puede captarlo.

En realidad, lo has hecho bien. Es un concepto muy avanzado y lo has manejado bastante bien.

Pero... pero... si eso es verdad, entonces «yo», la parte de «mí» que es inmortal, debe estar evolucionando en un billón de formas diferentes en un billón de maneras diferentes en un billón de puntos diferentes en la Rueda Cósmica, en el momento eterno de ahora.

Correcto de nuevo. Eso es exactamente lo que Yo estoy haciendo.

No, no. Dije que eso es lo que *yo* debo estar haciendo.

Correcto de nuevo. Eso es lo que acabo de decir.

No, no, yo dije...

Sé lo que dijiste. Dijiste lo que Yo dije que dijiste. La confusión aquí es que tú todavía piensas que hay más de uno de Nosotros aquí.

¿No lo hay?

Nunca hubo más de uno de Nosotros aquí. Nunca. ¿Lo estás descubriendo?

¿Quieres decir que aquí he estado hablando *conmigo mismo*?

Algo parecido.

¿Quieres decir que Tú *No eres Dios?*

Eso no es lo que dije.

¿Quieres decir que Tú *eres* Dios?

Eso es lo que dije.

Entonces, si Tú eres Dios y Tú eres yo y yo soy Tú, entonces... entonces.. ¡*yo soy* Dios!

Sí, tú eres Dios. Eso es correcto. Lo captaste plenamente.

Yo no soy sólo Dios, son *también* todos los demás.

Sí.

¿Eso significa que nadie y nada más existe, aparte de mí?

¿Acaso no dije que Yo y Mi Padre somos Uno?

Sí, pero...

¿Acaso no dije que todos Nosotros somos Uno?

Sí, pero no sabía que lo decías *literalmente.* Pensé que hablabas en forma figurada. Pensé que era más una afirmación filosófica, no la afirmación de un *hecho.*

Es la afirmación de un hecho. Todos Nosotros somos Uno. Eso es lo que significa «Cualquier cosa que hagas al más insignificante ... me lo harás a mí».
¿Comprendes ahora?

Sí.

Ah, al fin. Finalmente.

Discúlpame por discutir esto, pero... cuando estoy con otra persona, con mi esposa, por ejemplo, o con mis hijos, siento que estoy *separado* de ellos, que ellos son *otro* que no soy «yo».

La conciencia es algo maravilloso. Puede dividirse en mil piezas, en un millón, en un millón de veces un millón.

Me he dividido en un número infinito de «piezas», para que cada «pieza» de Mí pudiera mirarse y maravillarse de Quién y Qué Soy.

¿Por qué tengo que pasar por este periodo de olvido o de incredulidad? ¡Todavía no lo creo plenamente! *Todavía me mantengo en el olvido.*

No seas tan duro contigo mismo. Eso es parte del proceso. Es correcto que esté sucediendo de esta manera.

Entonces, ¿por qué me dices todo esto ahora?

Porque empezabas a no divertirte. La vida empezaba a no ser ya una alegría. Empezabas a quedar atrapado en El Proceso que olvidaste que era sólo un proceso.

Por lo tanto, Me llamaste. Me pediste que viniera a ti, para ayudarte a comprender, para mostrarte la verdad divina, para revelarte el mayor secreto. El secreto que te has ocultado. El secreto de Quién Eres.

Ahora ya lo hice. Una vez más, ahora te he hecho recordar. ¿Eso importará? ¿Cambiará cómo actúes mañana? ¿Hará que hoy en la noche veas las cosas de diferente manera?

¿Sanarás ahora las heridas del herido, calmarás las ansiedades del temeroso, satisfarás las necesidades del pobre, celebrarás la magnificencia de lo logrado y verás la visión Mía en todas partes?

¿Este último recordatorio de la verdad cambiará tu vida y te permitirá cambiar la vida de otras personas?

¿O volverás al olvido, regresarás al egoísmo; visitarás nuevamente y residirás en la pequeñez de quien imaginaste que eras, antes de este despertar?

¿Qué será?

8

En realidad, la vida es eterna, ¿no es así?

Lo es, con toda seguridad.

No tiene final.

No lo tiene.

La reencarnación *es* un hecho.

Lo es. Puedes regresar a tu forma mortal, esto es, una forma física que puede «morir», siempre y cuando lo desees.

¿Decidimos cuándo deseamos regresar?

«Si» y «cuando», sí.

¿Decidimos también cuándo deseamos partir? ¿Elegimos cuándo deseamos morir?

Ninguna experiencia se impone a ningún alma contra su voluntad. Por definición, esto no es posible, puesto que el alma crea cada experiencia.
El alma no desea nada. El alma lo tiene todo. Toda la sabiduría, todo el conocimiento, todo el poder y toda la gloria. El alma es la parte de Ti que nunca duerme, que nunca olvida.
¿El alma desea que el cuerpo muera? No. El deseo del alma es que tú nunca mueras. Sin embargo, el alma dejará el cuerpo, cambiará su forma

corporal, dejando atrás casi todo el cuerpo material, de un momento a otro, cuando no vea el propósito de permanecer en esa forma.

Si es el deseo del alma que nunca muramos, ¿por qué *morimos?*

No mueren. Simplemente, cambian de forma.

Si el deseo del alma es que nunca hagamos *eso,* ¿por qué *lo* hacemos?

¡Ése no es el deseo del alma!
¡Ustedes son «cambiadores de forma»!
Cuando ya no tiene ninguna utilidad permanecer en una forma particular, el alma cambia de forma, deseosamente, voluntariamente, alegremente, y se mueve en la Rueda Cósmica.

¿Alegremente?

Con gran alegría.

¿Ningún alma lamenta morir?

Ningún alma muere... jamás.

Me refiero a que, ¿ningún alma siente pesar porque su forma física actual esté cambiando, porque esté a punto de «morir»?

El cuerpo nunca «muere», simplemente cambia de forma con el alma. Sin embargo, comprendo a lo que te refieres y por el momento, utilizo el vocabulario que ustedes han establecido.
Si tienen una comprensión clara de lo que desean crear, en relación con lo que eligieron llamar la otra vida o si tienen un conjunto claro de creencias que apoye la experiencia después de la muerte de reunirse con Dios, entonces, no, el alma nunca lamenta lo que ustedes llaman muerte.
La muerte en ese caso es un momento glorioso; una experiencia maravillosa. El alma puede ahora volver a su forma natural, a su estado normal. Hay una ligereza increíble; una sensación de libertad total; ninguna limitación y un conocimiento de la Unidad que de inmediato es dichosa y sublime.
No es posible que el alma lamente tal cambio.

Entonces, ¿estás diciendo que la muerte es una experiencia *feliz?*

Sí, siempre, para el alma que desea que lo sea.

Si el alma desea tanto estar fuera del cuerpo, ¿por qué no lo deja simplemente? ¿Por qué espera?

No dije que el alma «desea estar fuera del cuerpo», dije que el alma se alegra cuando está afuera. Son dos cosas diferentes.

Puedes estar feliz haciendo una cosa y feliz haciendo otra. El hecho de que te alegre hacer la segunda, no significa que eras infeliz haciendo la primera.

El alma no es infeliz al estar con el cuerpo. Por el contrario, al alma le agrada estar en tu forma actual. Eso no excluye la posibilidad de que el alma pudiera sentirse igualmente contenta si se desconectara del cuerpo.

Es obvio que hay mucho acerca de la muerte que yo no comprendo.

Sí y esto es porque no te gusta pensar en ella. Sin embargo, debes contemplar la muerte y la pérdida en el instante en que percibas cualquier momento de vida o no habrás percibido la vida, sino que sólo habrás conocido la mitad de ésta.

Cada momento termina en el instante en que empieza. Si no comprendes esto, no comprenderás lo exquisito que hay en esto y no llamarás común al momento.

Cada interacción «empieza para terminar» en el instante en que «comienza a empezar». Sólo cuando hayas contemplado y comprendido profundamente esto, se abrirá ante ti el tesoro total de cada momento y de la vida en sí.

La vida no puede darse a ti, si no comprendes la muerte. Debes hacer algo más que comprenderla. <u>Debes amarla, incluso como amas la vida</u>.

Tu tiempo con cada persona se glorificará, si piensas que fue tu <u>último</u> momento con esa persona. Tu experiencia de cada momento mejorará sin medida, si piensas que fue ese último momento. Tu negativa a contemplar tu propia muerte conduce a tu negativa a contemplar tu propia vida.

No la ves como es. Pierdes el <u>momento</u> y todo lo que éste tiene para ti. Miras al pasarlo, en lugar de ver a través de él.

Cuando observas algo con detenimiento, ves a través de eso. Contemplar una cosa con detenimiento es ver a través de ella. Entonces, la ilusión deja de existir. Entonces ves una cosa como lo que realmente es. Sólo entonces puedes disfrutarla en verdad, esto es, darle alegría. («Disfrutar» es hacer que algo sea alegre.)

Incluso, puedes disfrutar la ilusión entonces, ¡porque sabrás que es una ilusión y que es la mitad del disfrute! Es el hecho de que pienses que es real lo que te causa todo el dolor.

Nada es doloroso, si comprendes que no es real. Permite que repita esto.

Nada es doloroso, si comprendes que no es real.

Es como una película, un drama, actuado en el escenario de tu mente. Estás creando la situación y a los personajes. Estás escribiendo las líneas.

Nada es doloroso en el momento que comprendes que nada es real.

Esto es tan cierto como la muerte y como la vida.

Cuando comprendas que la muerte es también una ilusión, entonces, podrás decir: «Oh, muerte, ¿dónde está tu desenlace?»

¡Puedes incluso disfrutar la muerte! Puedes incluso disfrutar la muerte de otra persona.

¿Eso parece extraño? ¿Parece una cosa extraña para decirla?

Sólo si no comprendes la muerte y la vida.

La muerte nunca es un final, sino que siempre es un principio. Una muerte es una puerta que se abre, no una puerta que se cierra.

Cuando comprendas que la vida es eterna, comprenderás que la muerte es tu ilusión, que te mantiene muy preocupado y, por lo tanto, te ayuda a creer que eres tu cuerpo. Sin embargo, no eres tu cuerpo y, por lo tanto, la destrucción de tu cuerpo no te preocupa.

La muerte debería enseñarte lo que es real en la vida. La vida te enseña que lo que es inevitable no es la muerte, sino lo transitorio.

Lo transitorio es la única verdad.

Nada es permanente. Todo está cambiando, en cada instante, en cada momento.

No podría haber nada permanente, porque incluso el concepto de permanencia depende de lo transitorio para tener algún significado. Por lo tanto, incluso la permanencia es transitoria. Observa esto con detenimiento. Contempla esta verdad. Compréndela y comprenderás a Dios.

Éste es el Dharma, éste es el Buda. Éste es el Dharma Buda. Ésta es la enseñanza y el maestro. Ésta es la lección y el maestro. Éste es el objeto y el observador, convertidos en uno.

Nunca han sido <u>otra cosa</u> que Uno. Eres tú quien los ha separado, para que tu vida pudiera desplegarse ante ti.

Sin embargo, al observar tu propia vida desplegarse ante ti, tú no te despliegas. ¡Mantente junto a tu Yo! ¡Ve la ilusión! ¡Disfrútala»! No obstante, ¡<u>no te conviertas en ella</u>!

<u>No</u> eres la ilusión, sino el <u>creador de ésta</u>.

Estás en este mundo. No eres de él.

Utiliza tu ilusión de la muerte. ¡Utilízala! Permite que sea la llave que abra hacia más vida.

Si ves la flor como si muriera, la verás con tristeza. No obstante, si ves la flor como parte de un árbol completo que está cambiando y que pronto dará frutos, verás la verdadera belleza de la flor. Cuando comprendas que el florecer y marchitar de la flor es una señal de que el árbol está listo para dar frutos, entonces comprenderás la vida.

Observa esto con detenimiento y verás que la vida está en su propia metáfora.

Recuerda siempre que no eres la flor, que ni siquiera eres el fruto. Eres el árbol y tus raíces son profundas, fijadas en Mí. Soy la tierra de la cual brotaste y tus flores y tus frutos regresarán a Mí, creando tierra más rica. Así, la vida engendra vida y no puede conocer la muerte jamás.

Eso es muy hermoso. Es muy hermoso. Gracias. ¿Podrías hablarme ahora sobre algo que me preocupa? Necesito hablar sobre el suicidio. ¿Por qué existe ese tabú en contra de terminar con la propia vida?

En realidad, ¿por qué está allí?

¿Quieres decir que no es malo suicidarse?

No puedo responder esa pregunta a satisfacción tuya, porque en sí contiene dos conceptos falsos; se basa en dos suposiciones falsas; contiene dos errores.

La primera suposición falsa es que existe el «bien» y el «mal». La segunda suposición falsa es que es posible matar. Por lo tanto, tu pregunta en sí se desintegra en el momento en que se divide.

El «bien» y el «mal» son polaridades filosóficas en el sistema de valor humano, que no tienen nada que ver con la realidad final (un punto que he explicado repetidas veces en este diálogo). Más aún, ni siquiera hay bases constantes dentro de su propio sistema, sino valores que continúan cambiando de vez en cuando.

Ustedes hacen el cambio, cambian su mente respecto a estos valores, según su conveniencia (lo que es correcto que hagan, como seres en evolución); sin embargo, en cada paso a lo largo del camino insisten en que no han hecho esto y que son sus valores _incambiables_ los que forman los cimientos de la integridad de su sociedad. Por lo tanto, han construido su sociedad sobre una paradoja. Continúan cambiando sus valores, mientras proclaman que ¡son valores incambiables los que... _valoran!_

La respuesta a los problemas presentados por esta paradoja no es arrojar agua fría sobre la arena, en un intento de convertirla en concreto, sino celebrar el cambio de la arena. Celebrar su belleza, mientras conserva la forma de su castillo, pero celebrar también la nueva forma y apariencia que toma cuando sube la marea.

Celebren las arenas que cambian cuando forman las nuevas montañas que escalarán y en la cima de las cuales y con las cuales construirán nuevos castillos. Sin embargo, comprendan que estas montañas y estos castillos son momentos para _cambiar_, no para permanecer.

Glorifiquen lo que son hoy, mas no condenen lo que fueron ayer, no eviten lo que pueden llegar a ser mañana.

Comprendan que «bien» y «mal» son invenciones de su imaginación y que «correcto» e «incorrecto» son sólo anuncios de sus últimas preferencias e imaginaciones.

Por ejemplo, respecto al asunto de suicidarse, es la imaginación actual de la mayoría de la gente en su planeta la que dicta que «no es correcto» hacer eso.

De manera similar, muchos de ustedes aún insisten en que no es correcto ayudar a una persona que desea terminar con su vida.

En ambos casos dicen que esto debe ser «contra la ley». Es probable que hayan llegado a esta conclusión porque la terminación de la vida ocurre relativamente rápido. Las acciones que terminan con la vida durante un periodo más prolongado no son contra la ley, a pesar de que logran el mismo resultado.

Así, si una persona en su sociedad se suicida con una pistola, los miembros de su familia pierden los beneficios del seguro. Si se suicida con cigarros, no los pierden.

Si un médico los ayuda a suicidarse, lo llaman asesino, mientras que si una compañía tabacalera lo hace, lo llaman comercio.

Con ustedes, parece que sólo es una cuestión de tiempo. La legalidad de la autodestrucción, lo «correcto» o «incorrecto» de esto, parece tener mucho que ver con la rapidez con que se lleva a cabo la acción, así como con quien la ejecuta. Mientras más rápida es la muerte, más «errónea» parece ser. Mientras más lenta es la muerte, se acerca más a lo «correcto».

En forma interesante, esto es exactamente lo opuesto a lo que una sociedad verdaderamente humana concluiría. De acuerdo con cualquier definición razonable de lo que llaman «humano», mientras más pronto sea la muerte, mejor. No obstante, su sociedad castiga a aquellos que intentan hacer lo que es humano y recompensa a aquellos que hacen lo que no es cuerdo.

No es cuerdo pensar que lo que Dios desea es el sufrimiento continuo y que un final humano rápido a ese sufrimiento es «malo».

«Castigan lo humano y recompensan lo demente».

Éste es un lema que sólo una sociedad de seres con comprensión limitada podría aceptar.

Envenenan su sistema inhalando carcinógenos, envenenan su sistema ingiriendo comida tratada con sustancias químicas que a la larga los matarán y envenenan su sistema respirando el aire que continuamente contaminan. Envenenan su sistema en cien formas diferentes a través de mil momentos diferentes y hacen esto sabiendo que estas sustancias no son buenas para ustedes. Sin embargo, debido a que tardan mucho tiempo para matarlos, se suicidan con impunidad.

Si se envenenan con algo que funciona con mayor rapidez, se dice que hicieron algo contra la ley moral.

Les diré esto: No es más inmoral matarse rápidamente que matarse lentamente.

Por lo tanto, ¿una persona que termina con su propia vida, no la castiga Dios?

Yo no castigo. Yo amo.

¿Qué hay entonces acerca de la afirmación que se escucha con frecuencia acerca de que aquellos que piensan que van a «escapar» de su predicamento o que van a terminar su condición, con el suicidio sólo descubren que están enfrentando el mismo predicamento o condición en la otra vida y, por este motivo, no escaparon ni terminaron con nada?

Su experiencia que ustedes llaman vida después de la muerte es un reflejo de su conciencia, en el momento en que entran en ésta. Sin embargo, siempre son seres con libre albedrío y pueden alterar su experiencia cuando lo decidan.

Entonces, ¿los seres queridos que terminaron con su vida física se encuentran bien?

Sí. Están muy bien.

Hay un libro maravilloso sobre este tema, llamado *Stephen Lives,* de Anne Puryear. Trata de su hijo, quien se suicidó cuando era adolescente. A muchas personas les ha sido útil.

Anne Puryear es una mensajera maravillosa, al igual que su hijo.

Entonces, ¿puedes recomendar este libro?

Es un libro importante. Dice más sobre este tema, de lo que estamos diciendo aquí y aquellos que tienen heridas profundas o acontecimientos alrededor de la experiencia de un ser amado que se quitó la vida estarán abiertos a la curación a través de este libro.

Es triste que tengamos heridas o asuntos profundos, aunque creo que gran parte de esto es resultado de lo que nuestra sociedad nos «ha dicho» sobre el suicidio.

En su sociedad, a menudo no ven las contradicciones de sus propias construcciones morales. La contradicción entre hacer cosas que saben perfectamente que van a acortar su vida, pero las hacen con lentitud y hacer cosas que acortarán su vida con rapidez, es una de las más intensas en la experiencia humana.

No obstante, parece demasiado obvio, cuando Tú lo dices de esta manera. ¿Por qué no podemos ver esas verdades obvias por nuestra cuenta?

Porque si vieran estas verdades, tendrían que <u>hacer algo respecto a ellas</u>. No desean hacer esto. Por lo tanto no tienen otra opción que mirar directamente algo y no verlo.

¿Por qué no desearíamos hacer algo respecto a estas verdades, si las viéramos?

Porque creen que para hacer algo respecto a ellas tendrían que terminar con sus placeres. Y terminar con sus placeres es algo que no desean hacer.

Casi todas las cosas que les causan una muerte lenta son las cosas que les proporcionan placer o el resultado de esas cosas. Casi todas las cosas que les proporcionan placer son las cosas que satisfacen al cuerpo. En realidad, esto es lo que los marca como una sociedad primitiva. <u>Sus vidas están estructuradas principalmente alrededor de buscar y experimentar los placeres del cuerpo</u>.

Por supuesto, todos los seres, en cualquier parte, buscan experimentar placeres. No hay nada primitivo en eso. En realidad, es el orden natural de las cosas. Lo que diferencia a las sociedades y a los seres dentro de las sociedades es lo que <u>definen como placentero</u>. Si una sociedad está estructurada principalmente alrededor de los placeres del cuerpo, está operando en un nivel diferente al de una sociedad estructurada alrededor de los placeres del alma.

Comprendo también que esto no significa que sus puritanos tuvieran razón y que todos los placeres del cuerpo deben ser negados. Significa que en las sociedades elevadas, los placeres del cuerpo físico no forman el número mayor de placeres que se disfrutan. No son el foco principal.

Mientras más elevada es una sociedad o un ser, más elevados son sus placeres.

¡Espera un minuto! Eso suena como un juicio de valor. Pensé que Tú, Dios, no hacías juicios de valor.

¿Es un juicio de valor decir que el monte Everest es más elevado que el monte McKinley?

¿Es un juicio de valor decir que la tía Sarah es mayor que su sobrino Tommy?

¿Son éstos juicios de valor u observaciones?

No dije que es «mejor» ser elevado en la conciencia propia. En realidad, no lo es; de la misma manera como no es «mejor» estar en el cuarto grado que en el primero.

Simplemente, estoy observando lo que es el cuarto grado.

Y en este planeta no estamos en cuarto grado, sino en el primero, ¿no es así?

Hijo mío, ni siquiera están en el jardín de niños. Están en maternal.

¿Cómo es que escucho eso como un insulto? ¿Por qué me suena como si Tú estuvieras desmereciendo a la raza humana?

Porque tu ego intenta profundamente ser algo que tú no eres y no ser lo que eres.

Casi toda la gente escucha insultos cuando sólo les hicieron una observación, si lo que observaron es algo que las personas no desean poseer.

Sin embargo, hasta que tienes una cosa, no puedes dejarla ir. No puedes dejar de poseer lo que nunca has poseído.

No podemos cambiar lo que no aceptamos.

Precisamente.

La iluminación empieza con la aceptación, sin juzgar lo «que es».

Esto se conoce como moverse hacia Ser. Es en el Ser donde se encontrará la libertad.

Lo que resisten, persiste. Lo que miran, desaparece. Esto es, deja de tener su forma ilusoria. Lo ven como lo que Es. Lo que Es siempre puede cambiarse. Sólo lo que No Es no puede cambiarse. Por este motivo, cambien el Ser, muévanse hacia él. No lo resistan. No lo nieguen.

Lo que niegan, lo declaran. Lo que declaran, lo crean.

La negación de algo es su recreación, porque el simple acto de negar algo lo coloca allí.

La aceptación de algo los pone en control de eso. Eso que niegan, no pueden controlarlo, porque dijeron que no está allí. Por lo tanto, lo que niegan, los controla.

Casi todos en su raza no desean aceptar que todavía no han evolucionado para estar en el jardín de niños. No desean aceptar que la raza humana todavía está en la escuela maternal. No obstante, esta falta de aceptación es con exactitud lo que los mantiene allí.

Su ego está tan profundamente dedicado a ser lo que ustedes no son (muy evolucionados), que no están siendo lo que son (evolucionandos). De esta manera, están trabajando en su contra, luchando contra ustedes mismos. Por este motivo, evolucionan con mucha lentitud.

El camino rápido de la evolución empieza al admitir y aceptar lo que es, no lo que no es.

Sabré que he aceptado lo «que es», cuando ya no me sienta insultado al escuchar que lo describen.

Exactamente. ¿Te sientes insultado si digo que tienes ojos azules?
Ahora les diré esto: mientras más elevada sea una sociedad o un ser, más elevados son sus placeres.
Lo que ustedes llaman «placer» es lo que declara su nivel de evolución.

Ayúdame con este término «elevado». ¿Qué quieres decir con eso?

Tu ser es el universo en el microcosmos. Tú y todo tu cuerpo físico están compuestos de energía pura, reunida alrededor de siete centros o chakras. Estudia los centros del chakra y lo que significan. Hay cientos de libros escritos sobre esto. Ésta es sabiduría que he dado a la raza humana anteriormente.
Lo que es placentero o que estimula tus chakras inferiores no es lo mismo que lo que es placentero para tus chakras superiores.
Mientras más eleves la energía de la vida a través de tu ser físico, más elevada será tu conciencia.

Aquí vamos de nuevo. Eso parece estar a favor del celibato. Eso parece ser todo el argumento contra la expresión de la pasión sexual. Las personas que son «elevadas» en su conciencia no «provienen de» su chakra raíz, su primer chakra o el más bajo, en sus interacciones con otros seres humanos,.

Eso es verdad.

Pensé que habías dicho en este diálogo que la sexualidad humana debe *celebrarse,* no reprimirse.

Eso es correcto.

Ayúdame con esto, porque parece que tenemos una contradicción.

El mundo está lleno de contradicciones, hijo mío. La falta de contra-dicciones no es un ingrediente necesario en verdad. En ocasiones, una ver-dad mayor yace <u>dentro</u> de la contradicción.

Lo que tenemos aquí es la Dicotomía Divina.

Entonces, ayúdame a comprender la dicotomía, porque durante toda mi vida he escuchado hablar acerca de lo deseable que era, de lo «elevado» que era, «elevar la energía kundalini» del chakra raíz. Ésta ha sido la principal justificación de los místicos que viven vidas de éxtasis sin sexo.

Comprendo que nos hemos alejado del tema de la muerte y me disculpo por haber llegado a este territorio no relacionado...

¿Por qué te disculpas? Una conversación va adonde va una conversa-ción. El «tema» que tratamos en todo este diálogo es lo que significa ser plenamente humano y lo que es la vida en este universo. Ése es el único tema y esto cae dentro de dicho tema.

Querer saber acerca de la muerte es desear saber sobre la vida, un punto que ya aclaré. Si nuestros intercambios conducen a una expansión de nuestro estudio para incluir el mismo acto que crea la vida y la celebra con magnificencia.

Ahora, vamos a aclarar de nuevo una cosa. No es un requerimiento de los «muy evolucionados» que se apague toda la expresión sexual y que se eleve toda la energía sexual. Si eso fuera verdad, entonces, no habría seres «muy evolucionados» en ninguna parte, porque toda la evolución se ha-bría detenido.

Un punto bastante obvio.

Sí. Cualquiera que diga que las personas muy santas nunca tienen sexo y que esto es una señal de su santidad, no comprenden cómo se intentó que la vida funcionara.

Permite que explique esto con términos muy claros. Si deseas un crite-rio para juzgar si una cosa es buena para la raza humana o no lo es, formúlate una pregunta simple:

<u>¿Qué sucedería si todos lo hicieran?</u>

Ésta es una medida muy sencilla y precisa. Si todos hicieran una cosa y el resultado fuera de gran beneficio para la raza humana, entonces, eso es «evolucionar». Si todos lo hicieran y eso causara el desastre para la raza humana, entonces, no es una cosa muy «elevada» para recomendarla. ¿No estás de acuerdo?

Por supuesto.

Entonces, acabas de estar de acuerdo en que ningún maestro verdadero dirá jamás que el celibato sexual es el camino a la maestría. No obstante, es esta idea de que la abstinencia sexual es de alguna manera la «forma superior» y que la expresión sexual es un «deseo inferior», lo que ha avergonzado la experiencia sexual y ha causado que se desarrollen a su alrededor toda forma de culpa y disfunción.

Si ése es el razonamiento contra la abstinencia sexual, prohibiría la procreación, ¿no podría discutirse que una vez que el sexo hubiera cumplido con esta función, ya no sería necesario?

No tienen sexo porque comprenden su responsabilidad de procrear la raza humana. Tienen sexo porque es <u>algo natural tenerlo</u>. Se trae en los genes. Obedecen un imperativo biológico.

¡Precisamente! Es una *señal genética* que lleva a la cuestión de la supervivencia de la especie. Sin embargo, una vez que la supervivencia de la especie está asegurada, ¿«ignorar la señal», no es la cosa «elevada» que se debe hacer?

Interpretas mal la señal. El imperativo biológico no es garantizar la supervivencia de la especie, sino <u>experimentar la Unidad</u>, que es la verdadera naturaleza de tu ser. Crear nueva vida es lo que sucede cuando se logra la Unidad, pero no es el motivo por el que se busca la Unidad.
Si la procreación fuera el único motivo de la expresión sexual, si no fuera nada más que un «sistema de entrega», ya no necesitarían llevarla a cabo uno con el otro. Podrían unir los elementos químicos de la vida en una caja de Petri.
No obstante, esto no dejaría satisfechas las necesidades más básicas del alma, que son más grandes que la simple procreación, sino que tendría que ver con la recreación de Quién y Qué Eres Realmente.
El imperativo biológico no es <u>crear</u> más vida, sino <u>experimentar</u> más vida y experimentar esa vida como realmente es: <u>una manifestación de Unidad</u>.

Por ese motivo, Tú nunca evitas que la gente tenga sexo, a pesar de que desde hace mucho tiempo hayan dejado de tener hijos.

Por supuesto.

Algunas personas dicen que el sexo *debería cesar* cuando las personas han dejado de tener hijos y que las parejas que continúan con esta actividad sólo ceden para satisfacer las necesidades físicas.

Sí.

En eso, esto no es «elevado», sino simplemente un comportamiento animal, inferior a la más noble naturaleza del hombre.

Esto nos hace volver al tema de los chakras o centros de energía.
Con anterioridad dije que «mientras más eleven la energía de la vida a través de su ser físico, más elevada será su conciencia».

¡Sí! Eso parece decir «no sexo».

No, no es así. No cuando lo comprendes.
Permite que regrese a tu comentario previo y aclare algo: no hay nada innoble o profano acerca de tener sexo. Tienes que apartar esa idea de tu mente y de tu cultura.
No hay nada vil ni indecoroso ni «menos que dignificado» (mucho menos <u>santificado</u>) en una experiencia sexual apasionada y plena de deseo. Las necesidades físicas no son manifestaciones del «comportamiento animal». Yo <u>incluí en el sistema</u> esas necesidades físicas.
¿Quién supones que lo creó de esa manera?
Las necesidades físicas son sólo <u>un ingrediente</u> en una mezcla compleja de respuesta que todos tienen mutuamente. Recuerda que son seres con tres partes, con siete centros chakra. Cuando responden uno al otro desde todas estas tres partes y todos los siete centros, al mismo tiempo, entonces tienen la experiencia suprema que buscan, ¡para la que fueron creados!
No hay nada profano en ninguna de estas energías; no obstante, si sólo eligen una de ellas, eso es «incompleto». ¡<u>Es no ser entero!</u>
Cuando no están siendo enteros. Están siendo menos que ustedes mismos. <u>Eso es</u> lo que significa «profano».

¡Vaya! Lo comprendo. ¡Lo *comprendo*!

La amonestación contra el sexo para aquellos que eligen ser «elevados» nunca fue una amonestación Mía. Fue una invitación. Una invitación no es una amonestación; sin embargo, ustedes la convirtieron en eso.

La invitación no fue para dejar de tener sexo, sino para dejar de ser <u>no enteros</u>.

Sin importar lo que hagas (tener sexo, desayunar, ir al trabajo, caminar por la playa, saltar la cuerda o leer un buen libro), <u>cualquier cosa</u> que hagas, hazla como un ser entero; como el ser entero que<u> eres</u>.

Si tienes sexo sólo desde tu centro del chakra inferior, estás operando sólo desde el chakra raíz y te pierdes la parte más gloriosa de la experiencia. Sin embargo, si eres amoroso con otra persona y te acercas desde los siete centros de energía mientras estás siendo eso, tienes una experiencia suprema. ¿Cómo esto no podría ser santo?

No puede. Soy incapaz de imaginar tal experiencia como no santa.

Por lo tanto, la invitación para elevar la energía de la vida a través de su ser físico hasta el chakra superior nunca tuvo la intención de ser una sugerencia o una demanda de que se <u>desconectaran del inferior</u>.

Si elevas la energía hasta tu chakra del corazón o incluso, hasta su chakra corona, eso no significa que no puede estar también en tu chakra raíz.

En realidad, si no está, estás desconectado.

Cuando has elevado la energía de la vida hasta tus centros superiores, puedes o no puedes elegir tener lo que llamarías una experiencia sexual con otra persona. Si no la tienes, no será porque tenerla sería violar alguna ley cósmica sobre la santidad. Tampoco te haría más «elevado». Si deseas tener sexo con otra persona, esto no te «descenderá» hasta tu único nivel del chakra raíz, a no ser que hagas lo opuesto al desconectarte en la parte inferior y <u>te desconectes desde arriba</u>.

Ésta es la invitación, no es una amonestación, sino una invitación:

Eleven su energía, su fuerza de vida, hasta el nivel más elevado posible en cada momento y se elevarán. Esto no tiene nada que ver con tener sexo o con no tenerlo. Tiene que ver con elevar su conciencia sin importar lo<u> que estén haciendo</u>.

¡Lo comprendo! Comprendo. Aunque no sé *cómo* elevar mi conciencia. No creo saber *cómo* elevar la energía de la vida a través de mis centros chakra. No estoy seguro de que la mayoría de la gente conozca lo que son estos centros.

Cualquiera que en verdad desee saber más sobre la «fisiología de la espiritualidad», puede encontrarla con bastante facilidad. Ya di esta información anteriormente, en términos muy claros.

Te refieres a los otros libros, a través de otros escritores.

Sí. Lee los escritos de Deepak Chopra. Es uno de los enunciadores más claros en la actualidad, en su planeta. Él comprende el misterio de la espiritualidad y la ciencia de ésta.

También hay otros mensajeros maravillosos. Sus libros describen no sólo cómo elevar tu fuerza de vida a través de tu cuerpo, sino también cómo <u>abandonar</u> tu cuerpo físico.

A través de estas lecturas adicionales podrás recordar lo glorioso que es permitir que el cuerpo se vaya. Entonces comprenderás cómo puede ser que nunca más vuelvas a temer a la muerte. Comprenderás la dicotomía: que es una alegría estar con el cuerpo y una alegría estar libre de él.

9

La vida debe ser en cierto modo como la escuela. Puedo recordar que cada otoño me sentía entusiasmado por el primer día de clases y, al final del año, excitado por irme.

¡Precisamente! ¡Exactamente! Lo has comprendido. Eso es exactamente. Sólo que la vida no es una escuela.

Sí, lo recuerdo. Explicaste todo eso en el *Libro 1*. Hasta ese momento, pensé que la vida *era* una «escuela» y que habíamos venido aquí para «aprender nuestras lecciones». Me ayudaste tremendamente en el *Libro 1* a comprender que ésta era una doctrina falsa.

Me alegro. Eso es lo que tratamos de hacer aquí, con esta trilogía, darte claridad. Ahora que comprendes con claridad por qué y cómo el alma puede regocijarse después de la «muerte», sin necesariamente lamentar nunca *la «vida».*

Antes formulaste una pregunta más larga y debemos tratarla de nuevo.

¿Perdón?

Dijiste, «Si el alma es tan infeliz en el cuerpo, ¿por qué no lo abandona?»

Oh, sí.

Lo abandona *y no me refiero sólo a la hora de la «muerte», como acabo de explicar. No lo abandona porque se siente infeliz. Lo deja porque desea regenerarse, rejuvenecer.*

¿Hace esto con frecuencia?

Todos los días.

¡El alma abandona el cuerpo *todos los días?* ¿Cuándo?

Cuando el alma anhela su experiencia superior. Encuentra esta experiencia rejuveneciendo.

¿Sólo *se va?*

Sí. El alma abandona tu cuerpo todo el tiempo. Continuamente. Durante toda tu vida. Por este motivo inventamos el sueño.

¿El alma abandona el cuerpo durante el sueño?

Por supuesto. Eso es <u>lo que es el sueño</u>.
Periódicamente, durante toda tu vida, el alma busca rejuvenecer, reabastercerse, para poder continuar en ese recipiente que llaman cuerpo.
¿Piensas que es fácil para tu alma habitar en tu cuerpo? ¡No lo es! ¡Puede ser <u>simple</u>, mas no es fácil! Es una alegría, mas no es fácil. ¡Es la cosa más difícil que ha hecho tu alma!
El alma, que conoce la ligereza y la libertad, las cuales no puedes imaginar, anhela de nuevo ese estado de ser, así como un niño que ama la escuela puede anhelar las vacaciones de verano. Así como una persona adulta que anhela compañía, mientras tiene compañía, puede anhelar también estar a solas. El alma busca un estado de ser verdadero. El alma es ligereza y libertad. Es también paz y alegría. Es también no limitación y no dolor; sabiduría y amor perfectos.
Es todas estas cosas y más. Sin embargo, experimenta pocas de estas cosas cuando está con el cuerpo. Por lo tanto, hizo un acuerdo consigo misma. Se dijo que permanecería con el cuerpo mientras éste lo necesitara, para crear y experimentarse como lo eligiera, ¡pero sólo si podía <u>abandonar</u> el cuerpo siempre que lo deseara!
Lo abandona diariamente, a través de la experiencia que ustedes llaman sueño.

¿El «sueño» es la experiencia del alma cuando abandona el cuerpo?

Sí.

Pensé que nos quedábamos dormidos porque el cuerpo necesitaba descansar.

Estás en un error. Es todo lo contrario. El <u>alma</u> busca el descanso y, por lo tanto, <u>hace</u> que el cuerpo se «quede dormido».

El alma literalmente deja caer el cuerpo (en ocasiones cuando está de pie) cuando se cansa de los límites, de la pesadez y de la falta de libertad al estar con el cuerpo.

Sólo abandona el cuerpo cuando busca «reabastecerse»; cuando se cansa de toda la no verdad, de la realidad falsa y de los peligros imaginados y cuando busca de nuevo la reconexión, la seguridad, el descanso y el nuevo despertar de la mente.

Cuando el alma entra primero en un cuerpo, la experiencia le resulta sumamente difícil. Es muy cansada, en particular para un alma recién llegada. Por ese motivo, los bebés duermen mucho.

Cuando el alma supera la impresión inicial de estar atada a un cuerpo una vez más, empieza a incrementar su tolerancia hacia eso y permanece más tiempo con el cuerpo.

Al mismo tiempo, la parte de ustedes que llaman mente, entra en el olvido, como se diseñó que lo hiciera. Incluso los vuelos del alma fuera del cuerpo, que ahora los hace con menos frecuencia, pero por lo general, diariamente, no siempre hacen que la mente recuerde.

En realidad, durante este tiempo, el alma puede estar libre, pero la mente puede estar confusa. Así, todo el ser puede preguntar: «¿Dónde estoy? ¿Qué estoy creando aquí?» Estas búsquedas pueden conducir a viajes irregulares, incluso atemorizantes. Ustedes llaman a estos viajes «pesadillas».

A veces, ocurre lo opuesto. El alma llegará a un lugar de gran recuerdo. Ahora la mente tendrá un despertar. Esto la llenará de paz y de alegría, lo que experimentarás en tu cuerpo cuando regreses a éste.

Mientras más experimente todo tu ser la seguridad de estos rejuvenecimientos y mientras más recuerde lo que está haciendo y tratado de hacer con el cuerpo, menos elegirá permanecer lejos del cuerpo, <u>porque ahora sabe que llegó al cuerpo por un motivo y con un propósito</u>. Su deseo es continuar con eso, hacer un mejor uso de todo el tiempo que tiene con el cuerpo.

La persona de gran sabiduría necesita poco sueño.

¿Estás diciendo que se puede saber lo evolucionada que está una persona al conocer cuánto tiempo necesita dormir?

Casi, sí. Casi podrías decir eso. A veces, un alma elige abandonar el cuerpo sólo por la alegría de hacerlo. Quizá no esté buscando despertar la mente o rejuvenecer el cuerpo. Quizá sólo decida recrear el éxtasis de conocer la Unidad. Por lo tanto, no siempre es válido decir que mientras más tiempo duerme una persona, menos evolucionada está.

Sin embargo, no es una coincidencia que cuando los seres están cada vez más conscientes de lo que están haciendo con sus cuerpos y de que éstos no son sus cuerpos, sino eso que está con sus cuerpos, desean y pueden pasar más tiempo con dichos cuerpos y así parece que «necesitan menos sueño».

Algunos seres eligen experimentar olvidar que están con el cuerpo y la unidad del alma a la vez. Estos seres pueden entrenar una parte de ellos para que no se identifique con el cuerpo, mientras están aún con éste, experimentando así el éxtasis de saber Quiénes Son Realmente, sin tener que perder el estado de vigilia humano para hacerlo.

¿Cómo hacen esto? ¿Cómo puedo hacerlo?

Es una cuestión de conciencia, de alcanzar un estado de conciencia total, como dije antes. No puedes hacer que estés totalmente consciente, sólo puedes estar totalmente consciente.

¿Cómo? ¿Cómo? Debe haber *algunas* herramientas que puedas darme.

La meditación cotidiana es una de las mejores herramientas con las cuales crear esta experiencia. Con la meditación, puedes elevar tu energía de vida hasta el chakra superior... e incluso abandonar tu cuerpo mientras estás «despierto».

En la meditación, te colocas en un estado de aptitud para experimentar la conciencia total, mientras tu cuerpo está en un estado despierto. Este estado de aptitud se llama vigilia verdadera.

Cuando te detienes en este estado, simplemente detienes tus pasos, dejas de ir adonde vas, dejas de hacer lo que estás haciendo, sólo te detienes por un momento, y sólo «estás» allí donde estás, estás bien exactamente donde estás. Detenerse, aunque sólo sea por un momento, puede ser maravilloso. Miras a tu alrededor, lentamente, y notas cosas que no notaste cuando pasaste junto a ellas. El olor fuerte de la tierra, después de que llueve. Ese rizo sobre la oreja izquierda de tu ser amado y lo bien que se siente ver jugar a un niño.

No tienes que dejar tu cuerpo para experimentar esto. Éste es el estado de vigilia verdadera.

Cuando entras en este estado, respiras en cada flor, vuelas con cada pájaro, sientes cada crujido bajo tus pies. Encuentras belleza y sabiduría, puesto que la sabiduría se encuentra en todos los sitios donde se forma la belleza. La belleza se forma en todas partes, fuera de todo el material de la vida. No tienes que buscarla, sino que vendrá a ti.

No tienes que dejar tu cuerpo para experimentar esto. Éste es el estado de vigilia verdadera.

Cuando «actúas» en este estado, conviertes todo lo que haces en una meditación y así, en un don, en un ofrecimiento de ti a tu alma y tu alma a El Todo. Al lavar los platos, disfrutas el calor del agua que acaricia tus manos y te maravillas por el agua y el calor. Al trabajar en tu computadora, ves que las palabras aparecen en la pantalla, frente a ti, en respuesta a la orden de tus dedos y te regocijas por el poder de la mente y del cuerpo, cuando se aprovecha para llevar a cabo tu invitación. Al preparar la cena, sientes el amor del universo que te trajo este alimento y como regalo tuyo, al preparar esta comida viertes todo el amor de tu ser. No importa lo extravagante o lo sencilla que sea la comida. La sopa puede resultar deliciosa.

No tienes que dejar tu cuerpo para experimentar esto. Éste es el estado de vigilia verdadera.

Cuando experimentas un intercambio de energía sexual en este estado, conoces la verdad suprema de Quién Eres. El corazón de tu ser amado se convierte en tu hogar. El cuerpo de tu ser amado se convierte en el tuyo. Tu alma ya no se imagina separada de nada.

No tienes que dejar tu cuerpo para experimentar esto. Éste es el estado de vigilia verdadera.

Cuando estás listo, estás despierto. Una sonrisa puede llevarte allí. Una simple sonrisa. Sólo abandona todo por un momento y sonríe. Por nada, sólo porque se siente bien; sólo porque tu corazón conoce un secreto y porque tu alma conoce ese secreto. Sonríe por eso. Sonríe mucho. Esto curará todo lo que te aqueje.

Me pides herramientas y te las doy.

Respira. Ésa es otra herramienta. Respira largo y profundo. Respira lenta y suavemente. Respira la suave y dulce nadería de la vida, tan plena de energía, tan plena de amor. Es el amor de Dios lo que estás respirando.

Respira profundamente y podrás sentirlo. Respira muy, muy profundamente y el amor te hará llorar.

De alegría.

Porque conociste a tu Dios y tu Dios te presentó con tu alma.

Una vez que ha tenido lugar esta experiencia, la vida ya no es la misma. La gente habla de haber «ido a la cima de la montaña», de haber entrado en un éxtasis sublime. Su ser cambia para siempre.

Gracias. Comprendo. Son las cosas simples. Los actos simples y los más puros.

Sí, pero debes saber esto. Algunas personas meditan durante años y nunca experimentan esto. Tiene que ver con qué tan abiertas están, qué tan deseosas. También tiene que ver con su habilidad para alejarse de cualquier expectativa.

¿Debo meditar todos los días?

Como en todas las cosas, no hay «debo» ni «no debo» aquí. No es una cuestión de lo que debes hacer, sino de lo que elijas hacer.

Algunas almas buscan caminar en el conocimiento. Algunas reconocen que en esta vida, casi todas las personas son sonámbulas, inconscientes. Van por la vida sin conciencia. Sin embargo, las almas que caminan con conciencia eligen un camino diferente. Eligen otro camino.

Buscan experimentar toda la paz y la alegría, la falta de limitación y la libertad, la sabiduría y el amor que da la Unidad, no sólo cuando han dejado el cuerpo y éste «cae» dormido, sino cuando han levantado el cuerpo.

Se dice de un alma que crea tal experiencia: «Se ha elevado».

Otras personas, en la llamada «New Age», se refieren a este proceso como «elevación de conciencia».

No importa el término que empleen (las palabras son la forma menos confiable de comunicación), todo se resume en vivir con conciencia. Entonces, se convierte en conciencia total.

¿De qué estás totalmente consciente finalmente? Finalmente estás totalmente consciente de Quién Eres.

La meditación diaria es una forma en que puedes lograr esto. Sin embargo, se necesita compromiso, dedicación, decisión de buscar la experiencia interior, no una recompensa externa.

Recuerda, los silencios mantienen los secretos. Por lo tanto, el sonido más dulce es el sonido del silencio. Ésta es la canción del alma.

Si crees en los sonidos del mundo y no en los silencios de tu alma, estarás perdido.

Entonces, la meditación cotidiana *es* una buena idea.

¿Una buena idea? Sí. Escucha de nuevo lo que acabo de decir aquí. La canción del alma puede cantarse de muchas maneras. El dulce sonido del silencio puede escucharse muchas veces.

Algunos escuchan el silencio en la oración. Otros cantan la canción en su trabajo. Algunos buscan los secretos en la contemplación tranquila, otros, en los alrededores menos contemplativos.

Cuando se alcanza la maestría o se experimenta intermitentemente, los sonidos del mundo pueden apagarse, las distracciones aquietarse, incluso en medio de éstas. Todo en la vida se convierte en meditación.

Todo en la vida es una meditación, en la que contemplas lo Divino. Esto se llama vigilia verdadera o atención.

Experimentado de esta manera, todo en la vida está bendito. Ya no hay lucha ni dolor ni preocupación. Sólo hay experiencia, que puedes elegir etiquetar en la forma que desees. Puedes elegir etiquetar todo como perfección.

Utiliza tu vida como una meditación y todos los eventos en ésta. Camina en la vigilia, no dormido. Muévete con perfección, no sin ésta y no te detengas en la duda ni en el temor, tampoco en la culpa ni en la autorrecriminación, reside en el esplendor permanente con la seguridad de que eres muy amado. Siempre eres Uno Conmigo. Siempre eres bienvenido. Bienvenido a casa.

Porque tu hogar es Mi corazón y el Mío es el tuyo. Te invito a ver esto en la vida como con seguridad lo verás en la muerte. Entonces sabrás que no hay muerte y que lo que has llamado vida y muerte son partes de la misma experiencia sin final.

Somos todo lo que es, todo lo que fue y todo lo que será, un mundo sin final.

Amén.

10

Te amo, ¿lo sabes?

Sí y yo te amo también. ¿Lo sabes?

Empiezo a saberlo. En verdad estoy empezando a saberlo.

Bien.

11

¿Podrías decirme algunas cosas sobre el alma, por favor?

Seguro. Trataré de explicar dentro de tu rango de comprensión limitado. No permitas frustrarte, si algunas cosas no «tienen sentido» para ti. Trata de recordar que estás pasando esta información a través de un filtro único, un filtro que fue diseñado por ti para protegerte de recordar demasiado.

Recuérdame de nuevo por qué hice eso.

El juego terminaría, si recordaras todo. Viniste aquí por un motivo particular y tu Propósito Divino se frustraría, si comprendieras cómo se reunió todo. Algunas cosas siempre serán un misterio en este nivel de conciencia y es correcto que así sea.

No trates de solucionar todos los misterios. No al mismo tiempo, de cualquier manera. Da una oportunidad al universo y se desplegará a su debido tiempo.

Disfruta la experiencia de llegar a ser.

Darme prisa lentamente.

Exactamente.

Mi padre solía decir eso.

Tu padre fue un hombre sabio y maravilloso.

No muchas personas lo describirían de esa manera.

No lo conocieron muchas personas.

Mi madre lo conoció.

Sí, lo conoció.

Y lo amó.

Sí, lo amó.

Y lo perdonó.

Sí, lo perdonó.

Por todo su comportamiento que causó daño.

Sí, ella comprendió, amó, perdonó y en esto fue y es un modelo mara-villoso, una maestra bendita.

Sí. Ahora... ¿me hablarás sobre el alma?

Lo haré. ¿Qué deseas saber?

Empecemos con la primera pregunta obvia: ya conozco la respuesta, pero nos da un punto para empezar. ¿Existe el alma humana?

Sí. Es el tercer aspecto de tu ser. Tú eres un ser de tres partes, formado por cuerpo, mente y espíritu.

Sé dónde está mi cuerpo, puedo ver eso. Creo que sé dónde está mi mente, se encuentra en la parte de mi cuerpo llamada cabeza. Sin embargo, no estoy seguro de tener idea de dónde...

Espera un minuto. Espera. Estás equivocado en algo. Tu mente no está en tu cabeza.

¿No está allí?

No. Tu <u>cerebro</u> está en tu cráneo, mas no tu mente.

¿Dónde está entonces?

En cada célula de tu cuerpo.

Vaya...

Lo que llamas la mente es en realidad una energía. Es... pensamiento. El pensamiento es una energía, no un objeto.
Tu cerebro es un objeto. Es un mecanismo físico y bioquímico, el más grande y sofisticado, pero no el único mecanismo en el cuerpo humano, con el que el cuerpo transmite o convierte la energía, que es tu pensamiento, en impulsos físicos. Tu cerebro es un transformador, al igual que todo tu cuerpo. Tienes transformadores pequeños en cada célula. Los bioquímicos han señalado que las células individuales (las células de la sangre, por ejemplo) parecen tener su propia inteligencia. En realidad, la tienen.

Eso no es cierto sólo en relación con las células, sino con partes más grandes del cuerpo. Todos los hombres del planeta saben sobre una parte específica del cuerpo que a menudo parece tener una mente propia...

Sí y todas las mujeres saben lo absurdos que son los hombres cuando ésa es la parte del cuerpo que permiten que influya en sus elecciones y decisiones.

Algunas mujeres utilizan ese conocimiento para controlar a los hombres.

Es innegable. Algunos hombres controlan a las mujeres a través de elecciones y decisiones hechas en ese lugar.

Innegable.

¿Quieres saber cómo detener el circo?

¡Por supuesto!

Esto es a lo que me referí anteriormente cuando hablé sobre elevar la energía de la vida para incluir los siete centros chakra.

Cuando tus elecciones y tus decisiones provienen de un lugar más grande que el local limitado que describiste, es imposible que las mujeres te controlen y tú nunca intentarás controlarlas.

El único motivo por el que las mujeres recurren a esos medios de manipulación y control es que no parece haber otro medio de control, al menos, ninguno tan efectivo, y sin algunos medios de control, los hombres frecuentemente se vuelven... incontrolables.

Sin embargo, si los hombres demostraran un poco más su naturaleza superior y si las mujeres recurrieran más a esa parte de los hombres, la llamada «batalla de los sexos» terminaría. Al igual que casi todas las otras batallas de cualquier clase en su planeta.

Como dije antes, esto no significa que los hombres y las mujeres deben renunciar al sexo o que el sexo sea parte de una naturaleza inferior de los seres humanos. Significa que la energía sexual sola, cuando no se eleva a los chakras superiores y se combina con las otras energías que hacen completa a una persona, produce elecciones y resultados que no <u>reflejan</u> a toda la persona. Éstos son a menudo algo menos que magnificencia.

Todo Tú eres magnificencia; no obstante, cualquier cosa que no sea Todo Tú es menos que magnificencia. Si deseas garantizar que producirás una elección o resultado menos que magnífico, toma una decisión sólo desde tu chakra raíz. Luego observa los resultados.

Son tan predecibles como pueden ser.

Hmmm. Creo que sabía eso.

Por supuesto, lo sabías. La pregunta más grande que enfrenta la raza humana no es cuándo aprenderán, sino cuándo <u>actuarán respecto a lo que ya aprendieron</u>.

Entonces, la mente está en cada célula...

Sí y hay más células en tu cerebro que en cualquier otra parte de tu cuerpo, por lo que parece que tu mente está allí. Sin embargo, ése es sólo el centro de procesamiento principal, no el único.

Bien, lo entiendo con claridad. Entonces, ¿dónde está el alma?

¿Dónde crees que está?

¿Detrás del Tercer Ojo?

No.

¿En medio de mi pecho, a la derecha de mi corazón, debajo del esternón?

No.

De acuerdo, me rindo.

Está en todas partes.

¿En todas partes?

En todas partes.

Como la mente.

Espera un momento. La mente no está en todas partes.

¿No lo está? Pensé que habías dicho que estaba en cada célula del cuerpo.

Eso no es «en todas partes». Hay espacios entre las células. En realidad, tu cuerpo es 99 por ciento espacio.

¿Es allí donde se encuentra el alma?

El alma está en todas partes en ti, a través de ti y a tu alrededor. Es eso que te contiene.

¡Espera un minuto! ¡Ahora, Tú espera un minuto! Siempre me enseñaron que el cuerpo es el recipiente de mi alma. ¿Qué sucedió con eso que dice «Tu cuerpo es el templo de tu ser»?

Es una forma de hablar.
Es útil para ayudar a las personas a comprender que son más que sus cuerpos, que hay algo más grande que ellas son. Literalmente, esto quiere

decir que el alma es <u>más grande que el cuerpo</u>. No se lleva dentro del cuerpo, sino que lleva el cuerpo en su interior.

Te escucho, pero aún se me dificulta imaginar esto.

¿Alguna vez has oído hablar del «aura»?

Sí. Sí. *¿Esto* es el alma?

Es lo más cerca que podemos llegar en tu lenguaje, en tu comprensión, para darte una imagen de una realidad enorme y compleja. El alma es lo que te mantiene junto, así como <u>el Alma de Dios es lo que contiene el universo y lo mantiene unido</u>.

¡Vaya! Esto es totalmente lo contrario de todo lo que había pensado.

Espera, hijo Mío. Las inversiones acaban de empezar.

Si en un sentido, el alma es el «aire dentro y alrededor de nosotros» y si el alma de todos los demás es la misma, ¿dónde *termina* un alma y empieza otra?
No me lo digas, no me lo digas...

¿Comprendes? ¡Ya conoces la respuesta!

¡No *hay* un lugar donde otra alma «termine» y la nuestra «empiece»! Así como no hay lugar donde el aire en la sala se «detenga» y el aire en el comedor «empiece». Todo es *el mismo aire.* ¡Todo es *la misma alma!*

Acabas de descubrir el secreto del universo.

Si Tú eres quien contiene el *universo,* así como nosotros somos los que contenemos nuestros cuerpos, entonces, ¡no hay lugar donde *Tú* «termines» y *nosotros* «empecemos»!

(¡Ejem!)

Puedes aclarar Tu garganta todo lo que desees. ¡Para mí, ésta es una revelación milagrosa! Quiero decir que sabía que siempre entendía esto, ¡pero ahora *lo comprendo!*

Eso es maravilloso, ¿Acaso no es maravilloso?

Mi problema respecto a entender en el pasado tenía que ver con el hecho de que el cuerpo es un recipiente discreto, que hace posible diferenciar entre «este» cuerpo y «ese» cuerpo y como siempre pensé que el alma habitaba en el cuerpo, por lo tanto notaba la diferencia entre «esta» alma y «esa» alma.

Sí, naturalmente.

Si el alma está en todas partes *adentro y afuera* del cuerpo, en su «aura», como Tú lo expresaste, entonces, ¿dónde «termina» un aura y «empieza» otra? ¡Ahora puedo ver, por primera vez en realidad, en *términos físicos,* cómo es posible que un alma *no* «termine» y otra «empiece» y que es *verdad físicamente* que Todos Somos Uno!

¡Hurra! Eso es todo lo que puedo decir. ¡Hurra!

Siempre pensé que ésta era una verdad *metafísica.* ¡Ahora comprendo que es una verdad *física!* ¡La religión se ha convertido en ciencia!

No digas que no te lo dije.

Espera un momento. Si no hay lugar donde un alma termine y la otra empiece, ¿eso significa que no existe el alma individual?

Bueno, sí y no.

Una respuesta en verdad propia de Dios.

Gracias.

Con franqueza, esperaba más claridad.

Espera un poco. Nos movemos con demasiada rapidez, te duele la mano por escribir tanto.

Quieres decir por garabatear furiosamente.

Sí. Recuperemos el aliento. Nos relajaremos. Voy a explicártelo todo.

De acuerdo. Adelante. Estoy listo.

¿Recuerdas que en muchas ocasiones te hablé acerca de lo que Yo he llamado Dicotomía Divina?

Sí.

Bueno, esto es una de ellas. En realidad, es la más grande.

Comprendo.

Es importante aprender sobre la Dicotomía Divina y comprenderla plenamente, si quieres vivir en nuestro universo con gracia.

La Dicotomía Divina sostiene que es posible que dos verdades aparentemente contradictorias existan en forma simultánea, en el mismo espacio.

Ahora, en tu planeta, a la gente se le dificulta aceptar esto. Les gusta tener orden y cualquier cosa que no encaje en su imagen la rechazan automáticamente. Por este motivo, cuando dos realidades empiezan a afirmarse y parecen contradecirse mutuamente, se asume de inmediato que una de ellas debe ser errónea, falsa, no verdadera. Se necesita mucha madurez para comprender y aceptar que, en realidad, ambas pueden ser verdaderas.

Sin embargo, en el reino de lo absoluto (lo opuesto al reino de lo relativo, en el que viven ustedes) es muy claro que la verdad que es Todo Lo que Hay en ocasiones produce un efecto que, visto en términos relativos, parece una contradicción.

A esto se le llama Dicotomía Divina y es una parte muy real de la experiencia humana. Como dije, es virtualmente imposible vivir con gracia sin aceptar esto. Uno siempre refunfuña, se enfada, discute, busca en vano «justicia» o trata seriamente de reconciliar fuerzas opuestas que nunca se tuvo la intención de que se reconciliaran, pero que, <u>debido a la naturaleza de la tensión entre ellas</u>, producen exactamente el efecto deseado.

El reino de lo relativo se mantiene en realidad unido por esas tensiones. Como ejemplo, la tensión entre el bien y el mal. En la realidad final no existe el bien y el mal. En el reino de lo absoluto, sólo hay amor. No obstante, en el reino de lo relativo ustedes crearon la experiencia de lo que «llaman» mal y lo hicieron por un motivo muy claro. Deseaban <u>experimentar</u> amor, no sólo «saber» que el amor es Todo Lo que Hay y no pueden experimentar algo, cuando no hay nada más <u>aparte</u> de eso. Por eso, crearon en su realidad (y continúan haciéndolo cada día) una polaridad del bien y el mal, utilizando así una, para poder experimentar la otra.

Aquí tenemos una Dicotomía Divina, dos verdades aparentemente contradictorias que existen en forma simultánea, en el mismo lugar. Específicamente:

Existe el bien y el mal.
Todo lo que hay es amor.

Gracias por explicarme esto. Ya hablaste sobre este tema antes, pero gracias por ayudarme a comprender aún mejor la Dicotomía Divina.

Estás servido.
Ahora, como dije, la mayor Dicotomía Divina es la que miramos ahora.
Sólo hay Un Ser y, por lo tanto, sólo Un Alma. Hay muchas almas en Un Ser.
Así es como funciona la dicotomía: te acabo de explicar que no existe separación entre las almas. El alma es la energía de la vida que existe dentro y alrededor (como el aura) de todos los objetos físicos. En un sentido, es eso que «mantiene» a todos los objetos físicos en su lugar. El «Alma de Dios» se encuentra en el universo, el «alma del hombre» se encuentra en cada cuerpo humano individual.

El cuerpo no es un recipiente, una «casa» para el alma; el alma es un recipiente para el cuerpo.

Eso es correcto.

No obstante, no hay «línea divisoria» entre las almas; no hay un lugar donde «un alma» termine y la «otra» empiece. Por lo tanto, en realidad es un alma que está en todos los cuerpos.

Correcto.

Sin embargo, un alma «siente como» un puñado de almas individuales.

Así lo hace en verdad, así lo hago Yo, por planeación.

¿Puedes explicarme cómo funciona?

Sí.
Aunque no hay una separación real entre las almas, es verdad que el material con el que está hecha Un Alma se manifiesta en la realidad física con velocidades diferentes, produciendo distintos grados de densidad.

¿Diferentes velocidades? ¿Cuándo entró en juego la velocidad?

Toda la vida es una vibración. Lo que ustedes llaman vida (podrían fácilmente llamarla Dios) es energía pura. Esa energía vibra constantemente, siempre. Se mueve en ondas. Las ondas vibran a diferentes velocidades, produciendo distintos grados de densidad o de luz. Esto, a su vez, produce lo que ustedes llamarían «efectos» diferentes en el mundo físico; en realidad, objetos físicos diferentes. Aunque los objetos son diferentes y moderados, la energía que los produce es exactamente la misma.
Permite que mencione de nuevo el ejemplo que utilizaste, del aire entre tu sala y el comedor. Fue un buen uso de la imaginación que brotó de ti. Una inspiración.

Adivina de dónde.

Sí, yo te la di. Dijiste que no había un lugar específico entre esos dos sitios físicos donde el «aire de la sala» se detuviera y el «aire del comedor» empezara. Eso es verdad. Sin embargo, <u>hay</u> un lugar donde el «aire de la sala» es <u>menos denso</u>. Esto es, que se disipa, que se vuelve más «delgado». Lo mismo sucede con el «aire del comedor». ¡Mientras más te alejes del comedor, menos olerás la cena!
El aire de la <u>casa</u> es el <u>mismo aire</u>. No hay «aire separado» en el comedor. Aún así, el aire en el comedor con seguridad <u>parece</u> ser «otro aire», ¡porque huele diferente!

Debido a que el aire tomó <u>características</u> diferentes, parece que es <u>aire</u> <u>diferente</u>, pero no lo es. Es el <u>mismo</u> aire. Sólo hay un aire, que se mueve hacia adentro, alrededor y a través de <u>todo</u>.

Esto es claro. Lo «capto» totalmente. Me gusta la forma como me explicaste el universo, de una manera que «capto» totalmente.

Gracias. Lo estoy intentado. Permíteme continuar.

Por favor.

Como el aire en tu casa, la energía de la vida, lo que llamamos el «Alma de Dios», toma características diferentes al rodear distintos objetos físicos. En realidad, esa energía se une de una manera particular para formar esos objetos.

Cuando las partículas de energía se juntan para formar la materia física, se concentran mucho. Se mezclan, se mueven juntas. Empiezan a «parecer semejantes», incluso a «sentirse como» unidades distintas. Esto es, empiezan a parecer «separadas», «diferentes» de toda la demás energía. No obstante toda es la misma energía, <u>comportándose en forma diferente</u>.

Es este acto de comportarse de diferente manera el que hace posible que Eso Que Es Todo se manifieste como «Eso Que Son Muchos».

Como lo expliqué en el <u>Libro 1</u>, Eso Que Es no puede experimentarse a sí mismo como Lo Que Es, hasta desarrollar esta <u>habilidad de diferenciar</u>. Por lo tanto, Eso Que Es Todo <u>se separó</u> en Eso Que es Esto y Eso Que Es Eso. (Trato de simplificarlo ahora.)

El «conjunto de energía» que se unió en unidades discretas, que dan cabida a seres físicos, es lo que ustedes decidieron llamar «almas». Las partes de Mí que se han convertido en todos Ustedes son eso sobre lo que hablamos aquí. La Dicotomía Divina es:
Sólo hay Uno de nosotros.
Hay Muchos de nosotros.

¡Vaya, esto es maravilloso!

Tú Me lo dices.
¿Continúo?

No, detente aquí. Estoy aburrido.

¡Sí, continúa!

De acuerdo.

Cuando la energía se une, se vuelve, como dije, muy concentrada. Mientras más se aleje uno del punto de esta concentración, más se disipa la energía. El «aire se vuelve más delgado». El aura se desvanece. La energía nunca desaparece por completo, porque no puede desaparecer. Es el material con el que todo está hecho. Es Todo Lo que Hay. Sin embargo, puede volverse muy delgada, muy sutil, casi «no estar allí».

Entonces, en otro lugar (en otra parte de Sí Mismo) puede unirse de nuevo, una vez más «juntarse» para formar lo que ustedes llaman materia y lo que «parece» una unidad moderada. Ahora, las dos unidades aparecen separadas entre sí y en realidad no hay ninguna separación.

Esto es en cada término muy simple y elemental, la explicación detrás de todo el universo físico.

¿Puede ser verdad? ¿Cómo sé que no acabo de inventar todo esto?

Sus científicos ya están descubriendo que los bloques de construcción de toda la vida son los mismos.

Trajeron rocas de la luna y encontraron el mismo material que encontraron en los árboles. Separan un árbol y encuentran el mismo material que encuentran en ti.

Te digo esto: todos somos el <u>mismo material</u>.

Todos somos la misma energía, unida, comprimida en diferentes formas para crear formas distintas y materia diferente.

Nada «importa» en sí mismo o de sí mismo. Esto es, nada puede <u>convertirse</u> en materia por sí mismo. Jesús dijo: «Sin el Padre, Yo no soy nada». El Padre de todo es el pensamiento puro. Ésta es la energía de la vida. Esto es lo que han elegido llamar Amor Absoluto. Éste es el Dios y la Diosa, la Alfa y la Omega, El Principio y el Fin. Es el Todo en Todo, El Movedor Inmovible, la Fuente Principal. Es eso que han tratado de comprender desde el inicio del tiempo. El Gran Misterio, el Enigma Eterno, la verdad eterna.

Sólo hay Uno de Nosotros y, por lo tanto, esto es ESO QUE TÚ ERES.

12

Estoy lleno de admiración y reverencia al leer esas palabras. Gracias por estar aquí conmigo de esta manera. Gracias por estar aquí con todos nosotros. Millones de personas han leído las palabras en estos diálogos y millones más las leerán. Estamos inmensamente dotados al venir Tú a nuestros corazones.

Mis seres queridos, siempre he estado en sus corazones. Me da gusto que ahora puedan sentir en realidad que estoy allí.
Siempre he estado con ustedes, nunca los he dejado. Soy ustedes y ustedes son Yo y Nosotros nunca nos separaremos, jamás, porque eso no es posible.

Sin embargo, algunos días me siento terriblemente solo. En algunos momentos, siento que peleo esta batalla solo.

Eso es porque Me has dejado, hijo mío. Abandonaste tu conciencia de Mí. No obstante, si hay conocimiento sobre Mí, nunca puedes estar solo.

¿Cómo puedo conservar mi conocimiento?

Lleva a otros tu conocimiento. No convirtiendo, sino mediante el ejemplo. Sé la fuente del amor que Yo Soy en las vidas de todos los demás. Porque lo que des a los demás, te lo darás a ti. Porque sólo hay Uno de Nosotros.

Gracias. Sí, Tú me has dado ese indicio anteriormente. Ser la fuente. Dijiste que cualquier cosa que desee experimentar en mí, sea la fuente de ello en la vida de los demás.

Sí. Éste es el gran secreto. Ésta es la sabiduría sagrada. <u>Haz a los demás lo que harías para ti</u>.

Todos sus problemas, todos sus conflictos, todas sus dificultades al crear una vida en su planeta de paz y de alegría están basados en su fracaso para comprender esta instrucción simple y seguirla.

Lo comprendo. Una vez más, Tú lo has dicho tan evidente y claramente, que lo comprendo. Trataré de no volver a «perderlo» nunca.

No puedes «perder» eso que das. Recuérdalo siempre.

Gracias. ¿Puedo hacerte algunas preguntas más sobre el alma?

Tengo un comentario general más que hacer sobre la vida, como la estás viviendo.

Por favor.

Acabas de decir que en ocasiones sientes como si pelearas solo esta batalla.

Sí.

¿Qué batalla?

Fue una forma de hablar.

No lo creo. Creo que fue un indicador real de lo que tú (y muchas personas) piensan de la vida.

Tienes en la cabeza la idea de que es una «batalla», que hay alguna clase de lucha aquí.

En ocasiones me ha parecido así.

No es de esa manera inherentemente y no tiene que parecer de esa manera, nunca.

Perdóname, pero me resulta difícil creerlo.

Exactamente por ese motivo, ésta no ha sido tu realidad; porque harás real, lo que creas que es real. Te diré esto: nunca tuve la intención de que tu vida fuera una lucha y no tiene que serlo, ni ahora ni nunca.

Te he dado las herramientas para crear la realidad más grandiosa. Simplemente, elegiste no usarlas o para ser más preciso, las has utilizado mal.

A las herramientas a las que me refiero aquí son las tres herramientas de la creación. En nuestro diálogo actual hemos hablado bastante sobre ellas. ¿Sabes cuáles son?

Pensamiento, palabra y obra.

Bien, lo recordaste. En una ocasión inspiré a Mildred Hinckley, una maestra espiritual Mía, para que dijera: «Ustedes nacieron con el poder creativo del universo en la punta de la lengua».

Ésta es una afirmación con implicaciones sorprendentes; como lo es esta verdad de otro de mis Maestros:

«Lo que has creído, eso recibirás».

Estas dos afirmaciones tienen que ver con el pensamiento y la palabra. Otro de Mis maestros dijo esto sobre la acción:

«El principio es Dios. El final es la obra. La obra es Dios creando o Dios experimentado».

Dijiste eso en el Libro 1.

El Libro 1 lo entregué a través de ti, hijo Mío, de la misma manera como todas las grandes enseñanzas fueron inspiradas por Mí y entregadas a través de formas humanas. Los que permiten que esas inspiraciones los conmuevan y las comparten públicamente sin temor, son Mis mejores maestros.

No estoy seguro de que yo me colocaría en esa categoría.

Las palabras que fuiste inspirado para compartir han conmovido a millones.

Millones, hijo mío.

Han sido traducidas en 24 idiomas. Han llegado a todo el mundo. ¿En qué te basarías para conceder el estado de gran maestro?

Me basaría en las propias acciones, no en las propias palabras.

Ésa es una respuesta muy sabia.

Mis acciones en esta vida no hablan bien de mí y, con seguridad, no me califican como maestro.

Acabas de considerar fracasados a la mitad de los maestros que han vivido en todos los tiempos.

¿Qué estás diciendo?

Estoy diciendo lo que dije a través de Judith Schucman en <u>Un curso en Milagros</u>: enseñas lo que tienes que aprender.
¿Crees que debes demostrar perfección, antes de poder enseñar cómo alcanzarla?
Aunque has cometido varios de lo que llamas errores...

... más que algunos...

... has demostrado también gran valor al continuar esta conversación conmigo.

Gran insensatez.

¿Por qué insistes en rebajarte de esa manera? ¡<u>Todos</u> ustedes lo hacen! ¡Cada uno de ustedes! Niegan su propia grandeza de la misma manera que niegan Mi existencia <u>en</u> ustedes.

¡Yo no! ¡*Nunca* la he negado!

¿Qué?

Bueno, no recientemente...

Te digo, que antes de que cante el gallo, me habrás negado tres veces.
Cada vez que tu Yo piensa que eres más pequeño de lo que en realidad eres, es negarme.
Cada palabra acerca de tu Yo que te rebaja, es negarme.

Cada acción que surge a través de tu Yo, que juega un papel de «no suficientemente buena» o carencia o insuficiencia de cualquier clase es también una negación. No sólo en pensamiento, no sólo en palabra, sino en acciones.

Realmente yo...

... No permites que tu vida represente <u>nada</u> que no sea la mejor versión de la mayor visión que <u>hayas tenido</u> acerca de Quién Eres.
Ahora, ¿cuál es la mayor visión que has tenido de tu Yo? ¿Acaso no es que algún día serías un gran maestro?

Bueno...

<u>¿Acaso no es así?</u>

Sí.

Entonces, que así <u>sea</u>. Y así <u>es</u>, hasta que lo <u>niegues</u> una vez más.

No volveré a negarlo.

¿No lo harás?

No.

Demuéstralo.

¿Demostrarlo?

Demuéstralo.

¿Demostrarlo?

<u>Demuéstralo.</u>

¿Cómo?

Di, en este momento, «Soy un gran maestro».

Uh...

Adelante, dilo.

Soy... verás, el problema es que todo esto se publicará. Estoy consciente de que todo lo que estoy escribiendo en este bloc aparecerá impreso en alguna parte. La gente en Peoria leerá esto.

¡Peoria! ¡Ah! ¡Di Beijing!

De acuerdo, China también. Ése es mi punto. ¡La gente me ha estado preguntando, presionándome sobre el *Libro 3,* a un mes de que se publicó el *Libro 2!* He tratado de explicar por qué me ha tomado tanto tiempo. He tratado de que comprendan lo que es sostener este diálogo, cuando uno sabe que *todo el mundo* está observando, esperando. No es lo mismo que con el *Libro 1* y el *Libro 2.* Ambos fueron diálogos sostenidos en un vacío. Nunca supe que *serían* libros.

Sí, lo sabías. En tu corazón, lo sabías.

Quizá esperaba que lo fueran. Ahora lo *sé* y es diferente escribir en este bloc legal.

Porque ahora sabes que todos leerán cada palabra que escribas.

Sí. Ahora Tú deseas que diga que soy un gran maestro. Resulta difícil decirlo frente a todas estas personas.

¿Deseas que te diga que lo hagas en privado? ¿Piensas que es así como te habilitas?
Te pedí que declararas Quién Eres en <u>público</u> precisamente porque aquí estás en público. La idea fue que lo dijeras públicamente.
La declaración pública es la forma más elevada de expresar una visión.
<u>Vive</u> la mejor versión de la mayor visión que hayas tenido acerca de Quién Eres. Empieza a vivirla declarándola.
<u>Públicamente.</u>
El primer paso para hacerlo es <u>decirlo.</u>

175

¿Qué hay acerca de la modestia? ¿Qué hay acerca del decoro? ¿Es apropiado declarar nuestra mejor idea respecto a nosotros mismos a todas las personas que vemos?

Todos los grandes maestros lo han hecho.

Sí, pero no con arrogancia.

¿Qué tan «arrogante» es decir «Yo soy la vida y el camino»? ¿Eso te parece bastante arrogante?
Dijiste que nunca volverías a negarlo; sin embargo, has pasado los últimos diez minutos tratando de justificar hacerlo.

No Te estoy negando. Aquí estamos hablando sobre mi mayor visión de *mí*.

¡Tu mayor visión de ti <u>soy</u> Yo! ¡<u>Eso es Quien Soy</u>!
Cuando niegas la mejor parte de ti, Me niegas. Te diré, antes de que amanezca me negarás tres veces.

A no ser que no lo haga.

A no ser que no lo hagas. Eso es correcto. Sólo tú puedes decidir. Sólo tú puedes elegir.
¿Conoces a algún gran maestro que haya sido un gran maestro <u>en privado</u>? Buda, Jesús, Krishna, todos fueron maestros en público, ¿no es así?

Sí. No obstante, hay grandes maestros que no son muy conocidos. Mi madre fue una de ellos. Tú lo dijiste anteriormente. No es necesario ser muy conocido para ser un gran maestro.

Tu madre fue una precursora, una mensajera, alguien que preparó el camino. <u>Te</u> preparó para el camino, <u>mostrándote</u> dicho camino. Tú también eres un maestro.
Tan buen maestro como sabes que fue tu madre, aparentemente, ella nunca te enseñó a negarte a ti mismo; no obstante, esto es lo que <u>tú enseñarás a otros</u>.

¡Oh, lo deseo mucho! ¡Eso es lo que quiero hacer!

No «lo desees». Quizá no tengas lo que «desees». Si simplemente declaras que lo «deseas», así te quedarás, te quedarás deseándolo.

¡De acuerdo! ¡Muy bien! ¡No lo «deseo», lo *elijo*!

Así está mejor. Así está mucho mejor. Ahora, ¿qué eliges?

Elijo enseñar a los demás a nunca negarse a sí mismos.

Bien, ¿qué más eliges enseñar?

Elijo enseñar a los demás a que nunca Te nieguen, Dios; porque negarte es negarse a sí mismos y negarse a sí mismos es negarte a Ti.

Bien. ¿Eliges enseñar esto caprichosamente, casi «al azar»? ¿O eliges enseñar esto en forma grandiosa, como un propósito?

Elijo enseñarlo como un propósito, grandiosamente, como lo hizo mi madre. Mi madre me *enseñó* a nunca negar a mi Yo. Me lo enseñó todos los días. Fue la mayor animadora que he tenido. Me enseñó a tener fe en mí mismo y en Ti. Debo *ser* un maestro así. *Elijo* ser maestro de *todas* las grandes sabidurías que mi madre me enseñó. Ella convirtió *toda su vida* en una enseñanza, no sólo sus palabras. *Eso es lo que hace a un gran maestro.*

Tienes razón, tu madre fue una gran maestra. Tienes razón en tu verdad suprema. Una persona __no__ tiene que ser ampliamente conocida para ser un gran maestro.
Te estaba «probando». Quería saber hasta dónde llegabas con esto.

¿«Llegué» hasta donde se «suponía que llegaría»?

Llegaste a donde llegan todos los grandes maestros. A tu propia sabiduría. A tu propia verdad. Ése es el lugar al que siempre debes ir, porque ése es el lugar hacia el que debes volverte y del que __debes venir__ mientras enseñas al mundo.

Lo sé. Esto lo sé.

¿Y cuál es tu propia <u>verdad</u> <u>más profunda</u> acerca de Quien Eres?

Yo soy...
... un gran maestro.
Un maestro de la verdad eterna.

Ya lo comprendiste. Dicho con calma, hablado con suavidad. Ahí lo tienes. Conoces esa verdad en tu corazón y sólo has dicho lo que siente tu corazón.
No estás alardeando y nadie lo escuchará como un alardeo. No estás fanfarroneando y nadie lo escuchará como un fanfarroneo. No te estás dando golpes de pecho, sino que estás abriendo tu corazón y en eso hay una gran diferencia.
En su corazón, todos saben Quiénes Son. Son una gran bailarina o un gran abogado o un gran actor o un gran jugador de primera base. Son un gran detective o un gran vendedor o un gran padre o un gran arquitecto; un gran poeta o un gran líder, un gran constructor o un gran sanador. Cada uno de ellos es una <u>gran persona</u>.
En su corazón, todos saben Quiénes Son. Si abren su corazón y comparten con los demás el deseo de su corazón, si viven la verdad que siente su corazón, llenarán al mundo con su magnificencia.
Tú <u>eres</u> un gran maestro. ¿De dónde supones que proviene ese don?

De ti.

Entonces, cuando declaras que eres Quien Eres, simplemente estás declarando quién Soy Yo. Declárame siempre como una Fuente y a nadie le importará que te declares grandioso.

Sin embargo, Tú siempre has insistido en que me *declare* como una Fuente.

Tú <u>eres</u> la Fuente de todo lo que Soy Yo. El gran maestro con el que estás más familiarizado en tu vida dijo: «Yo soy la vida y el camino».
Él dijo también: «Todas estas cosas vienen a Mí del Padre. Sin el Padre, Yo no soy nada».
Dijo también: «Yo y el Padre somos Uno».
¿Comprendes?

Sólo hay Uno de nosotros.

Exactamente.

Esto nos lleva de nuevo al alma humana. ¿Puedo hacer ahora más preguntas sobre el alma?

Adelante.

De acuerdo. ¿Cuántas almas hay?

Una.

Sí, en el sentido más amplio. Sin embargo, ¿cuántas «individualidades» del Uno Que es Todo hay?

Me gusta esa palabra allí. Me gusta la forma en que empleaste esa palabra. La Energía única de Toda La Energía <u>se individualiza</u> en muchas partes diferentes. Me gusta eso.

Me agrada. ¿Cuántas individualidades creaste? ¿Cuántas almas hay?

No puedo responder eso en términos comprensibles para ti.

Inténtalo. ¿Es un número constante? ¿Un número cambiante? ¿Un número infinito? ¿Has creado «nuevas almas» después del «grupo original»?

Sí, es un número constante. Sí, es un número cambiante. Sí, es un número infinito. Sí, he creado más almas y no, no lo he hecho.

No comprendo.

Lo sé.

Entonces, ayúdame.

¿En realidad dijiste eso?

¿Decir qué?

«Entonces, ayúdame, Dios».

Ah, inteligente. De acuerdo, comprenderé esto, aunque sea lo último que haga. Por lo tanto, ayúdame, Dios.

Te ayudaré. Estás muy decidido, por lo tanto te ayudaré, aunque te advierto que es difícil de captar o comprender lo infinito desde una perspectiva que es finita. Sin embargo, lo intentaremos.

¡Serenidad!

Sí, serenidad. Bueno, empecemos notando que tu pregunta infiere que existe una realidad llamada tiempo. En verdad, no existe tal realidad. Sólo hay un momento y ése es el momento eterno de Ahora.

Todas las cosas que han sucedido, que están sucediendo Ahora y que sucederán, están sucediendo en este momento. Nada ha sucedido «antes», porque no hay antes. Nada sucederá «después», porque no hay después. Existe siempre y únicamente Este Momento.

En el Este Momento de las cosas, Yo estoy cambiando constantemente. El número de formas en que Yo «me individualizo» (¡me gusta tu palabra!) es, por lo tanto, siempre diferente y siempre el mismo. Puesto que sólo existe el Ahora, el número de almas es siempre constante. Sin embargo, debido a que te agrada pensar del Ahora en términos de ahora y entonces, siempre está cambiando. Tocamos este tema anteriormente, cuando hablamos de la reencarnación y de las formas de vida inferiores y sobre cómo «regresan» las almas.

Puesto que Yo siempre estoy cambiando, el número de almas es infinito. No obstante, en cualquier «punto en el tiempo», éste parece ser finito.

Sí, hay «nuevas almas» en el sentido de que se han permitido a sí mismas, habiendo alcanzado la conciencia final y unificándose con la realidad final, para «olvidar» voluntariamente todo y «empezar de nuevo», decidieron moverse a un nuevo lugar en la Rueda Cósmica y algunas eligieron ser «almas jóvenes» otra vez. Sin embargo, todas las almas forman parte del grupo original, puesto que todas están siendo creadas (fueron creadas, serán creadas) en el Momento Único de Ahora.

Por lo tanto, el número es finito e infinito, cambiante y no cambiante, dependiendo de cómo lo veas.

Debido a esta característica de la realidad final, frecuentemente me llaman El Movedor Inmóvil. Yo soy eso que Siempre Se Mueve y que Nunca Se Movió, está Cambiando Siempre y que Nunca Cambió.

Muy bien. Lo comprendo. Nada es absoluto Contigo.

Excepto que todo es absoluto.

A no ser que no lo sea.

Exactamente. Precisamente. ¡Lo «comprendes»! ¡Bravo!

La verdad es que creo que siempre lo he comprendido.

Sí.

Excepto cuando no lo he comprendido.

Eso es correcto.

A no ser que no lo sea.

Exactamente.

Quién, es primero.

No, Qué, es primero. Quién, es segundo.

Entonces, Tú eres Abbot y yo soy Costello y todo es como es espectáculo de variedades cósmico.

Excepto cuando no lo es. Hay momentos y eventos que quizá desees tomar muy seriamente.

A no ser que no lo haga.

A no ser que no lo hagas.

Entonces, regresando de nuevo al tema de las almas...

Ése es un gran título para un libro... El Tema de las Almas.

Tal vez lo escribamos.

¿Estás bromeando? Ya lo hicimos.

A no ser que no lo hayamos hecho.

Eso es verdad.

A no ser que no lo sea.

Nunca se sabe.

Excepto cuando se sabe.

¿Comprendes? Estás captando esto. Ahora estás recordando como es en realidad ¡y te estás divirtiendo con esto! Ahora estás volviendo a «vivir ligeramente». Estás iluminándote. Esto es lo que quiere decir iluminación.

Sereno.

Muy sereno. ¡Lo que significa que estás entusiasmado!

Eso se llama «vivir en la contradicción». Has hablado sobre esto en muchas ocasiones. Ahora, regresando al tema de las almas, ¿cuál es la diferencia entre un alma vieja y un alma joven?

Un cuerpo de energía (esto quiere decir, una parte de Mí) puede concebirse a sí misma como «joven» o «vieja», dependiendo de lo que elija después de alcanzar la conciencia final.

Cuando regresan a la Rueda Cósmica, algunas almas eligen ser almas viejas y otras eligen ser «jóvenes».

En realidad, si la experiencia llamada «joven» no existiera, tampoco podría existir la experiencia llamada «vieja». Algunas almas han elegido ser llamadas «jóvenes» y otras, ser llamadas «viejas», para que el Alma Única, que en realidad es Todo Lo Que Es, pudiera conocerse a sí misma completamente.

De manera similar, algunas almas eligieron ser llamadas «buenas» y otras «malas», exactamente por el mismo motivo. Por esta razón, jamás se castiga a un alma. ¿Por qué desearía el Alma Única castigar una Parte de Sí, por ser una porción de la Unidad?

Todo esto se explica de una manera hermosa en el libro de cuentos infantiles <u>La Pequeña Alma y el Sol</u>,* que lo expone con sencillez, para que lo entienda un niño.

Tienes una manera de expresar las cosas con tanta elocuencia, de articular conceptos sumamente complejos con tanta claridad, que incluso un niño *puede* comprenderlos.

Gracias.

Formularé otra pregunta acerca de las almas: ¿Existen las «almas gemelas»?

Sí, mas no de la manera en que ustedes las imaginan.

¿Qué es diferente?

De una manera romántica, decidieron que «alma gemela» significara la «otra parte de ustedes». En realidad, el alma humana, la parte de Mí que se «individualiza», es mucho más grande de lo que han imaginado.

En otras palabras, lo que yo llamo alma es más grande de lo que creo.

Mucho más grande. No es el aire que hay en una habitación. Es el aire que hay en toda la casa y esa casa tiene muchas habitaciones. El «alma» no está limitada a una identidad. No es «aire» en el comedor. No es el alma «dividida» en dos individuos llamadas almas gemelas. No es el «aire» en la sala y el comedor, sino que es el «aire» en <u>toda la mansión</u>.
En Mi reino hay muchas mansiones. Aunque es el mismo aire el que sopla alrededor, en y a través de toda mansión, el aire de las habitaciones de una mansión puede sentirse «más cerca». Puedes entrar en esas habitaciones y decir «Aquí se siente 'cerca'».
Entonces, ahora comprendes que sólo hay Un Alma. Sin embargo, lo que ustedes llaman el alma individual es enorme, ronda sobre, en y a través de cientos de formas físicas.

¿Al mismo tiempo?

* Publicado también por Grijalbo.

No existe el tiempo. Sólo puedo responder esto diciendo, «Sí y no». Algunas de las formas físicas que toma su alma están «viviendo ahora», según lo entienden ustedes. Otras se individualizan en formas que son ahora lo que ustedes llaman «muertos». Algunas otras han tomado formas que viven en lo que ustedes llaman el «futuro». Todo está sucediendo en este momento por supuesto; no obstante, su artimaña llamada tiempo sirve como una herramienta, permitiéndoles un mayor sentido de la experiencia realizada.

Entonces, estos cientos de cuerpos físicos que mi alma ha «tomado» (es una palabra interesante la que empleaste), ¿son todas ellas mis «almas gemelas»?

Eso es más preciso que la forma en que has estado empleando el término, sí.

¿Algunas de mis almas gemelas han vivido anteriormente?

Sí. Como tú lo describirías, sí.

¡Espera! ¡Creo que acabo de *captar* algo aquí! ¿Son éstas, partes de mí que han vivido «antes», lo que ahora describiría como mis «vidas pasadas»?

¡Un buen pensamiento! ¡Lo estás comprendiendo! ¡Sí! Algunas de éstas <u>son</u> las «otras vidas» que has vivido «anteriormente» y algunas no lo son. Otras partes de tu alma están tomando cuerpos que estarán con vida en lo que ustedes llaman su futuro. Otras más están encarnadas en formas vivientes diferentes en su planeta, en este momento.
Cuando te encuentras con una de estas almas, puedes experimentar una sensación inmediata de afinidad. En ocasiones, incluso puedes decir, «Con seguridad pasamos juntos una 'vida anterior'» y tendrás razón. <u>Han pasado una «vida anterior» juntos; como la misma forma física</u> o como dos formas en el mismo Continuo Espacio-Tiempo.

¡Esto es fabuloso! ¡Esto explica todo!

Sí, lo explica.

Excepto una cosa.

¿Qué cosa es ésa?

Cuando acabo de *saber* que he pasado una «vida anterior» con alguien, simplemente lo *sé*, lo siento en mis *huesos;* sin embargo, cuando se los menciono, no sienten nada de esto? ¿Por *qué?*

Esto es porque confundes el «pasado» con el «futuro».

¿Huh?

Pasaste otra vida con ellas, no se trata sólo de una vida pasada.

¿Es una «vida futura»?

Precisamente. Todo está sucediendo en el Momento Eterno de Ahora y tienes conciencia de lo que, en un sentido, todavía no ha sucedido.

Entonces, ¿por qué ellas no «recuerdan» también el futuro?

Éstas son vibraciones muy sutiles y algunos de ustedes son más sensibles a ellas que otros. También, es diferente de una persona a otra. Puedes ser más «sensible» a tu experiencia «pasada» o «futura» con una persona que con otra. Esto generalmente significa que pasaste ese tiempo como la parte de tu alma muy enorme ocupando el mismo cuerpo. En cambio, cuando existe todavía esa sensación de «haberse conocido anteriormente», pero no una sensación demasiado fuerte, esto puede significar que compartieron el mismo «tiempo» juntos, mas no el mismo cuerpo. Tal vez fuiste (o serás) esposo y esposa, hermano y hermana, padre e hijo, amante y ser amado.
Éstos son vínculos fuertes y es natural que vuelvas a sentirlos cuando «se encuentren de nuevo» por «primera vez» en «esta» vida.

Si lo que estás diciendo es verdad, esto explicaría un fenómeno que nunca he podido explicar, el fenómeno de más de una persona en este «tiempo de vida», que aseguran recordar haber sido Juana de Arco o Mozart o alguna otra persona famosa del «pasado». Siempre he pensado que esto era una prueba para aquellos que dicen que la reencarnación es una doctrina falsa, porque, ¿cómo podría más de una persona asegurar haber sido la misma persona anteriormente? ¡Ahora comprendo que esto es posible! Todo lo que ha sucedido es que varios seres sensibles, ahora ocupados por un alma, están «recordando» (volviendo una vez más a ser miembros) la parte de su alma individual que era (es *ahora*) Juana de Arco.

¡Santo cielo! Esto termina con todas las limitaciones y hace posibles todas las cosas. En el futuro, en el minuto que me atrape diciendo «eso es imposible», sabré que todo lo que estoy haciendo es demostrar que hay muchas cosas que no sé.

Eso es algo bueno para recordarlo. Algo muy bueno que recordar.

Si podemos tener más de un «alma gemela», eso explicaría cómo es posible que experimentemos esos intensos «sentimientos de alma gemela» con más de una persona en el curso de la vida y ¡más de *una persona a la vez!*

Así es.

Entonces, *es* posible amar a más de una persona al mismo tiempo.

Por supuesto.

No, no. Me refiero a esa clase de intenso amor personal que por lo general reservamos para una persona o, al menos ¡para una persona *a la vez!*

¿Por qué querrías «reservar» el amor? ¿Por qué desearías tenerlo «en reserva»?

Porque no es correcto amar a más de una persona «de esa manera». Es una traición.

¿Quién te dijo eso?

Todos. Todos me lo dicen. Mis padres me lo dijeron. Mi religión me lo dice. Mi sociedad me lo dice. ¡Todos me lo dicen!

Éstos son algunos de esos «pecados del padre» que se transmiten al hijo. Tu propia experiencia te enseña una cosa, que amar a todos <u>plenamente</u> es lo más gozoso que puedes hacer. Sin embargo, tus padres, tus *maestros y los ministros te dicen otra cosa, que sólo puedes amar a una persona a la vez «de esa manera». Aquí no sólo hablamos de sexo. Si consideras a una persona tan especial como a otra de <u>cualquier manera</u>, a menudo te hacen sentir que traicionaste a la otra.*

¡Correcto! ¡Exacto! ¡Así es como lo hemos determinado!

En ese caso, no estás expresando amor verdadero, sino alguna variedad falsa.

¿En qué medida se le permitirá al amor verdadero expresarse dentro del marco de la experiencia humana? ¿Qué límites tendremos (en realidad, algunos dirían que *debemos*) que fijar en esa expresión? Si todas las energías sexuales y sociales se liberaran sin restricción, ¿cuál sería el resultado? ¿La libertad social y sexual total es renunciar a toda responsabilidad o es su culminación absoluta?

Cualquier intento para restringir las expresiones naturales de amor es una negación de la experiencia de libertad y, por lo tanto, una negación del alma en sí, puesto que el alma <u>es</u> la libertad personificada. Dios <u>es</u> libertad, por definición, porque Dios no tiene límite y no tiene restricción de <u>ninguna</u> clase. El alma es Dios, miniaturizado. Por lo tanto, el alma se rebela ante cualquier imposición de limitación y muere una nueva muerte cada vez que acepta límites desde afuera.

En este sentido, el nacimiento en sí es una muerte y la muerte un nacimiento, porque en el nacimiento, el alma se encuentra estrechada dentro de las terribles limitaciones de un cuerpo y, con la muerte, escapa de nuevo de esas limitaciones. Hace esto mismo durante el sueño.

Al volver a la libertad, el alma vuela y se regocija una vez más con la expresión y la experiencia de su verdadera naturaleza.

No obstante, ¿Puede expresarse y experimentarse su verdadera naturaleza mientras está <u>con</u> el cuerpo?

Ésa es la pregunta que formulas y nos lleva al motivo y propósito de la vida en sí. Si la vida con el cuerpo no es otra cosa que una prisión o una limitación, entonces, ¿qué bien puede resultar de esto y cuál puede ser su función, mucho menos su justificación?

Sí, supongo que eso es lo que estoy preguntando. Lo pregunto a nombre de todos los seres que han sentido las limitaciones terribles de la experiencia humana. En este momento no hablo de las limitaciones físicas...

Sé que no te refieres a ellas.

Me refiero a las limitaciones emocionales y a las psicológicas.

Sí, lo sé. Comprendo. A pesar de esto, todas tus preocupaciones se relacionan con la misma pregunta más amplia.

Sí, de acuerdo. Permíteme terminar. Toda mi vida me he sentido profundamente frustrado por la inhabilidad del mundo para permitirme amar a cada persona exactamente de la manera que he deseado hacerlo.

Cuando era joven, no debía hablar con extraños ni decir cosas inapropiadas. Recuerdo que en una ocasión, cuando caminaba por la calle con mi padre, nos encontramos a un hombre pobre, que pedía monedas. De inmediato sentí lástima por el hombre y deseé darle algunos centavos que tenía en el bolsillo. Mi padre lo evitó y me hizo seguir adelante. «Basura», dijo. «Es sólo basura». Así etiquetaba mi padre a las personas que no vivían de acuerdo con sus definiciones de lo que significaba ser seres humanos de valor.

Después, recuerdo una experiencia de mi hermano mayor, que ya no vivía con nosotros y que no le permitieron entrar en la casa en Nochebuena, debido a una discusión que había tenido con mi padre. Yo amaba a mi hermano y deseaba que estuviera con nosotros esa noche, pero mi padre lo detuvo en el pórtico y le prohibió entrar en la casa. Mi madre estaba devastada (era su hijo de un matrimonio anterior) y yo estaba simplemente perplejo. ¿Por qué no podíamos amar o querer a mi hermano en Nochebuena, simplemente debido a una discusión?

¿Qué clase de desacuerdo podía ser tan malo, que se le permitiera arruinar la Navidad, cuando incluso las guerras se suspendían durante una tregua de 24 horas? Mi pequeño corazón de siete años suplicaba saberlo.

Cuando crecí, aprendí que no era sólo la ira lo que evitaba que el amor fluyera, sino también el temor. Por ese motivo no debíamos hablar con los extraños, pero no sólo cuando éramos niños indefensos, sino también siendo personas adultas. Aprendí que no era correcto conocer y saludar en forma abierta y gustosa a las personas extrañas y que debían seguirse ciertas reglas de etiqueta con las personas que acabábamos de conocer. Nada de esto tenía sentido para mí. ¡Deseaba saber *todo* acerca de esa nueva persona y quería que ella supiera todo sobre *mí*! Mas *no* era así. Las reglas decían que teníamos que esperar.

Ahora, en mi vida adulta, cuando llegó la sexualidad, he aprendido que las reglas son incluso más rígidas y limitantes. *Aún no lo comprendo.*

Descubrí que sólo deseo amar y ser amado, que sólo deseo amar a todos de la manera que me parezca natural y de la forma que me agrade. No obstante, la sociedad tiene sus reglas y sus reglamentos sobre todo esto y, son tan rígidos, que *incluso si la otra persona involucrada está de acuerdo con* tener una experiencia, si la *sociedad* no está de acuerdo, a esos dos amantes se les llama «malos» y están predestinados al fracaso.

¿Qué *es* eso? ¿Por qué es *todo eso*?

Tú mismo lo has dicho. El temor.
Todo es debido al temor.

Sí, pero, ¿están justificados todos estos temores? ¿Acaso estas restricciones y limitaciones sólo son apropiadas debido a los comportamientos de nuestra raza? Por ejemplo, un hombre conoce a una mujer más joven, se enamora de ella (o siente «lujuria») y deja a su esposa. Utilizo sólo un ejemplo. Abandona a la esposa y a los hijos. Ella tiene treinta nueve o cuarenta años y ninguna habilidad para trabajar o, peor aún, un hombre de sesenta y ocho años, abandona a una mujer de sesenta y cuatro años, porque se enamora de una mujer más joven que su hija.

¿Supones que el hombre que describes dejó de amar a su esposa de sesenta y cuatro años?

Bueno, con toda seguridad, actúa como si ya no la amara.

No. No es a su esposa a quien no ama y por eso trata de escapar. Trata de escapar de las limitaciones que siente le impusieron.

Oh, tonterías. Es lujuria, pura y simple. Es un viejo chiflado que simplemente trata de recuperar su juventud, deseando estar con una mujer más joven, incapaz de controlar sus apetitos infantiles y de mantener su promesa a su pareja, que ha permanecido a su lado durante todos los años difíciles y de escasez.

Por supuesto. Lo describiste perfectamente. Sin embargo, nada de lo que has dicho ha cambiado nada de lo que yo dije. Virtualmente, en todo caso, este hombre no ha dejado del amar a su esposa. Son las limitaciones que su esposa le impone o las que le impone la mujer más joven, que no tuviera nada que hacer con él, si él permaneciera al lado del su esposa, las que producen la rebelión.

El punto que trato de establecer es que el alma siempre se rebelará ante la limitación, de cualquier clase. Eso es lo que ha hecho surgir a todas las revoluciones en la historia de la humanidad, no sólo la revolución que hace que un hombre abandone a su esposa o que una esposa de pronto abandone a su marido. (A propósito, esto sucede también.)

¡Seguramente, no estás a favor de la abolición total de las limitaciones del comportamiento, de cualquier clase! Eso sería anarquía del comportamiento, el caos social. ¡Con toda seguridad, no estás abogando para que las personas tengan «aventuras» o un *matrimonio abierto*!

Ni abogo ni no abogo por nada. No estoy «a favor» o «en contra» de nada. La raza humana continúa tratando de hacerme un Dios «a favor» o «en contra» y Yo no soy eso.

Simplemente observo lo que es. Sólo miro que ustedes crean sus propios sistemas de correcto e incorrecto, a favor y en contra y observo si sus ideas actuales respecto a eso les sirven, dado lo que dicen que eligen y desean como especie y como individuos.

Respecto a la pregunta sobre el «matrimonio abierto», no estoy a favor ni en contra de éste. Si lo tienen o no, eso depende de lo que decidan que desean en y fuera de su matrimonio. Su decisión sobre eso crea Quienes Son, en relación con la experiencia que llaman «matrimonio». Porque es como te dije: cada acto es un acto de autodefinición.

Al tomar cualquier decisión, es importante asegurarse de que sea respondida la pregunta correcta. La pregunta relacionada con el llamado «matrimonio abierto», por ejemplo, no es ¿tendremos un matrimonio abierto, en el que se permita el contacto sexual de ambas partes con personas fuera del matrimonio?» La pregunta es: «¿Quién Soy Yo y

Quiénes Somos Nosotros, en relación con la experiencia llamada matrimonio?»

La respuesta a esa pregunta se encontrará en la respuesta a la pregunta suprema de la vida: ¿Quién Soy (punto) respecto a cualquier cosa, en relación con cualquier cosa; Quién Soy y Quién Elijo Ser?

Como lo he dicho repetidas veces en este diálogo, la respuesta a esa pregunta es la respuesta a <u>cada</u> pregunta.

Dios, eso me frustra. La respuesta a esa pregunta es tan amplia y tan general, que no responde ninguna pregunta.

¿En realidad? Entonces, ¿cuál es tu respuesta a esa pregunta?

De acuerdo con estos libros, de acuerdo con lo que Tú pareces estar diciendo en este diálogo, yo soy «amor». Eso es Quien Realmente Soy.

¡Excelente! ¡Has aprendido! Eso es correcto. Tú eres amor. Amor es todo lo que hay. Por lo tanto, tú eres amor, Yo soy amor y no hay nada que <u>no</u> sea amor.

¿Qué hay acerca del temor?

El temor es eso que tú no eres. El temor es Evidencia Falsa Que Parece Real. El temor es lo opuesto al amor, que tú has creado en tu realidad, para poder conocer experimentalmente Eso Que Eres.

Esto es lo que es verdad en el mundo relativo de tu existencia: en ausencia de eso que tú no eres, eso que tú eres... no lo es.

Sí, sí, hemos hablado sobre esto varias veces en nuestro diálogo. Sin embargo, parece como si Tú evadieras mi queja. Dije que la respuesta a la pregunta de Quiénes Somos (que es amor) es tan amplia, que no proporciona una respuesta (no es ninguna respuesta) a casi ninguna otra pregunta. Dices que es la respuesta a *toda* pregunta y yo digo que no es la respuesta a *ninguna*, mucho menos a una pregunta tan específica como «¿Nuestro matrimonio debe ser un matrimonio abierto?»

Si eso es verdad para ti, es porque no sabes lo que es el amor.

¿Lo sabe alguien? La raza humana ha tratado de averiguarlo desde el principio del tiempo.

El cual no existe.

Sí, sí, el cual no existe, lo sé. Es una forma de expresarme.

Déjame ver si puedo encontrar, utilizando tu «forma de expresarte», algunas palabras y algunas formas para explicar lo que es el amor.

Magnífico. Eso es maravilloso.

La primera palabra que viene a mi mente es ilimitado. Eso que es el amor, es ilimitado.

Estamos donde nos encontrábamos cuando iniciamos este tema. Damos vueltas en círculos.

Los círculos son buenos. No los rechaces. Continúa formando círculos alrededor de la pregunta. Formar círculos es bueno. Repetir es bueno. Tratar y afirmar de nuevo es bueno.

En ocasiones me impaciento.

¿En ocasiones? Eso es bastante gracioso.

De acuerdo, de acuerdo, continúa con lo que estabas diciendo.

El amor es eso que es ilimitado. No tiene principio ni final. No tiene antes ni después. El amor siempre fue, siempre es y siempre será.
Por lo tanto, el amor es también siempre. Es la realidad siempre.
Ahora mencionamos de nuevo otra palabra que utilizamos anteriormente, la libertad. Si el amor es ilimitado siempre, entonces, el amor es... libre. El amor es eso que es perfectamente libre.
Ahora, en la realidad humana, encontrarás que siempre buscas amar y ser amado. Descubrirás que siempre anhelarás que ese amor sea ilimitado. Descubrirás que siempre desearás poder ser libre para expresarlo.
En cada experiencia del amor, buscarás libertad y que ésta sea ilimitada y eterna. No siempre lo conseguirás, pero eso es lo que buscarás. Busca-

rás esto, porque eso es lo que *es* el amor y en algún sitio profundo, lo *sabes*, porque tú *eres* amor y a través de la expresión del amor, están buscando conocer y experimentar Quién y Qué Eres Tú.

Eres vida que expresa vida, amor que expresa amor, Dios que expresa Dios.

Por lo tanto, todas estas palabras son sinónimos. Piensa que son la misma cosa:

Dios

Vida

Amor

Ilimitado

Eterno

Libre

Cualquier cosa que no sea una de estas cosas no es *ninguna* de estas cosas.

Tú eres todas esas cosas y, tarde o temprano, buscarás *experimentarte* como *todas estas cosas.*

¿Qué significa «tarde o temprano»?

Depende de cuándo domines tu temor. Como dije, el temor es Evidencia Falsa Que Parece Real. Es eso que tú no eres.

Buscarás experimentar Eso Que Tú Eres, cuando acabes de experimentar eso que tú no eres.

¿Quién desea experimentar el temor?

Nadie desea experimentarlo; te enseñan a experimentarlo.

Un niño no experimenta temor. Piensa que puede hacer cualquier cosa. Un niño no experimenta falta de libertad. Piensa que puede amar a cualquiera. Un niño no experimenta falta de vida. Los niños creen que vivirán eternamente y las personas que actúan como niños piensan que nada puede lastimarlas. Un niño no conoce ninguna cosa perversa, hasta que las personas mayores enseñan a ese niño cosas perversas.

Así, los niños van por allí desnudos y abrazan a todos, no pensando nada sobre esto. Si sólo las personas adultas pudieran hacer lo mismo.

Los niños hacen eso con la belleza de la inocencia. Los adultos no pueden recuperar esa inocencia, porque cuando los adultos «se desnudan» siempre está presente el sexo.

Sí. Por supuesto, Dios prohíbe que «el sexo» sea inocente y se experimente libremente.

En realidad, Dios *sí* lo prohibió. Adán y Eva eran perfectamente felices corriendo desnudos en el Jardín del Edén, hasta que Eva comió la fruta del árbol del Bien y el Mal. Entonces Tú nos condenaste a nuestro estado actual, porque todos somos culpables de ese pecado original.

Yo no hice tal cosa.

Lo sé. Sin embargo, tuve que atacar aquí a la religión organizada.

Trata de evitar eso, si puedes.

Sí, debo hacerlo. Los devotos fanáticos organizados tienen muy poco sentido del humor.

Ahí vas de nuevo.

Lo lamento.

Estaba diciendo que como especie, se esforzarán por experimentar un amor ilimitado, eterno y libre. La institución del matrimonio ha sido su intento de crear eternidad. Con esto, acordaron ser compañeros durante la vida. Sin embargo, esto hizo poco para producir un amor que fuera «ilimitado» y «libre».

¿Por qué no? Si el matrimonio se elige libremente, ¿acaso no es una expresión de libertad? Decir que uno va a demostrar su amor sexualmente sólo con su cónyuge no es una limitación, es una elección. Una elección no es una limitación, es el *ejercicio de la libertad.*

Sí, mientras ésa continúe <u>siendo</u> la elección.

Bueno, *tiene* que ser. Ésa fue la *promesa.*

Sí y allí es donde empieza el problema.

Ayúdame con esto.

.

Mira, puede llegar el momento en que desees experimentar una especialidad de alto grado en una relación. No que una <u>persona</u> sea más especial para ti que otra, sino que la <u>forma</u> que eliges para demostrar a una persona la profundidad del amor que sientes por toda la agente y por la vida en sí es única para sólo esa persona.

En realidad, la forma en que ahora demuestras amor a cada persona que <u>amas</u> es única. No demuestras tu amor exactamente de la misma manera a dos personas. Puesto que eres una criatura y un creador de originalidad, todo lo que creas es original. No es posible que ningún pensamiento, palabra o acción se duplique. <u>No puedes</u> duplicar, sólo puedes <u>originar</u>.

¿Sabes por qué no son iguales dos copos de nieve? Porque es <u>imposible</u> para ellos serlo. «Creación» no es «duplicar» y el Creador sólo puede crear.

Por ese motivo, dos copos de nieve no son iguales ni dos <u>personas</u> son iguales ni ningunas dos cosas son iguales.

El universo (y todo lo que hay en éste) existe en forma singular y en verdad <u>no hay nada igual</u>.

Ésta es la Dicotomía Divina de nuevo. Todo es singular; sin embargo, todo es Uno.

Exactamente. Cada dedo de tu mano es diferente; sin embargo, todo es la misma mano. El aire en tu casa es el aire que está en todas partes; no obstante, el aire de una habitación a otra <u>no</u> es el mismo, sino que se siente marcadamente diferente.

Lo mismo sucede con las personas. Todas las personas son Uno; sin embargo, no hay dos personas iguales. Por lo tanto, no podrías amar a dos personas de la misma manera, aunque lo intentaras y nunca <u>desearías</u> hacerlo, porque <u>el amor es una respuesta única a eso que es único</u>.

Cuando demuestras tu amor hacia una persona, lo haces de una manera en la que no puedes hacerlo con otra persona. Tus pensamientos, palabras y acciones (tus respuestas) son literalmente imposibles de duplicar, cada una es diferente... así como lo es la persona por la que tienes estos sentimientos.

Si ha llegado el momento en que deseas esta demostración especial con una persona solamente, entonces, elígela, como dices. Anúnciala y declárala. No obstante, haz de tu declaración un anuncio momento a momento de tu _libertad_, no tu _obligación_ continua. El amor verdadero siempre es libre y la obligación no puede existir en el espacio del amor.

Si consideras una _promesa_ sagrada e irrompible, tu decisión de expresar tu amor de una manera particular a sólo una persona, puede llegar el día en que experimentarás esa promesa como una obligación y lo resentirás. Sin embargo, si consideras esta decisión no como una promesa que se hace sólo una vez, sino como una elección libre, hecha una y otra vez, nunca llegará ese día de resentimiento.

Recuerda esto: sólo hay una promesa sagrada y ésta es _decir y vivir tu verdad_. Todas las otras promesas son pérdidas de la libertad y eso nunca puede ser sagrado, puesto que libertad es Quién Eres Tú. Si pierdes la libertad, pierdes a tu Yo y eso no es un sacramento, es una blasfemia.

13

¡Vaya»! Ésas son palabras duras. ¿Estás diciendo que nunca deberíamos hacer promesas, que nunca deberíamos prometer nada a nadie?

De la manera como la mayoría de ustedes está viviendo su vida ahora, hay una mentira en cada promesa. La mentira es que ahora pueden saber lo que sentirán respecto a una cosa y lo que desearán hacer respecto a eso, en el mañana. No pueden saber esto, si están viviendo su vida como un ser reactivo, como lo son la mayoría de ustedes. Sólo si viven la vida como un ser creativo pueden prometer no contener una mentira.

Los seres creativos pueden saber lo que van a sentir respecto a una cosa en determinado tiempo en el futuro, porque ellos crean sus sentimientos, en lugar de experimentarlos.

Hasta que puedan crear su futuro, no podrán predecir dicho futuro. Hasta que puedan predecir su futuro, no podrán prometer nada verdadero respecto a éste.

Sin embargo, incluso alguien que cree y prediga su futuro tiene la autoridad y el derecho de cambiarlo. El cambio es un derecho fundamental de todas las criaturas. En verdad, es más que un «derecho», porque un «derecho» es algo que se da. El «cambio» es lo que Es.

El cambio es.

Eso que es cambio, son ustedes.

No se les puede dar esto. Ustedes son esto.

Puesto que son «cambio» y como el cambio es lo único constante respecto a ustedes, no pueden prometer verdaderamente ser siempre los mismos.

¿Quieres decir que no hay constantes en el universo? ¿Estás diciendo que no hay nada que permanezca constante en toda la facultad creadora?

El proceso que llaman vida es un proceso de recreación. Todo en la vida se está creando nueva y constantemente a sí misma en cada momento del ahora. En este proceso lo idéntico es imposible, puesto que si una cosa es idéntica, no ha cambiado en nada. Aunque lo idéntico es imposible, la similaridad no lo es. La similaridad es el resultado del proceso del cambio produciendo una versión bastante similar de lo que fue antes.

Cuando la creatividad alcanza un nivel elevado de similaridad, llaman a esto ser idéntico. Desde la perspectiva amplia de su perspectiva limitada, lo es.

Por lo tanto, en términos humanos, parece que hay gran constancia en el universo. Esto es, las cosas parecen semejantes y actuar de manera similar y _reaccionar_ en forma parecida. Ven consistencia aquí.

Esto es bueno, porque proporciona un marco dentro del cual pueden considerar y experimentar su existencia en lo físico.

Les diré esto. Visto desde la perspectiva de toda la vida, esa que es física y que no es física, la apariencia de la constancia desaparece. Las cosas se experimentan como _realmente_ están: cambiando constantemente.

Estás diciendo que a veces los cambios son tan delicados, tan sutiles que desde nuestra perspectiva menos discerniente *parecen* las mismas, en ocasiones, exactamente las mismas, cuando en realidad no lo son.

Precisamente.

No existen «tales cosas como los gemelos idénticos».

Exactamente. Lo captaste perfectamente.

No obstante, *podemos* recrearnos de nuevo en una forma suficientemente similar para producir el *efecto* de constancia.

Sí.

Podemos hacer esto en las relaciones humanas, en términos de Quiénes Somos y cómo nos comportamos.

Sí, aunque a la mayoría de ustedes se les dificulta mucho esto.

Porque la verdadera constancia (lo opuesto a la apariencia de constancia) viola la ley natural, como acabamos de aprenderlo y se necesita un gran dominio para crear incluso la <u>apariencia</u> de ser idéntico.

Un maestro domina cada tendencia natural (recuerda que la tendencia natural es hacia el cambio) para mostrarse como idéntico. En realidad, no puede mostrar ser idéntico de un momento a otro. Sin embargo, <u>puede</u> mostrarse lo suficientemente <u>similar</u> para crear la <u>apariencia</u> de ser idéntico.

Sin embargo, las personas que *no* son «maestros» muestran «ser idénticas» todo el tiempo. Conozco personas cuyos comportamientos y apariencia son tan predecibles, que puedes apostar tu vida en ellas.

Se necesita un gran esfuerzo para hacer esto <u>intencionalmente</u>.

El maestro es quien crea un nivel elevado de similaridad (lo que ustedes llaman «consistencia») <u>intencionalmente</u>. Un estudiante es alguien que crea consistencia sin necesariamente tener la intención de hacerlo.

Una persona que reacciona siempre de la misma manera ante ciertas circunstancias, por ejemplo, a menudo dirá: «No pude evitarlo».

Un maestro <u>nunca</u> diría eso.

Incluso si la reacción de una persona produce un comportamiento admirable (algo por lo que recibe un elogio) su respuesta será con frecuencia «Bueno, no fue nada. En realidad, fue automático. Cualquiera lo haría».

Un maestro nunca haría eso tampoco.

Por lo tanto, un maestro es una persona que, bastante literalmente, <u>sabe lo que está haciendo</u>.

También sabe <u>por qué</u>.

Las personas que no operan en niveles de maestría, a menudo tampoco lo saben.

¿Por eso resulta muy difícil cumplir las promesas?

Es un motivo. Como dije, hasta que puedan predecir su futuro, no podrán prometer nada verdaderamente.

Un segundo motivo por el que a la gente le resulta difícil cumplir sus promesas es que entra en conflicto con la autenticidad.

¿Qué quieres decir?

Quiero decir que su verdad evolutiva acerca de una cosa difiere de lo que <u>dijeron</u> que siempre sería su verdad. Así, están en un conflicto profundo. ¿Qué obedecer, mi verdad o mi promesa?

¿Qué aconsejas?

Ya te di anteriormente este consejo:
<u>*Traicionarse a sí mismos, para no traicionar a otro es traición de cualquier manera. Es la traición suprema.*</u>

¡Esto ocasionaría que las promesas se rompieran en todas partes! La palabra de nadie sobre *cualquier cosa* no importaría. ¡No se podría confiar en nadie respecto a nada!

Oh, has contado con que otros cumplan su <u>palabra</u>, ¿no es así? Por eso te has sentido tan miserable.

¿Quién dice que he sido miserable?

¿Quieres decir que ésta es la manera en que te ves y actúas cuando has sido <u>feliz</u>?

De acuerdo, de acuerdo. Entonces, he sido miserable. En ocasiones.

Oh, gran parte del tiempo. ¡Incluso cuando has tenido todo el motivo para ser feliz, te has permitido ser miserable, preocupándote pensando si podrás <u>aferrarte</u> a tu felicidad!
El motivo por el que has tenido que preocuparte por esto es que «aferrarte a tu felicidad» ha dependido en un grado importante de que otras personas cumplan su palabra.

¿Quieres decir que no tengo derecho de esperar o, al menos, de sentir *esperanza*, de que otras personas cumplan su palabra?

¿Por qué <u>desearías</u> ese derecho?
El único motivo por el que otra persona no cumpliera su palabra contigo sería porque no quisiera hacerlo o que sintiera que no podía hacerlo, lo cual es lo mismo.

Si una persona no deseó cumplir con su palabra contigo o por algún motivo sintió que no podía hacerlo, ¿por qué desearías que lo hiciera?

¿En realidad deseas que alguien cumpla con un acuerdo que no desea cumplir? ¿En realidad sientes que la gente debería ser forzada a hacer cosas que siente que no puede hacer?

¿Por qué desearías obligar a alguien a hacer algo contra su voluntad?

Bueno, éste es un motivo: porque permitirles que *no* hagan lo que dijeron que harían me hiere o hiere a mi familia.

Entonces, para evitar la herida, deseas infligir una herida.

No comprendo cómo daña a otra persona el pedirle que cumpla con su palabra.

Ella debe considerarlo perjudicial o cumpliría con su palabra voluntariamente.

Entonces, ¿*debo* sufrir el daño u observar que mis hijos y mi familia lo sufran, en lugar de «dañar» a la persona que hizo una promesa, pidiéndole simplemente que la cumpla?

¿En realidad piensas que si obligas a alguien a cumplir una promesa, escaparás del daño?

Te diré esto: más daño se ha hecho a otros por personas que llevan vidas de desesperación tranquilla (esto es, que hacen lo que sienten que «tienen» que hacer) que el que hacen las personas que con libertad actúan como desean hacerlo.

Cuando le das libertad a una persona, retiras el daño, no lo aumentas.

Sí, al permitir que alguien «no cumpla» con una promesa o compromiso que hizo contigo puede parecer que te lastimará de pronto, pero nunca te dañará a la larga, porque cuando das a la otra persona su libertad, también te das libertad a ti mismo. Ahora estás libre de las agonías y de los pesares, de los ataques a tu dignidad y a tu valor que inevitablemente siguen cuando obligas a otra persona a cumplir con una promesa que te hizo, que no desea cumplir.

El daño a largo plazo será mayor que el daño a corto plazo, como lo han descubierto casi todos los que han tratado de forzar a otra persona a cumplir su palabra.

¿Esta misma idea resulta verdad también en los negocios? ¿Cómo podría hacer el mundo negocios de esa manera?

En realidad, es la única forma sana de hacer negocios.
El problema actual en toda tu sociedad es que está basada en la fuerza. La fuerza legal (que llaman la «fuerza de la ley») y, con demasiada frecuencia, la fuerza física (que llaman las «fuerzas armadas» del mundo).
Todavía no han aprendido a utilizar el arte de la persuasión.

Si fuera a través de la fuerza legal (la «fuerza de la ley» a través de las cortes), ¿cómo «persuadiríamos» en los negocios para cumplir con los términos de los contratos y con los acuerdos?

De acuerdo con su ética cultural actual, no puede haber otra manera. Sin embargo, con un cambio de la ética cultural la forma en que ahora intentan evitar que en los negocios (y los individuos también) no se cumplan con los acuerdos parecerá muy primitivo.

¿Puedes explicarlo?

En la actualidad, emplean la fuerza para asegurarse de que se cumplan los acuerdos. Cuando su ética cultural cambie para incluir la comprensión de que todos son Uno, nunca emplearían la fuerza, porque eso sólo sería dañar a su Yo. No golpearían su mano izquierda con la derecha.

¿Incluso si la mano izquierda te está estrangulando?

Ésa es otra cosa que no sucedería. Dejarían de estrangular a su Yo. Dejarían de morderse la nariz para fastidiar su rostro. Dejarían de no cumplir con los acuerdos. Por supuesto, sus acuerdos serían muy diferentes.
No acordarían dar algo de valor que tuvieran a otra persona, sólo si ella tuviera algo del valor para darles a cambio. Nunca dejarían de dar o compartir algo hasta haber obtenido algo a cambio.
Darían y compartirían en forma automática y, al hacerlo, habría mucho menos contratos que romper, porque un contrato es acerca del intercambio de artículos y servicios, puesto que su vida sería dar los artículos y los servicios, sin importar el intercambio que pudiera o no pudiera tener lugar.

En esta clase de dar en un solo sentido estaría su salvación, porque descubrirían lo que Dios ha experimentado: que aquello que das a otro, te lo das a ti. Lo que va, viene.

Todas las cosas que proceden de ti, regresan a ti.

Siete veces. Por lo tanto, no es necesario preocuparse por lo que van a «recuperar». Sólo hay necesidad de preocuparse por lo que van a «dar». La vida es crear la calidad superior de dar, no la calidad superior de obtener.

Lo olvidan constantemente. La vida no es «para recibir». La vida es «para dar» y para hacer eso, necesitan perdonar a los demás, ¡en especial a aquellos que no les dieron lo que pensaron que iban a recibir!

Este cambio permitirá un cambio completo de su historia cultural. Hoy, lo que llaman «éxito» en su cultura se mide principalmente por cuánto «obtienen», por cuánto honor, dinero, poder y posesiones acumulan. En la Nueva Cultura, el «éxito» se medirá por cuánto hagan que los demás acumulen.

La ironía será que mientras más hagan que los demás acumulen, más acumularán ustedes, sin esfuerzo. Sin «contratos» ni «acuerdos» ni «convenios» ni «negociaciones» ni litigios ni cortes que les obliguen a darse mutuamente lo «prometido».

En la economía futura, no harán las cosas por ganancia personal, sino por desarrollo personal, que será su ganancia. Sin embargo, la «ganancia» en términos materiales llegará cuando sean una versión más grande y grandiosa de Quiénes Son Realmente.

En esos días y época, utilizar la fuerza para obligar a alguien a darles algo, porque «dijo» que se los daría, les parecerá muy primitivo. Si otra persona no cumple con un acuerdo, simplemente le permitirán seguir su camino, hacer sus elecciones y crear su propia experiencia. Lo que no les hayan dado, no lo extrañarán, porque sabrán que hay «más de donde eso proviene» y que esa persona no es su fuente de eso, sino que ustedes lo son.

Lo *comprendo*. Parece que en verdad nos explayamos. Toda esta discusión se inició cuando Te pregunté sobre el amor y si los seres humanos se permitirán alguna vez expresarlo sin limitación. Eso nos llevó a una pregunta sobre el matrimonio abierto y, de pronto, nos apartamos del punto aquí.

No realmente. Todo lo que hemos hablado es pertinente. Esto conduce a la perfección a tus preguntas sobre lo que llaman sociedades más ilustradas o evolucionadas. En las sociedades sumamente evolucionadas no hay «matrimonio» ni «negocios» ni ninguna de las construcciones sociales artificiales que han creado para mantener unida su sociedad.

Sí, pronto hablaremos de eso. En este momento, sólo deseo cerrar este tema. Dijiste algunas cosas intrigantes. Según lo comprendo, todo se resume en que la mayoría de los seres humanos no pueden cumplir sus promesas y, por lo tanto, no deben hacerlas. Eso es echar por tierra la institución del matrimonio.

Me gusta emplear la palabra «institución» aquí. Casi toda la gente experimenta que cuando está en un matrimonio, está en una «institución».

¡Sí, es una institución de salud mental o una institución penal o, al menos, una institución de aprendizaje superior!

Exactamente. Precisamente. Así es como lo experimenta casi toda la gente.

Bromeaba Contigo aquí, pero no diría que «casi toda la gente». Todavía hay millones de personas que aman la institución del matrimonio y desean protegerla.

Me apego a mi afirmación. Casi toda la gente tiene dificultades con el matrimonio y no le gusta lo que les hace.
Sus estadísticas de divorcio mundiales lo demuestran.

¿Estás diciendo que el matrimonio debería desaparecer?

No tengo preferencia sobre ese asunto, sólo...

Lo sé, lo sé. Observaciones.

¡Bravo! Continúas deseando hacerme un Dios de preferencias, lo cual no soy. Gracias por tratar de evitar eso.

¡No sólo hemos anulado el matrimonio, sino también la religión!

Es verdad que las religiones no podrían existir, si toda la raza humana comprendiera que Dios no tiene preferencias, porque una religión aparenta ser una afirmación de las preferencias de Dios.

Si Tú no tienes preferencias, entonces, la religión debe ser una mentira.

Bueno, ésa es una palabra dura. Yo lo llamaría una ficción. Es sólo algo que ustedes crean.

¿Así como creamos la ficción de que Dios prefiere que estemos casados?

Sí, Yo no prefiero nada de eso. Sin embargo, noto que ustedes sí lo prefieren.

¿Por qué? ¿Por qué preferimos el matrimonio, si sabemos que es muy difícil?

Porque el matrimonio fue la única forma que pudieron imaginar para llevar «continuidad» o eternidad a su experiencia de amor.
Fue la única manera en que una mujer pudo garantizar su apoyo y supervivencia y la única manera en que un hombre pudo garantizar la disponibilidad constante del sexo y el compañerismo.
Por lo tanto, se creó una convención social. Se hizo un trato. Tú me das esto y yo te daré eso. En esto, fue muy semejante a un negocio. Se hizo un contrato. Como ambas partes necesitaban reforzar el contrato, se dijo que fuera un «pacto sagrado» con Dios, quien castigaría a aquellos que no lo cumplieran.
Más adelante, cuando eso no funcionó, crearon leyes hechas por el hombre para reforzarlo.
No obstante, ni siquiera eso dio resultado.
Tampoco las llamadas leyes de Dios ni las leyes de los hombres han podido impedir que la gente no cumpla con sus votos matrimoniales.

¿Cómo es eso?

Porque esos votos como los hacen normalmente van en contra de la única ley que importa.

¿Qué ley?

La ley natural.

Lo natural es que la vida exprese unidad, Unidad. ¿No es eso lo que estoy obteniendo de todo esto? El matrimonio es nuestra expresión más hermosa de unidad. «Lo que Dios ha unido, que no lo separe el hombre» y todo eso.

El matrimonio, como la mayoría de ustedes lo ha practicado, no es particularmente hermoso, puesto que viola dos de los tres aspectos de lo que es verdad acerca de cada ser humano, por naturaleza.

¿Quieres explicarlo de nuevo? Creo que empiezo a reunir todo esto.

De acuerdo. Una vez más desde el principio.
Lo que Son Ustedes es amor.
El amor es ilimitado, eterno y libre.
Por lo tanto, eso es lo que <u>ustedes</u> son. Ésa es la <u>naturaleza</u> de Quienes Son. Ustedes son ilimitados, eternos y libres por naturaleza.
Ahora, cualquier construcción artificial social, moral, religiosa, filosófica, económica o política, que viole o subordine su naturaleza, es una violación sobre su mismo Yo e irán contra esto.
¿Qué supones que le dio vida a tu propio país? ¿No fue «Dame libertad o dame muerte»?
En tu país se les da esa libertad y ustedes la han abandonado en sus vidas. Todo por el mismo motivo, la seguridad.
Temen tanto <u>vivir</u>, temen tanto a la <u>vida en sí</u>, que abandonan <u>la naturaleza de su ser</u> a cambio de la seguridad.
La institución que llaman matrimonio es su intento de crear seguridad, como lo es la institución llamada gobierno. En realidad, ambos son formas de la misma cosa, construcciones sociales artificiales diseñadas para <u>gobernar el comportamiento mutuo</u>.

Nunca lo vi de esa manera. Siempre pensé que el matrimonio era el anuncio final del amor.

Sí, como lo imaginaron, pero no como lo han construido. Como lo construyeron, es el anuncio final de temor.

Si el matrimonio les permitiera ser ilimitados, eternos y libres en su amor, entonces, sería el anuncio supremo de amor.

Como las cosas están ahora, se casan en un esfuerzo por disminuir su amor al nivel de una promesa o una garantía.

El matrimonio es un esfuerzo para garantizar que eso «que es así», siempre sea así. Si no necesitaran esta garantía, no necesitarían el matrimonio. ¿Cómo emplean esta garantía? Primero, como un medio para crear seguridad (en lugar de crear seguridad de lo que hay en su interior) y, segundo, si esa seguridad no es siempre buena como un medio de castigarse mutuamente, porque la promesa de matrimonio que se rompió ahora forma la base del litigio que se ha abierto.

Por lo tanto, el matrimonio les ha sido muy útil, incluso por los motivos equivocados.

El matrimonio es también su intento de garantizar que los sentimientos que tienen uno por el otro no los tendrán por otra persona. O, al menos, que nunca los expresarán a otra persona de la misma manera.

Principalmente, en lo sexual.

Principalmente, en lo sexual.
Finalmente, el matrimonio, como ustedes lo forjaron, es una forma de decir: «Esta relación es especial. Tengo esta relación por encima de todas las demás».

¿Qué hay de malo en eso?

Nada. No es una cuestión de «bueno» o «malo». Eso no existe. Es una cuestión de lo que les sirve, de lo que los recrea en su siguiente imagen grandiosa de Quienes Son Realmente.

Si Quienes Son Realmente es un ser que dice «Esta relación, esta única relación, justamente aquí, es más especial que cualquier otra», entonces, su construcción del matrimonio les permite hacer eso perfectamente. Sin embargo, puede resultarte interesante notar que casi nadie que es o ha sido reconocido como maestro espiritual está casado.

Sí, porque los maestros son célibes. No tienen sexo.

No. Es porque los maestros no pueden hacer verdaderamente la afirmación, que su construcción actual del matrimonio busca hacer: que una persona es más especial que otra para ellos.

Ésta no es una afirmación que hace un maestro y <u>no es una afirmación que hace Dios</u>.

El hecho es que sus votos matrimoniales, como los hacen actualmente, los hace hacer una afirmación muy poco divina. Es la máxima ironía que sientan que ésta es la promesa más sagrada, porque es una promesa que Dios nunca haría.

No obstante, para justificar sus temores humanos, imaginaron a un Dios que <u>actúa como ustedes</u>. Por lo tanto, hablan de la «promesa» de Dios a su «Pueblo Elegido» y de convenios entre Dios y aquellos a quienes Dios ama, de una manera especial.

No pueden soportar el pensamiento de un Dios que <u>no ama</u> a nadie de una manera que es más especial que cualquier otra y, por lo tanto, crean ficciones sobre un Dios que sólo ama a ciertas personas, por ciertos motivos. Llaman a estas ficciones Religiones. Yo las llamo blasfemias, porque cualquier pensamiento acerca de que Dios ama a una persona más que a otra es falso y cualquier ritual que les <u>pida</u> hacer la <u>misma afirmación</u> no es un sacramento, sino un sacrilegio.

¡Oh, Dios, basta, *basta!* ¡Estás matando todo buen pensamiento que he tenido sobre el matrimonio! Dios no puede estar escribiendo esto. ¡Dios nunca diría esas cosas sobre la religión y el matrimonio!

La religión y el matrimonio, <u>de la forma que ustedes los construyeron</u>, es de lo que estamos hablando aquí. ¿Piensas que esta plática es difícil? Te diré esto: han viciado la Palabra de Dios para justificar sus temores y racionalizar su tratamiento mutuo no sano.

Harán que Dios diga lo que necesitan que diga, para continuar limitándose mutuamente, hiriéndose mutuamente y <u>matándose</u> mutuamente en Mi nombre.

Sí, han invocado Mi nombre y ondeado Mi bandera y llevado cruces a sus campos de batalla durante siglos, todo como prueba de que Yo amo a unas personas más que a otras y les <u>pido matar para demostrarlo</u>.

Sin embargo, te diré esto: mi amor es ilimitado e incondicional.

Eso es algo que no pueden oír, una verdad que no pueden tolerar, la afirmación que no pueden aceptar, porque su inclusividad total destruye no sólo la institución del matrimonio (como ustedes la construye-

ron), sino también *cada una de sus religiones e instituciones gubernamentales.*

Crearon una cultura basada en la exclusión y la apoyaron con un mito cultural de un Dios que excluye.

Sin embargo, la cultura de Dios está basada en la inclusión. En el amor de Dios, todos están incluidos. En el Reino de Dios, <u>todos</u> están invitados.

Esta verdad es lo que <u>ustedes</u> llaman una blasfemia.

Y <u>deben</u> llamarla así, porque si es verdad, entonces, todo lo que han creado en su vida es falso. Todas las reglas convencionales humanas y todas las construcciones humanas son imperfectas, hasta el grado de que no son ilimitadas, eternas y libres.

¿Cómo algo puede ser «imperfecto», si no existe lo «bueno» y lo «malo»?

Una cosa sólo es imperfecta en el grado de que no funciona para cumplir con su propósito. Si una puerta no se abre y se cierra, no la llamarías «mala». Simplemente dirías que su instalación u operación es imperfecta, porque no cumple con su propósito.

Cualquier cosa que construyan en su vida, en su sociedad humana, que no sirva su propósito de ser humana es imperfecta. Es una construcción imperfecta.

Sólo para hacer una revisión, ¿mi propósito de llegar a ser humano lo es?

Para decidir y declarar, para crear y para expresar, para experimentar y cumplir, Quién Eres Realmente.

Para crearte de nuevo en cada momento en la versión suprema de la visión más grande que hayas tenido acerca de Quién Eres Realmente.

Ése es el propósito de convertirse en humano y ése es el propósito de toda la vida.

¿En dónde nos deja eso? Hemos destruido la religión, hemos criticado el matrimonio, hemos denunciado a los gobiernos. ¿Dónde estamos entonces?

En primer lugar, no hemos destruido, criticado ni denunciado nada. Si una construcción que crearon no funciona y no produce lo que deseaban *que produjera, <u>describir</u> esa condición no es destruirla, criticarla o denunciarla.*

Trata de recordar la diferencia entre el juicio y la observación.

No voy a discutir Contigo sobre esto, pero mucho de lo que acabas de decir *me* parece bastante sentencioso.

Aquí nos constriñe la terrible limitación de las palabras. En realidad, hay muy pocas y, por lo tanto, tenemos que emplear las mismas una y otra vez, incluso cuando no siempre tienen el mismo significado o expresan la misma clase de pensamientos.

Cuando dices que «amas» los postres, con seguridad no quieres decir lo mismo cuando dices que amas a otra persona. Como ves, tienen muy pocas palabras en realidad para describir lo que sienten.

Para comunicarme contigo de esta manera (mediante las palabras), Me permití experimentar esas limitaciones. Concedo que, debido a que parte de este lenguaje también lo has empleado tú cuando <u>eres sentencioso</u>, sería fácil llegar a la conclusión de que <u>estoy</u> siendo sentencioso cuando lo empleo.

Permite que te asegure que no lo estoy siendo. En todo este diálogo simplemente he tratado de decirte cómo llegar a donde dices que deseas ir y describir con el menor impacto posible lo que bloquea tu camino, lo que evita que llegues allí.

Respecto a la <u>religión</u>, ustedes dicen que desean ir a un lugar donde puedan verdaderamente conocer y amar a Dios. Yo observo simplemente que sus religiones no los llevan allí.

Sus religiones han convertido a Dios en el Gran Misterio y han hecho que no amen a Dios, sino que le teman.

La religión ha hecho poco para hacer que cambien sus comportamientos. Todavía se matan mutuamente, se condenan mutuamente, se hacen «mal» mutuamente. En realidad, son sus <u>religiones</u> las que los han alentado a hacer eso.

Respecto a la religión, sólo observo que ustedes dicen que desean que los lleve a un lugar y que los está llevando a otro.

Ahora dicen que desean que el <u>matrimonio</u> los lleve a la tierra de la dicha eterna o, al menos, a un nivel razonable de paz, seguridad y felicidad. Al igual que con la religión, su invención llamada matrimonio resulta bien al principio, cuando primero la experimentan. No obstante, al igual que con la religión, mientras más residen en la experiencia, más los lleva adonde dicen que no desean ir.

Casi la mitad de las personas que se han casado disuelven su matrimonio mediante el divorcio y, entre las que permanecen casadas, muchas son desesperadamente infelices.

Sus «uniones de dicha» los conducen a la amargura, a la ira y a lamentarse. Algunas (y no un número pequeño) los llevan a un lugar de tragedia total.

Dicen que desean que sus <u>gobiernos</u> aseguren la paz, la libertad y la tranquilidad doméstica y Yo observo que, como los idearon, no hacen nada de esto. Más bien, sus gobiernos los llevan a la guerra, incrementando la <u>falta</u> de libertad, la violencia doméstica y al cataclismo.

No han podido solucionar los problemas básicos de simplemente alimentar y mantener sana y con vida a la gente, muchos menos de satisfacer el desafío de proporcionarles una oportunidad igual.

Cientos de ustedes mueren todos los días de hambre en un planeta donde miles de ustedes desperdician cotidianamente suficiente comida para alimentar a naciones.

No pueden encargarse de la tarea más sencilla de llevar los sobrantes de los que «tienen» a los que «no tienen», mucho menos solucionar el asunto referente a si <u>desean</u> compartir sus recursos de una manera más equitativa.

<u>Éstos no son juicios</u>. Son cosas que en verdad se observan en su sociedad.

¿*Por qué*? ¿Por qué es *así*? ¿Por qué hemos progresado tan poco en dirigir nuestros propios asuntos en los últimos años?

¿Años? Mejor dicho, <u>siglos</u>.

De acuerdo, siglos.

Tiene que ver con el Primer Mito Cultural Humano y con los otros mitos que necesariamente siguieron. Hasta que cambien, nada más cambiará. Porque sus mitos culturales informan su ética y su ética crea sus comportamientos. Sin embargo, el problema es que su mito cultural está en desacuerdo con su instinto básico.

¿Qué quieres decir?

Su Primer Mito Cultural es que los seres humanos son inherentemente malos. Éste es el mito del pecado original. El mito sostiene que no sólo es mala su naturaleza básica, sino que <u>nacieron</u> malos.

211

El Segundo Mito Cultural, que surge necesariamente del primero, es que es el «más capaz» el que sobrevive.

Este segundo mito sostiene que algunos de ustedes son fuertes y otros son débiles y que para sobrevivir, tienen que ser uno de los fuertes. Harán todo lo que les sea posible para ayudar a sus semejantes, pero si o cuando se trata de su propia supervivencia, primero se encargarán de ustedes mismos. Incluso, dejarán morir a los demás. En realidad, harán más que eso. Si piensan que tienen que hacerlo, para que ustedes y los suyos sobrevivan, matarán a otros, supuestamente a los «débiles» (definiéndose así como los «más aptos»).

Algunos de ustedes dicen que éste es su <u>instinto básico</u>. Se llama «instinto de supervivencia» y es este mito cultural el que ha formado gran parte de su ética social, creando muchos de sus comportamientos de grupo.

Sin embargo, su «instinto básico» <u>no</u> es sobrevivir, sino la justicia, la unidad y el amor. Éste es el instinto básico de todos los seres sensibles en todas partes. Es su memoria celular. Es su <u>naturaleza inherente</u>. Así se explota su primer mito cultural. Básicamente, <u>no</u> son malos, <u>no</u> nacieron con el «pecado original».

Si su «instinto básico» fuera la «supervivencia» y si su naturaleza básica fuera el «mal», nunca se moverían <u>instintivamente</u> para salvar a un niño que cae, a un hombre que se ahoga o a cualquier persona de cualquier cosa. No obstante, cuando actúan de acuerdo con sus instintos básicos y muestran su naturaleza básica y no <u>piensan</u> en lo que están haciendo, así es exactamente como se comportan, incluso poniéndose en <u>peligro</u>.

Así, su instinto «básico» no puede ser «sobrevivir» y su naturaleza básica evidentemente no es «mala». Su instinto y su naturaleza es reflejar la esencia de Quienes Son, que es justicia, unidad y amor.

Al observar las implicaciones sociales de esto, es importante comprender la diferencia entre «justicia» e «igualdad». No es un instinto básico de todos los seres sensibles buscar la <u>igualdad</u> o ser <u>iguales</u>. En realidad, lo cierto es exactamente lo opuesto.

El instinto básico de todos los seres vivientes es expresar la singularidad, no la igualdad. Crear una sociedad en la que dos seres sean verdaderamente iguales no es sólo imposible, sino indeseable. Los mecanismos sociales que buscan producir la igualdad verdadera (en otras palabras, la «igualdad» económica, política y social) trabajan contra, no a favor de la idea grandiosa y el propósito supremo, que es que cada ser tendrá la oportunidad de producir el resultado de su mayor deseo y, así, recrearse verdaderamente de nuevo.

La igualdad de <u>oportunidad</u> es lo que se requiere para esto, no la igualdad <u>en</u> hecho. Esto se llama <u>justicia</u>. La igualdad en hecho, producida por fuerzas y leyes externas <u>eliminaría</u> la oportunidad para la verdadera autorrecreación, que es el objetivo supremo de los seres esclarecidos, en todas partes.

¿Qué podría <u>crear</u> libertad de oportunidad? Los sistemas que permitieran a la sociedad satisfacer las necesidades básicas de supervivencia de cada individuo, liberando a todos los seres para que busquen el autodesarrollo y la autocreación, en lugar de la autosupervivencia. En otras palabras, los sistemas que imiten el verdadero sistema, llamado vida, en el cual <u>se garantiza la supervivencia</u>.

Debido a que la autosupervivencia no es un tema en las sociedades <u>esclarecidas</u>, estas sociedades nunca permitirían que uno de sus miembros sufriera, si hubiera suficiente para todos. En estas sociedades, el interés por sí mismo y el mejor interés mutuo son idénticos.

Ninguna sociedad creada alrededor de un mito de «maldad inherente» o «supervivencia del más apto» podría lograr dicha comprensión.

Sí, lo comprendo. Este asunto del «mito cultural» es algo que deseo explorar, junto con los comportamientos y la ética de las civilizaciones más avanzadas, más adelante, con mayor detalle. Me gustaría regresar de nuevo por última vez y solucionar las preguntas que inicié aquí.

Uno de los desafíos de hablar Contigo es que Tus respuestas nos conducen en direcciones tan interesantes, que en ocasiones, olvido dónde comencé. En este caso, no lo he olvidado. Discutíamos el matrimonio. Discutíamos el amor y sus requerimientos.

El amor no <u>tiene</u> requerimientos. Eso es lo que lo hace amor.

Si tu amor hacia otra persona tiene requerimientos, entonces, no es amor, sino una versión falsificada.

Esto es lo que he tratado de decirte aquí. Es lo que he estado diciendo, en una docena de formas diferentes, con cada pregunta que has formulado aquí.

Dentro del contexto del matrimonio, por ejemplo, hay un intercambio de votos que no requiere el amor. No obstante, <u>ustedes</u> los requieren, porque no saben lo que es el amor. Por lo tanto, se obligan a prometerse mutuamente algo que el <u>amor nunca pediría</u>.

Entonces, ¡*estás* en contra del matrimonio!

No estoy «en contra» de nada. Simplemente describo lo que veo.

Ustedes pueden <u>cambiar</u> lo que veo. Pueden rediseñar su construcción social llamada «matrimonio», para que <u>no pida</u> lo que el amor nunca pediría, sino que declare lo que <u>sólo el amor puede declarar</u>.

En otras palabras, debemos cambiar los votos matrimoniales.

Más que eso. Cambien las <u>expectativas</u> en las que se basan los votos. Será difícil cambiar estas expectativas, porque son su herencia cultural. A su vez, surgen de sus mitos culturales.

Volvemos con la rutina de los mitos culturales. ¿Qué te propones con esto?

Esperaba indicar aquí la dirección correcta. Comprendo adónde desean llegar con su sociedad y esperaba encontrar palabras humanas y términos humanos que pudieran dirigirlos allí.

¿Puedo darte un ejemplo?

Por favor.

Uno de sus mitos culturales sobre el amor es que se trata de dar y no de recibir. Esto se ha convertido en un imperativo cultural. Sin embargo, los está enloqueciendo y causándoles más daño del que pueden imaginar.

Lleva y mantiene a la gente en malos matrimonios, hace que las relaciones de todo tipo sean disfuncionales; sin embargo, nadie (ni sus padres, a quienes piden guía; ni sus clérigos, a quienes piden inspiración; ni sus psicólogos y psiquiatras, a quienes piden claridad; ni siquiera sus escritores y sus artistas, en quienes buscan liderazgo intelectual) se atreverán a desafiar el mito cultural que prevalece.

Por lo tanto, se escriben canciones, se cuentan historias, se filman películas, se da guía, se ofrecen oraciones y se cría a los hijos de tal manera que se perpetúa El Mito. Entonces, <u>se les deja para que vivan de acuerdo con éste</u>.

Y no pueden hacerlo.

Sin embargo, <u>ustedes</u> no son el problema, sino el problema es El Mito.

¿El amor *no* es dar, en lugar de recibir?

No.

¿No lo es?

No. Nunca lo ha sido.

Hace un momento Tú mismo dijiste que el «amor no tiene requerimientos». Dijiste que *eso es lo que lo hace amor.*

Y así es.

¡Eso me suena a mí como «dar en lugar de recibir»!

Entonces, necesitas leer de nuevo el capítulo ocho del Libro 1. Todo lo que digo aquí, te lo expliqué allí. Este diálogo fue con la intención de que se leyera en secuencia y que se considerada como uno.

Lo sé. Para las personas que leen ahora estas palabras, sin haber leído el *Libro 1,* ¿podrías explicar, por favor, lo que quieres decir aquí? Porque, con franqueza, incluso a mí me serviría el repaso y ¡creo que ahora *comprendo* esto!

De acuerdo, lo repetiré.
Todo lo que haces, lo haces por ti mismo.
Esto es verdad, porque tú y todos los demás son Uno.
Lo que hagas por otra persona, lo harás para ti. Lo que no hagas por otra persona, no lo harás para ti. Lo que es bueno para otro, es bueno para ti y lo que es malo para otro, es malo para ti.
Ésta es la verdad más básica. Sin embargo, es la verdad que con mayor frecuencia ignoran.
Cuando tienes una relación con otra persona, esa relación sólo tiene un propósito. Existe como un vehículo para que decidas y declares, para que crees y expreses, para que experimentes y cumplas tu noción suprema de Quien Eres Realmente.
Si Quien Eres Realmente es una persona amable y considerada, cariñosa y compartida, compasiva y amorosa, entonces, cuando estás <u>siendo</u> estas cosas con otros, están dando a tu Yo la experiencia suprema por la cual llegaste al cuerpo.
Por ese motivo tomaste un cuerpo, porque sólo en el reino físico de lo relativo podrías conocerte como estas cosas. En el reino de lo absoluto, del cual procedes, esta experiencia de conocer es imposible.

Todo esto te lo expliqué con mayor detalle en el Libro 1.

Si Quien Eres Realmente es un ser que no ama al Yo y que permite que abusen del Yo, que lo dañen y lo destruyan otros, entonces, continuarás con comportamientos que te permitan experimentar eso.

No obstante, si en realmente eres una persona que es amable y considerada, cariñosa y compartida, compasiva y amorosa, incluirás a tu Yo entre las personas con quienes estás siendo estas cosas.

Empezarás contigo mismo. Te pondrás primero en estos asuntos.

Todo en la vida depende de lo que estás buscando ser. Si, por ejemplo, buscas ser Uno con todos los demás (esto es, si buscas experimentar una conceptualización que ya sabes que es verdadera), te encontrarás comportándote de una manera muy específica, una manera que te permita experimentar y demostrar tu Unidad. Cuando hagas ciertas cosas como resultado de esto, no experimentarás que estás haciendo algo por alguien más, sino que lo haces por tu Yo.

Lo mismo será verdad, sin importar lo que busques ser. Si buscas ser amor, harás cosas amorosas a los demás, para tu Yo, para que puedas actualizar y experimentar su mayor idea sobre tu Yo y Quién Eres Realmente.

En este sentido, es imposible hacer cualquier cosa por otra persona, porque cada acto de tu propia voluntad es literalmente sólo eso: un «acto». Estás actuando. Esto es, estás creando y actuando un papel. Excepto que no estás fingiendo. En realidad estás siendo eso.

Eres un ser humano. Lo que estás siendo está decidido y elegido por ti.

Su Shakespeare lo dijo: «Todo el mundo es un escenario y, la gente, los actores».

También dijo: «Ser o no ser, he ahí el dilema».

Él dijo también: «Si eres fiel con tu propio Yo, y esto debe seguir, como la noche al día, no puedes ser falso con ningún hombre».

Cuando eres fiel a tu Yo, cuando no traicionas a tu Yo, entonces, cuando «parece» que estás «dando», sabrás que en realidad estás «recibiendo». Literalmente, estás devolviéndote a tu Yo.

No puedes «dar» realmente a otro, por el simple motivo de que no hay «otro». Si Todos somos Uno, entonces, sólo estás Tú.

Esto parece a veces un «truco» de la semántica, una forma de cambiar las palabras para alterar su significado.

No es un truco, ¡es magia! No se trata de cambiar las palabras para alterar el significado, sino de cambiar las percepciones para alterar la experiencia.

Tu experiencia de todo se basa en tus percepciones y tu percepción se basa en tu comprensión. Tu comprensión se basa en tus mitos. Esto es, en lo que te han dicho.

Te diré esto: sus mitos culturales actuales no les han servido. No los han llevado adonde dicen que desean ir.

Se están mintiendo a sí mismos acerca de donde dicen que desean ir o están ciegos ante el hecho de que no están yendo hacia allí ni como individuos ni como país ni como especie ni como raza.

¿Otras especies lo están logrando?

Oh, sí, decididamente.

De acuerdo, ya esperé lo suficiente. Háblame sobre ellas.

Pronto, muy pronto. Primero, quiero decirte cómo pueden alterar su invención llamada «matrimonio», para que los acerque más adonde dicen que desean ir.

No lo destruyan, no lo terminen... altérenlo.

Sí, deseo saber sobre eso. Deseo saber si hay *alguna* manera para que a los seres humanos se les permita expresar el amor verdadero. Por lo tanto, termino esta sección de nuestro diálogo donde la inicié. ¿Qué límites colocaremos (algunos opinarían que *debemos)* a esa expresión?

Ninguno. Ningún límite. Eso es lo que sus votos matrimoniales deben establecer.

¡Es sorprendente, porque eso es con exactitud lo que mis votos matrimoniales con Nancy *establecieron*!

Lo sé.

Cuando Nancy y yo decidimos casarnos, de pronto me sentí inspirado para escribir un nuevo conjunto de votos matrimoniales.

Lo sé.

Nancy opinó lo mismo. Estuvo de acuerdo en que no era posible que intercambiáramos los votos «tradicionales» en las bodas.

Lo sé.

Nos sentamos y creamos *nuevos* votos matrimoniales que «desafiaban el imperativo cultural», como podrías expresarlo.

Sí, lo hicieron. Me sentí muy orgulloso.

Mientras los escribíamos, mientras poníamos en el papel los votos para que el ministro los leyera, en verdad creo que ambos estábamos inspirados.

¡Por supuesto que lo estaban!

¿Quieres decir...

¿Piensas que sólo me acerco a ti cuando escribes libros?

¡Vaya!

Sí, ¡vaya!
¿Por qué no escribes aquí esos votos matrimoniales.

¿Huh?

Adelante, tienes una copia de ellos. Escríbelos aquí.

No los creamos para compartirlos con el mundo.

Cuando se inició este diálogo, no pensaste que <u>ninguna</u> parte de éste la compartirías con el mundo.
Adelante, escríbelos.

No deseo que la gente piense que estoy diciendo: «¡Escribimos los Votos Matrimoniales Perfectos!»

¿De pronto te preocupa lo que la gente piense?

Sabes a lo que me refiero.

Nadie dice que éstos son los «Votos Matrimoniales Perfectos».

De acuerdo.

Sólo son los mejores que alguien en tu planeta ha creado.

¡Hey!

Sólo bromeaba. Vamos a alegrarnos un poco.
Adelante. Escribe los votos. Me responsabilizaré de ellos. A la gente le encantarán. Tendrá una idea de lo que hablamos aquí. Quizá incluso desees invitar a otras personas para que hagan estos votos, que en realidad no son «votos», sino Afirmaciones del Matrimonio.

Muy bien. Esto es lo que Nancy y yo nos dijimos mutuamente cuando nos casamos... gracias a la «inspiración» que recibimos:

Ministro:
Neal y Nancy no vinieron aquí esta noche para hacer una promesa solemne o para intercambiar un voto sagrado.

Nancy y Neal vinieron aquí para hacer *público* su amor mutuo; para dar aviso de su verdad; para declarar su decisión de vivir, compartir y crecer juntos, en voz alta y ante su presencia, con el deseo de que todos nosotros sintamos una parte muy real e íntima de su decisión y, así, hacerla aún más poderosa.

También vinieron aquí esta noche con la esperanza de que su ritual de unión nos acerque más a *todos*. Si están aquí esta noche con un cónyuge o una pareja, que esta ceremonia sea un recordatorio, una rededicación de su propio vínculo amoroso.

Todos empezamos haciendo la pregunta: ¿Por qué casarnos? Neale y Nancy respondieron esta pregunta para ellos y me dijeron su respuesta. Ahora deseo preguntarles una vez más, para que puedan estar seguros de su respuesta, seguros de su comprensión y firmes en su compromiso con la verdad que comparten.

(El ministro toma dos rosas rojas de la mesa...)
Ésta es la Ceremonia de las Rosas, en la que Nancy y Neale comparten sus comprensiones y conmemoran ese compartir.

Ahora, Nancy y Neal, ustedes me dijeron que es su comprensión firme que no entran en este matrimonio por razones de seguridad...

... que la única seguridad real no está en tener o poseer, no en ser tenido o poseído...

... no en exigir o esperar y ni siquiera en esperar que lo que piensan que necesitan en la vida se los proporcionará el otro...

... sino más bien, sabiendo que todo lo que necesitan en la vida... todo el amor, toda la sabiduría, toda la perspectiva, todo el poder, todo el conocimiento, toda la comprensión, toda la nutrición, toda la compasión y toda la fortaleza... reside *dentro de ustedes*..

... *y que ninguno de ustedes se casa con el otro con la esperanza de obtener* esas cosas, sino con la esperanza de <u>dar</u> estos regalos, que el otro los tenga con la mayor abundancia.

¿Es ése su acuerdo firme esta noche?

(Ellos respondieron: «Lo es».)

Neale y Nancy, me dijeron que es su decisión firme que no entran en este matrimonio como un medio para en manera alguna limitar, controlar, obstaculizar o restringirse mutuamente de cualquier expresión verdadera y celebración honesta de eso que es lo mejor y lo supremo en su interior, incluyendo su amor a Dios, su amor a la vida, su amor a la gente, su amor a la creatividad, su amor al trabajo o *cualquier* aspecto de su ser que los represente genuinamente y les proporcione alegría. ¿Es ése aún su acuerdo firme esta noche?

(Ellos respondieron: «Lo es».)

Por último, Nancy y Neale, me dijeron que no consideran este matrimonio como algo que produce *obligaciones,* sino como algo que proporciona *oportunidades...*

... oportunidades para crecer, para una Autoexpresión plena, para elevar sus vidas a su potencial más alto, para sanar cualquier pensamiento falso o idea pequeña que hayan tenido sobre ustedes mismos y para la reunión final con Dios a través de la comunión de sus dos almas...

... que es verdaderamente una Comunión Santa... un viaje a través de la vida con alguien que aman como una pareja igual, compartiendo equitativamente la autoridad y las responsabilidades inherentes en cualquier sociedad, soportando con igualdad las cargas que haya, disfrutando con igualdad las glorias.

¿Es ésa la visión a la que desean entrar ahora?

(Ellos respondieron: «Lo es».)

Ahora les entrego estas rosas rojas, que simbolizan su acuerdo individual de estas cosas Terrenales; que ambos conocen y están de acuerdo en cómo será la vida con ustedes en forma corporal y dentro de la estructura física llamada matrimonio. Dense mutuamente estas rosas ahora como un símbolo de que *comparten* estos acuerdos y comprensiones con amor.

Ahora, por favor, cada uno de ustedes tome esta rosa blanca. Es un símbolo de sus acuerdos mayores, de su naturaleza espiritual y de su verdad espiritual. Representa la pureza de su Yo Real y Supremo y la pureza del amor de Dios, que brilla sobre ustedes ahora y siempre.

(El ministro da a Nancy la rosa con el anillo de Neal en el tallo y a Neal la rosa con el anillo de Nancy en el tallo.)

¿Qué símbolos traen como un recordatorio de las promesas hechas y recibidas hoy?

(Cada uno de ellos saca el anillo del tallo y lo entrega al ministro, quien los sostiene en la mano mientras dice...)

Un círculo es el símbolo del Sol y de la Tierra y del universo. Es un símbolo de santidad y de perfección y de paz. Es también el símbolo de la eternidad de la verdad espiritual, del amor y de la vida... la cual no tiene principio ni fin. En este momento, Neale y Nancy eligen que también sea un símbolo de unidad, mas no de posesión; de unidad, mas no de restricción; de circunvalación, mas no de captura. Porque el amor no puede ser poseído, no puede ser restringido. El alma nunca puede estar atrapada.

Ahora, Neale y Nancy, por favor tomen estos anillos que desean darse mutuamente.

(Ellos toman el anillo de la pareja.)

Neale, por favor repite después de mí:

Yo, Neale... te pido a ti, Nancy... que seas mi pareja, mi amante, mi amiga y mi esposa... anuncio y declaro mi intención de darte mi amistad y mi amor más profundos... no sólo cuando tus momentos sean elevados... sino también cuando sean bajos... no sólo cuando recuerdes con claridad Quién Eres... sino también cuando lo olvides... no sólo cuando actúes con amor... sino también cuando no lo hagas... asimismo anuncio... ante Dios y ante las personas aquí presentes... que siempre trataré de ver la Luz de la Divinidad dentro de ti... y siempre trataré de compartir... la Luz de la Divinidad dentro de mí... incluso y *especialmente*... en cualquier momento de oscuridad que pueda presentarse.

Es mi intención estar contigo siempre... en una Sociedad Santa del Alma... que podamos hacer juntos el trabajo de Dios... compartiendo todo lo que es bueno en nuestro interior... con todos aquellos cuyas vidas toquemos.

(El ministro se vuelve hacia Nancy.)
¿Nancy, eliges aceptar la petición de Neal de ser su esposa?
(Ella responde: «Lo elijo».)
Ahora Nancy, por favor repite después de mí:
Yo, Nancy... te pido a ti, Neale... *(hace el mismo voto). (El Ministro se vuelve hacia Neale.)*

Neale, ¿eliges conceder la petición de Nancy de que seas su esposo?
(Él responde: «Sí».)

Entonces, por favor, ambos tomen los anillos que se darán mutuamente y repitan después de mí: con este anillo... yo te esposo... Tomo ahora el anillo que me das... *(intercambian anillos)...* y lo coloco en mi mano... *(colocan los anillos en sus manos)...* para que todos vean y conozcan... mi amor por ti.

(El ministro termina...)

Reconocemos con conocimiento total que sólo una pareja puede administrarse mutuamente el sacramento del matrimonio y que sólo una pareja puede santificarlo. Ni mi iglesia ni ningún poder que me haya investido el Estado puede concederme la autoridad para declarar lo que sólo dos corazones pueden declarar y lo que sólo dos almas pueden hacer real.

Ahora, que *tú*, Nancy, y *tú*, Neal, han anunciado las verdades que ya están escritas en sus corazones y que han atestiguado esto en presencia de sus amigos y del Espíritu Viviente, observamos con alegría que *ustedes* declararon ser... marido y mujer.

Unámonos ahora en oración.

Espíritu del Amor y la Vida: fuera de todo este mundo, dos almas se encontraron mutuamente. Sus destinos ahora formarán un diseño y sus peligros y sus alegrías no se separarán.

Neale y Nancy, que su hogar sea un lugar de felicidad para todo el que allí entre; un lugar donde el viejo y el joven se renueven en compañía mutua, un lugar para crecer y un lugar para compartir, un lugar para la música y un lugar para la risa, un lugar para la oración y un lugar para el amor.

Que aquellos que están más cerca de ustedes se enriquezcan constantemente con la belleza y la gracia de su amor mutuo, que su trabajo sea una alegría en su vida y que sirva al mundo; que sus días sean buenos y largos en la Tierra.

Amén y Amén.

Me conmueve eso. Me siento muy honrado y, bendecido por haber encontrado a alguien en mi vida que puede decir esas palabras conmigo. Querido Dios, gracias por enviarme a Nancy.

Tú eres un regalo para ella también, lo sabes.

Eso espero.

Confía en Mí.

¿Sabes lo que deseo?

No. ¿Qué?

Deseo que toda la gente pudiera hacer esas Afirmaciones Matrimoniales. Deseo que la gente pudiera recortarlas o copiarlas y utilizarlas en *su* boda. Puedo apostar que la tasa de divorcios disminuiría.

A algunas personas se les dificultaría mucho decir esas cosas y también se les dificultaría cumplirlas.

¡Sólo espero que *nosotros* podamos permanecer fieles a ellas! El problema al escribir esas palabras aquí es que ahora tenemos que vivir de acuerdo con ellas.

¿No planeaban vivir de acuerdo con ellas?

Por supuesto que sí, pero somos humanos, como cualquier otra persona. Sin embargo, si ahora fracasamos, si fallamos, si algo sucediera a nuestra relación o si alguna vez eligiéramos *terminarla* en su forma actual, mucha gente se desilusionaría.

Tonterías. Sabrán que están siendo verdaderos con ustedes mismos; sabrán que hicieron una elección posterior, una nueva elección. Recuerda lo que te dije en el Libro 1. *No confundas la duración de tu relación con su calidad. No eres un icono, como tampoco lo es Nancy y nadie debe colocarte allí ni tampoco tú debes hacerlo. Sólo sé humano, sólo sé plenamente humano. Si posteriormente, Nancy y tú sienten que desean reformar su relación de una manera diferente, tienen el perfecto derecho de hacerlo. Ése es el punto de todo este diálogo.*

¡Y es el punto de las afirmaciones que hicimos!

Exactamente. Me da gusto que lo comprendas.

¡Sí, me *gustan* estas Afirmaciones Matrimoniales y me da gusto haberlas incluido! Es una nueva forma maravillosa para iniciar una vida juntos. Ya no se pide a la mujer que prometa «amar, honrar y obedecer». Eran hombres con pretensiones de superioridad, engreídos e interesados los que exigían eso.

Por supuesto, tienes razón.

Era aún más pretencioso e interesado que los hombres aseguraran que tal prominencia masculina estaba *ordenada por Dios.*

Una vez más, tienes razón. Nunca ordené tal cosa.

Al fin, palabras matrimoniales realmente inspiradas por Dios. Palabras que hacen que *nadie* sea un esclavo o una propiedad personal. Palabras que hablan de la verdad del amor. ¡Palabras que no ponen limitaciones, sino que sólo prometen libertad! Palabras ante las cuales todos los corazones pueden *ser fieles.*

Hay personas que dirán: «¡Por supuesto, cualquiera puede cumplir votos que no le piden nada!» ¿Qué dirás a eso?

Diré: «Es mucho más difícil liberar a alguien que controlarlo. Cuando se controla a alguien se obtiene lo que *se* desea. Cuando das libertad a alguien, esa persona obtiene lo que *ella* desea».

Hablarás sabiamente.

¡Tengo una idea maravillosa! Creo que deberíamos editar un pequeño folleto con esas Afirmaciones Matrimoniales, una especie de libro pequeño de oración, para que las personas las empleen el día de su boda.

¡Podría ser un libro pequeño y contendría no sólo esas palabras, sino toda la ceremonia y observaciones clave sobre el amor y la relación, de los tres libros de este diálogo, así como algunas oraciones especiales y meditaciones sobre el matrimonio, que, según parece, Tú *no* estás en contra de eso!

Me siento muy feliz, porque por un momento me pareció como si Tú estuvieras «contra el matrimonio».

¿Cómo podría estar contra el matrimonio? <u>Todos</u> estamos casados. Estamos casados uno con otro... ahora y por siempre. Estamos unidos. Somos Uno. Nuestra es la mayor ceremonia matrimonial que haya habido. Mi voto para ustedes es el voto más grande que se ha hecho. Los amaré eternamente y los libraré de todo. Mi amor nunca los atará en forma alguna y debido a esto, están «unidos» para amarme, porque la libertad de Ser Quienes Son es su mayor deseo y Mi regalo más grande.

¿Ahora me tomas como tu pareja de boda legal y cocreador, de acuerdo con las leyes supremas del universo?

Sí.

¿*Y Tú me* tomas como Tu pareja y cocreador?

Sí y siempre lo haré. Ahora y por toda la eternidad somos Uno. Amén. Y amén.

14

Estoy lleno de admiración y reverencia al leer estas palabras. Gracias por estar aquí conmigo de esta manera. Gracias por estar aquí con todos nosotros. Millones han leído las palabras en estos diálogos y millones más las leerán. Nos sentimos sumamente apreciados por Tu llegada a nuestros corazones.

Mis seres queridos, siempre he estado en sus corazones. Me da gusto que ahora puedan en verdad sentirme allí.

Siempre he estado con ustedes. Nunca los he dejado. Soy ustedes y ustedes son Yo y nunca estaremos separados, jamás, porque eso no es posible.

¡Espera un momento! Parece como si ya lo hubiera experimentado esto. ¿Acaso no pronunciamos todas estas palabras anteriormente?

¡Por supuesto! Lee el principio del capítulo 12. Sólo que ahora significan más de lo que significaron la primera vez.

¿No sería bueno si lo de *déjà vu* fuera real y que en ocasiones verdaderamente experimentáramos algo «una vez más», para que podamos obtener más significado de eso?

¿Qué piensas?

¡Pienso que eso es *exactamente* lo que a veces sucede!

A no ser que no sea así.

¡A no ser que no sea así!

Bien. ¡Bravo de nuevo! Te mueves con rapidez, con tanta rapidez hacia nuevas comprensiones masivas, que se torna alarmante.

Sí, ¿no es así? Tengo algo importante que necesito discutir Contigo.

Sí, lo sé. Adelante.

¿Cuándo se une el alma con el cuerpo?

¿Cuándo piensas que lo hace?

Cuando elige hacerlo.

Bien.

Sin embargo, la gente desea una respuesta más definitiva. Desea saber cuándo empieza la vida, como la conocemos.

Comprendo.

¿Cuál es la señal? ¿Es cuando el cuerpo sale de la matriz, el nacimiento físico? ¿Es el momento de la concepción, la unión física de los elementos de la vida física?

La vida no tiene principio, porque la vida no tiene final. La vida simplemente se extiende; crea nuevas formas.

Debe ser como ese material viscoso de esas lámparas de lava caliente que fueron tan populares en los años sesenta. Las gotitas formaban pelotas grandes, suaves y redondas en el fondo y luego se elevaban con el calor, separándose y formando nuevas gotitas, que tomaban forma al elevarse, reuniéndose cada una en la parte superior y cayendo juntas para formar incluso gotas más grandes, para empezar todo de nuevo. Nunca había ninguna gota «nueva» en el tubo. Todo era el *mismo material* que se reformaba a sí mismo en lo que «parecía» un *material nuevo y diferente*. Las variedades no tenían fin y resultaba fascinante observar el proceso que se desarrollaba una y otra vez.

Ésa es una gran metáfora. Así es con las almas. El Alma Uno, que es realmente Todo Lo Que Hay, se reforma en partes cada vez más pequeñas de sí misma. Todas las «partes» estaban allí al principio. No hay partes «nuevas», sino simplemente porciones de Todo Lo Que Siempre Estuvo, reformándose en lo que «parecen» partes nuevas y diferentes.

Hay una brillante canción pop, escrita e interpretada por Joan Osborne, que pregunta: «¿Y si Dios fuera uno de nosotros? ¿Sólo un sujeto como uno de nosotros?» Tendré que pedirle que cambie la letra a «¿Y si Dios fuera uno de nosotros? ¿Sólo una gotita como uno de nosotros?»

¡Ah! Eso es muy bueno. Sabes, su canción era brillante. Impresionó mucho a la gente en todas partes. La gente no podía soportar el pensamiento de que Yo no fuera mejor que uno de ellos.

Esa reacción es un comentario interesante, no tanto sobre Dios, sino sobre la raza humana. Si lo consideramos una blasfemia comparar a Dios con uno de nosotros, ¿qué dice eso sobre nosotros?

¿Qué cosa realmente?

Sin embargo, Tú *eres* «uno de nosotros». Eso es exactamente lo que estás diciendo aquí. Por lo tanto, Joan tenía razón.

Por supuesto que la tenía. Tenía toda la razón.

Quiero regresar a mi pregunta. ¿Puedes decirnos algo respecto a cuándo se inicia la vida como la conocemos? ¿En qué momento entra el alma en el cuerpo?

El alma no entra en el cuerpo. El cuerpo es envuelto por el alma. ¿Recuerdas lo que dije antes? El cuerpo no alberga al alma. Es todo lo contrario.
Todo está siempre vivo. No existen los «muertos». No hay tal estado de ser.
Eso Que Siempre Está Vivo simplemente toma una nueva forma, una nueva forma física. Esa forma cambia con la energía viviente, la energía de la vida, siempre.

La vida (si llamas vida a la energía que soy Yo) está siempre allí. Nunca no está allí. La vida nunca termina, entonces, ¿cómo puede haber un momento cuando la vida empiece?

Ayúdame con esto. Sabes lo que trato de decir.

¡Sí, lo sé! Quieres que entre al debate del aborto.

¡Sí, eso quiero! Tengo a Dios aquí y tengo la oportunidad de hacer la pregunta monumental. ¿Cuándo empieza la vida?

La respuesta es tan monumental, que no puedes escucharla.

Pruébame de nuevo.

Nunca empieza. La vida nunca «empieza», porque la vida nunca termina. Quieres entrar en tecnicismos biológicos, para que puedas hacer una «regla» basado en lo que deseas llamar la «ley de Dios», acerca de cómo debe comportarse la gente, para después castigarla, si no se comporta de esa manera.

¿Qué hay de malo en eso? Eso nos permitiría matar a los médicos en los estacionamientos de las clínicas con impunidad.

Sí, comprendo. Me han utilizado y, también, lo que declararon que son Mis leyes, como justificación para toda clase de cosas a través de los años.

¡Oh, vamos! ¡Por qué no dices que terminar con un embarazo es asesinato!

No pueden matar a nadie ni a nada.

No. ¡Sin embargo, podemos terminar con su «individualidad»! y en nuestro idioma, eso es *matar*.

No pueden detener el proceso en el que una parte de Mí se expresa individualmente de cierta manera, sin que esté de acuerdo la parte de Mí que se está expresando de esa manera.

¿Qué? ¿Qué estás diciendo?

Estoy diciendo que nada sucede en contra de la voluntad de Dios.

La vida y todo lo que está ocurriendo es una expresión de la voluntad de Dios (comprende esto como tu voluntad manifestada).

En este diálogo he dicho que tu voluntad es Mi voluntad. Esto es porque sólo hay Uno de Nosotros.

La vida es voluntad del Dios, expresándose perfectamente. Si algo estuviera sucediendo contra la voluntad de Dios, esto no podría suceder. Por la definición de Quién y Qué Es Dios, esto no podría suceder. ¿Crees que de alguna manera, un alma puede decidir algo por otra? ¿Crees que, como individuos, pueden afectarse mutuamente en formas en las que el otro no desea ser afectado? Esa creencia tendría que estar basada en la idea de que están separados uno de otro.

¿Crees que puedes afectar la vida, de una manera en la que Dios no desea que resulte afectada? Dicha creencia tendría que basarse en la idea de que tú estás separado de Mí.

Ambas ideas son falsas.

Es sumamente arrogante que creas que puedes afectar el universo de una manera en la que el universo no está de acuerdo.

Estás tratando aquí con fuerzas poderosas y algunos de ustedes creen que son más poderosos que la fuerza más poderosa. Sin embargo, no lo son. Tampoco son menos poderosos que la fuerza más poderosa.

Ustedes son la fuerza más poderosa. Ni más ni menos. ¡Permitan que la fuerza esté con ustedes!

¿Estás diciendo que no puedo matar a nadie sin su consentimiento? ¿Estás diciéndome, en un nivel elevado, que a todos los que han matado, es porque ellos han estado de *acuerdo en que los maten*?

Estás mirando y pensando las cosas en términos terrenales y nada de esto tendrá sentido para ti.

No puedo *evitar* pensar en «términos terrenales». ¡Estoy *aquí, en este momento*, en la Tierra!

Te diré esto: estás «en este mundo, mas no eres de él».

¿Entonces, mi realidad terrrenal no es ninguna realidad?

¿En realidad pensaste que lo era?

No lo sé.

¿Nunca has pensado, «que algo más grande está sucediendo aquí»?

Sí, por supuesto que lo he pensado.

Esto es lo que está sucediendo. Te lo estoy explicando.

Ya comprendí. ¡Entonces, supongo que ahora puedo salir y matar a cualquiera, porque no lo haría si esa persona no estuviera de acuerdo!

En realidad, la raza humana actúa de esa manera. Es interesante que estén teniendo tantos problemas con esto; sin embargo, dan vueltas al asunto, actuando como si de cualquier manera fuera verdad.

Peor aún, están matando gente contra su voluntad, ¡como si eso no importara!

¡Por supuesto que importa! Es sólo que lo que nosotros deseamos importa *más*. ¿No lo comprendes? En el momento en que nosotros, los seres humanos, matamos a alguien, no estamos diciendo que el que lo hayamos hecho no importa. Sería indiferente pensar así. Es sólo que lo que *nosotros* deseamos importa *más*.

Comprendo. Entonces, es más fácil para ustedes aceptar que está bien matar a otras personas contra su voluntad. Pueden hacer esto con impunidad. Lo hacen porque es la voluntad de esas personas la que consideran que está mal.

Nunca dije eso. No es así como piensan los seres humanos.

¿No lo es? Permite que te muestre lo hipócritas que son algunos de ustedes. Dicen que es correcto matar a alguien contra su voluntad, siempre que ustedes tengan un motivo bueno y suficiente para desear que mueran, como en la guerra, por ejemplo, o una ejecución (o un médico en el estacionamiento de una clínica dedicada al aborto). Sin embargo, si la otra persona considera que tiene un motivo bueno y suficiente para desear

231

morir, ustedes no la ayudan a morir. Eso sería «suicidio asistido» ¡y eso estaría mal!

Te estás burlando de mí.

No, tú te estás burlando de Mí. Estás diciendo que yo condonaría que mataran a alguien en contra de su voluntad y que Yo condenaría que mataran a alguien de acuerdo con su voluntad.
Esto es una locura.
Sin embargo, no sólo no ven la locura de esto, sino que aseguran que aquellos que señalan la locura son los que están locos. Ustedes son los que tienen la razón y ellos sólo buscan dificultades.
Ésta es la clase de lógica torturada en la cual construyen vidas enteras y teologías completas.

Nunca lo he visto de esa manera.

Te digo esto: ha llegado el momento en que vean las cosas de una manera diferente. Éste es el momento de su renacimiento, como individuos y como sociedad. Deben volver a crear su mundo ahora, antes de que lo destruyan con sus locuras.
Ahora, escúchame.
Todos Somos Uno.
Sólo hay Uno de Nosotros.
No están separados de Mí y no están separados uno del otro.
Todo lo que Nosotros estamos haciendo, lo hacemos de acuerdo mutuo. Nuestra realidad es una realidad cocreada. Si dan fin a un embarazo Nosotros terminamos el embarazo. Su voluntad es Mi voluntad.
Ningún aspecto individual de la Divinidad tiene poder sobre ningún otro aspecto de dicha Divinidad. No es posible que un alma afecte a otra en contra de su voluntad. No hay víctimas y no hay villanos.
No pueden comprender esto desde su perspectiva limitada; sin embargo, les digo que es así.
Sólo hay un motivo para ser, hacer o tener cualquier cosa, como una afirmación directa de Quiénes Somos. Si, Quiénes Son, como individuos y como sociedad, es quien eligen y desean ser, no hay motivo para cambiar nada. Si, por otra parte, consideran que los espera una experiencia superior, una expresión de la Divinidad incluso mayor de la que se manifiesta actualmente, entonces, muévanse hacia esa verdad.

Puesto que todos Nosotros estamos cocreando, Nos puede servir hacer lo que podamos para mostrar a los demás el camino que algunos de Nosotros deseamos seguir. Puedes ser un mostrador del camino, demostrando la vida que te gustaría crear e invitando a los demás a seguir tu ejemplo. Incluso podrías decir: «Yo soy la vida y el camino. Síganme». Sin embargo, ten cuidado. Han crucificado a algunas personas por hacer tales afirmaciones.

Gracias. Prestaré atención a la advertencia. Trataré de no llamar la atención.

Puedo ver que estás haciendo verdaderamente un buen trabajo con esto.

Cuando decimos que sostenemos una conversación con Dios, no es fácil pasar desapercibidos.

Como lo han descubierto otros.

Lo cual podría ser un buen motivo para mantener la boca cerrada.

Ya es un poco tarde para eso.

Bueno, ¿de quién es la culpa?

Sé a lo que te refieres.

Está bien. Te perdono.

¿Me perdonas?

Sí.

¿Cómo puedes perdonarme?

Porque puedo comprender por qué lo hiciste. Comprendo por qué viniste a mí e iniciaste este diálogo. Cuando comprendo por qué se hizo algo, puedo perdonar todas las complicaciones que eso haya causado o creado.

Hmmm... Eso es interesante. Para que pudieras pensar que Dios es tan magnificente como tú.

Estoy conmovido.

Tienes una relación poco usual conmigo. De alguna manera, piensas que nunca podrías ser tan magnificente como Yo y, en otra forma, piensas que Yo no puedo ser tan magnificente como tú.
¿No te parece interesante eso?

Fascinante.

Eso es porque piensas que nosotros estamos separados. No imaginarías esto, si pensaras que Nosotros somos Uno.
Ésta es la principal diferencia entre tu cultura (que es una cultura «bebé», realmente, una cultura primitiva) y las culturas sumamente evolucionadas del universo. La diferencia más significativa es que en las culturas más evolucionabas, todos los seres sensibles comprenden con claridad que no hay separación entre ellos y lo que ustedes llaman «Dios».
También comprenden con claridad que no existe separación entre ellos y los demás. Saben que cada uno de ellos está teniendo una experiencia individual de la Unidad.

Ahora vas a hablar sobre las sociedades muy evolucionadas del universo. Lo he estado esperando.

Sí, creo que ya es tiempo de que exploremos eso.

No obstante, antes de que lo hagamos, debo tratar de nuevo por última vez el tema del aborto. Aquí no estás diciendo que, debido a que nada puede sucederle al alma humana en contra de su voluntad, es correcto matar a la gente, ¿no es así? No estás aprobando el aborto o dándonos una «salida» sobre este tema, ¿no es así?

No apruebo ni condeno el aborto, no apruebo ni condeno la guerra.
La gente de todos los países piensa que apruebo la guerra que están peleando y que condeno la guerra que su oponente está luchando. La gente de cada país cree que tienen a «Dios de su lado». Cada causa asume lo mismo. En realidad, cada persona siente lo mismo o, al menos,

espera que sea verdad siempre que se toma una decisión o se hace una elección.

¿Sabes por qué todas las criaturas creen que Dios está de su lado? *Porque lo estoy.* Todas las criaturas lo saben por intuición.

Ésta es sólo otra forma de decir, «Su deseo para ustedes es Mi deseo para ustedes». Ésa es otra forma de decir que a todos les di <u>libre albedrío</u>.

No existe el libre albedrío, si para ejercitarlo en cierta forma produce castigo. Eso es como una burla del libre albedrío y lo hace falso.

Por lo tanto, respecto al aborto y a la guerra, a comprar un coche o a casarse con cierta persona, a tener sexo y a no tenerlo, «a cumplir con su deber» o a no «cumplir con su deber» no existe lo correcto ni lo incorrecto. No tengo preferencias en el asunto.

Todos ustedes están en el proceso de definirse a sí mismos. Cada acto es un acto de autodefinición.

Si están contentos con la forma en que se crearon a sí mismos, si eso les sirve, continuarán haciéndolo de esa manera. Si no, se detendrán. Esto se llama evolución.

El proceso es lento, porque, al evolucionar, continúan cambiando sus ideas acerca de lo que realmente les sirve; continúan cambiando sus conceptos de «placer».

Recuerda lo que dije anteriormente. Puedes saber qué tanto ha evolucionado una persona o una sociedad mediante lo que ese ser o sociedad llama «placer». Añadiré aquí, lo que declara que les sirve.

Si les sirve ir a la guerra y matar o otros seres, lo harán. Si les sirve dar fin a un embarazo, lo harán. Lo único que cambia mientras evolucionan es su idea de lo que les sirve. Esto se basa en lo que piensan que están tratando de hacer.

Si están tratando de ir a Seattle, no les servirá dirigirse hacia San José. No es «moralmente malo» ir a San José, sino que simplemente, no les sirve.

Por lo tanto, la pregunta sobre lo que están tratando de hacer se convierte en un asunto de <u>importancia primordial</u>. No sólo en su vida general, sino también en cada <u>momento</u> de su vida específicamente; porque es en los <u>momentos de la vida</u> cuando se crea la vida en sí.

Todo esto se cubrió con gran detalle al inicio de nuestro diálogo sagrado que has llamado <u>Libro 1</u>. Lo repito aquí porque parece que necesitas un recordatorio, de lo contrario, nunca me hubieras hecho esa pregunta sobre el aborto.

Cuando se preparan para tener un aborto o cuando se preparan para fumar un cigarro o cuando se preparan para freír y comer a un animal y *cuando se preparan para aniquilar a un hombre, sin importar si el asunto es grande o pequeño, sin importar si la decisión es mayor o menor, sólo hay una pregunta que se debe considerar: ¿es esto quien soy realmente? ¿Es esto quien elijo ser ahora?*

Comprende esto: <u>ningún asunto no tiene consecuencia</u>. Todo tiene una consecuencia. La consecuencia es quién y qué eres.

Estás en el acto de definir tu Yo en este momento.

Ésa es tu respuesta a la pregunta sobre el aborto. Ésa es tu respuesta a tu pregunta sobre la guerra. Ésa es tu respuesta a la pregunta respecto a fumar y comer carne y a <u>toda pregunta sobre el comportamiento que hayas tenido</u>.

Todo acto es un acto de autodefinición. Todo lo que piensas, dices y haces declara: «Esto es Quien Soy».

15

Mis queridos hijos, deseo decirles que este asunto de Quiénes Son y Quiénes Eligen Ser, es de gran importancia. No sólo porque establece el nivel de su experiencia, sino porque crea la naturaleza de la Mía.

Durante toda su vida les han dicho que Dios los creó. Ahora vengo a decirles esto: ustedes están creando a Dios.

Esto es un nuevo arreglo masivo de su comprensión. Sin embargo, es algo necesario, si van a desempeñar el trabajo verdadero por el cual vinieron.

Es un trabajo sagrado el que haremos, ustedes y Yo. Caminamos sobre tierra sagrada.

Esto es El Camino.

En cada momento, Dios se expresa a Sí Mismo en, como y a través de ustedes. Ustedes siempre pueden elegir cómo será creado Dios y Él nunca les quitará esa elección ni los castigará por hacer la elección «errónea». No obstante, no están sin guía respecto a estos asuntos ni nunca lo estarán. En su interior cuentan con un sistema de guía que les muestra el camino a casa. Ésa es la voz que les habla siempre sobre su elección más elevada, que coloca ante ustedes su visión más grandiosa. Lo único que necesitan hacer es escuchar esa voz y no abandonar la visión.

A través de su historia, les he enviado maestros. Durante cada día y cada época, Mis mensajeros les han llevado noticias agradables de gran alegría.

Se escribieron las Sagradas Escrituras y se han vivido vidas santas, para que pudieran conocer esta verdad eterna: Ustedes y Yo somos Uno.

Una vez más les envié escrituras; tienen una en las manos. Una vez más les envié mensajeros, que tratan de llevarles la Palabra de Dios.

¿Escucharán estas palabras? ¿Escucharán a estos mensajeros? ¿Se convertirán en uno de ellos?

Ésa es la gran pregunta. Ésa es la gran invitación. Ésa es la decisión gloriosa. El mundo espera su anuncio y harán ese anuncio con su vida, vivida.

La raza humana no tiene oportunidad de elevarse de sus pensamientos más bajos, hasta que ustedes se eleven hacia sus ideas más elevadas.

Esas ideas, expresadas a través de ustedes, como ustedes, crearán la plantilla, arreglarán el escenario, servirán como modelo para el nivel siguiente de la experiencia humana.

Ustedes son la vida y el camino. El mundo los seguirá. No tienen elección respecto a este asunto. Es el único asunto sobre el que no tienen libre albedrío. Simplemente es El Camino Que Es. Su mundo seguirá su idea respecto a ustedes mismos. Siempre la ha seguido, siempre la seguirá. Primero es su pensamiento respecto a ustedes mismos; luego sigue el mundo exterior de manifestación física.

Lo que piensen, lo crean. Lo que crean, en eso se convierte. En lo que se convierten, lo expresan. Lo que expresan, lo experimentan. Lo que experimentan, lo son. Lo que son, lo piensan.

El círculo está completo.

El trabajo sagrado que llevan a cabo acaba de empezar en realidad, porque, ahora, al fin comprenden lo que están haciendo.

Son ustedes los que se han obligado a saber esto, son ustedes los que han hecho que les interese. Ahora les importa más que antes Quiénes Son Realmente, porque ahora al fin, ven toda la imagen.

Quienes son ustedes, lo soy Yo.

Están definiendo a Dios.

Les envié una parte bendita de Mí en forma física y ahora puedo conocerme experimentalmente como Me conozco conceptualmente. La vida existe como una herramienta para que Dios cambie el concepto en experiencia. Existe para que ustedes hagan lo mismo; porque ustedes son Dios haciendo esto.

Elijo crearme de nuevo en cada momento. Elijo experimentar la versión más grandiosa de la visión más grande que haya tenido Acerca de Quién Soy. Los he creado, para que ustedes pudieran volver a crearme. Ésta es Nuestra obra sagrada. Ésta es Nuestra mayor alegría. Ésta es Nuestra verdadera razón de ser.

16

Estoy lleno de admiración y reverencia al leer estas palabras. Gracias por estar aquí conmigo de esta manera. Gracias por estar aquí con todos nosotros.

Bienvenido. <u>Gracias</u> por estar aquí <u>Conmigo</u>.

Me quedan por hacer algunas preguntas, algunas tienen que ver con esos «seres evolucionados» y luego, me permitiré terminar este diálogo.

Mi amado hermano, <u>nunca</u> terminarás este diálogo, nunca tendrás que terminarlo. Tu conversación con Dios continuará eternamente. Ahora que la sostienes en forma activa, esta conversación pronto conducirá hacia la amistad. Todas las buenas conversaciones finalmente conducen hacia la amistad y pronto tu conversación con Dios producirá una <u>Amistad con Dios</u>.

Así lo siento. Siento que en realidad nos estamos haciendo *amigos*.

Como sucede en todas las relaciones, esa amistad, si se nutre, despierta y se le permite crecer, producirá, al menos, una sensación de comunión. Sentirás y experimentarás que tu Yo está en Comunión con Dios.
Ésa será una Comunión Sagrada, porque entonces Nosotros hablaremos como Uno.

Entonces, ¿este diálogo continuará?

Sí, siempre.

¿No tendré que despedirme al final de este libro?

Nunca tienes que decir adiós, sólo tienes que decir hola.

Eres maravilloso, ¿lo sabes? Eres simplemente maravilloso.

También lo eres tú, hijo Mío, también lo eres tú.
Al igual que todos Mis hijos, en todas partes.

¿Tienes hijos «en todas partes»?

Por supuesto.

Quiero decir literalmente en todas partes. ¿Hay vida en otros planetas? ¿Están Tus hijos en otra parte del universo?

Una vez más, por supuesto.

¿Esas civilizaciones son más avanzadas?

Sí, algunas.

¿En qué forma?

En todas formas: tecnológicamente, políticamente, socialmente, espiritualmente. Físicamente y psicológicamente.
Por ejemplo, su inclinación e insistencia por las comparaciones y su necesidad constante de caracterizar algo como «mejor» o «peor», «superior» o «inferior», «bueno» o «malo» demuestra lo mucho que han caído en la dualidad, qué tan profundo se han sumergido en el separatismo.

¿La civilizaciones más avanzadas no observan estas características? ¿Qué quieres decir con dualidad?

El nivel de avance de una sociedad se refleja inevitablemente en el grado de su pensamiento de dualidad. La evolución social se demuestra mediante el movimiento hacia la unidad, no hacia el separatismo.

¿Por qué? ¿Por qué la unidad de un criterio?

Porque la unidad es la verdad. La separación es la ilusión. Mientras una sociedad se considere separada (una serie o colección de unidades separadas) vive en la ilusión.

Toda la vida en su planeta se construye en el separatismo; se basa en la dualidad.

Imaginan que son familias o clanes separados, reunidos en vecindarios o estados separados, reunidos en naciones o países separados, formando un mundo o planeta separado.

Imaginan que su mundo es el único mundo habitado en el universo. Imaginan que su país es la mejor nación en la Tierra. Imaginan que su estado es el mejor estado en el país y que su familia es la más maravillosa en el estado.

Finalmente, piensan que <u>ustedes</u> son mejores que cualquier otra persona en su familia.

Oh, aseguran que <u>no</u> piensan nada de esto; sin embargo, <u>actúan como si lo pensaran</u>.

Sus verdaderos pensamientos se reflejan cada día en sus decisiones sociales, en sus conclusiones políticas, en su determinaciones religiosas, en sus decisiones económicas y en sus elecciones individuales de todo, desde la amistad, hasta los sistemas de creencias y su misma relación con Dios. Eso es, Conmigo.

Se sienten tan separados de Mí, que imaginan que ni siquiera les hablo. Por lo tanto, requieren negar la veracidad de su propia experiencia. Experimentan que ustedes y Yo somos Uno, mas se niegan a <u>creerlo</u>. Así, no sólo están separados uno del otro, sino que también lo están de su propia verdad.

¿Cómo puede una persona estar separada de su propia verdad?

Ignorándola. Viéndola y negándola o cambiándola, retorciéndola, contorsionándola para que encaje en la noción preconcebida que tienen acerca de lo que deben ser.

Tomemos la pregunta con que iniciaste esto. Preguntaste: «¿Hay vida en otros planetas?» Yo respondí: «Por supuesto». Dije: «Por supuesto», porque la evidencia es muy obvia. Es tan obvia que me sorprende que hayas hecho la pregunta.

Así es como una persona puede estar «separada de su propia verdad»: mirando la verdad tan cerca de los ojos, que no puede dejar de notarla y, después, negando lo que ve.

Aquí, el mecanismo es la negación. La negación es más insidiosa cuando es autonegación.

Han pasado una vida negando Quiénes Son Realmente.

Ya sería bastante triste que limitaran sus negaciones de cosas menos personales, como su disminución de la capa de ozono, la deforestación con árboles de muchos años, su tratamiento horrible a la juventud. Sin embargo, no se contentan con negar todo lo que ven a su alrededor. No descansan hasta que niegan todo lo que ven en su interior.

Ven bondad y compasión en su interior; no obstante, la niegan. Ven sabiduría en su interior, sin embargo, la niegan. Ven posibilidad infinita en su interior; empero, la niegan. Ven y experimentan a Dios en su interior; no obstante, lo niegan.

Niegan que Yo estoy dentro de ustedes, que Yo soy ustedes y con esto, Me niegan Mi lugar correcto y obvio.

Yo no te he negado y no Te niego.

¿Admites que Tú eres Dios?

Bueno, yo no diría *eso...*

Exactamente. Te diré esto: «Antes de que cante el gallo, Me habrás negado tres veces».

Con tus pensamientos, Me negarás.

Con tus palabras, Me negarás.

Con tus acciones, Me negarás.

En tu corazón sabes que estoy contigo, en ti; que Nosotros somos Uno. Sin embargo, Me niegas.

Algunos de ustedes dicen que existo, mas lejos de ustedes. Por allí, en alguna parte. Mientras más lejos se imaginan que estoy, más se alejan de su propia verdad.

Al igual que sucede con muchas otras cosas en la vida (desde la disminución de sus recursos naturales de su planeta, hasta el abuso de los niños en muchos de sus hogares) lo ven, pero no lo creen.

¿Por qué? *¿Por qué?* ¿Por qué lo vemos y, sin embargo, no lo creemos?

Porque están demasiado atrapados en la ilusión, están tan sumergidos en la ilusión, que no pueden dejarla atrás. En realidad, no deben permitir que continúe la ilusión. Ésta es la Dicotomía Divina.

Deben negarme, si desean continuar tratando de convertirse en Mí. Eso es lo que desean hacer. No obstante, no pueden convertirse en lo que ya son. Por lo tanto, la negación es importante. Es una herramienta útil.

Hasta que ya no lo sea.

El maestro sabe que la negación es para aquellos que eligen tener la ilusión de continuar. La aceptación es para aquellos que eligen ahora que termine la ilusión.

Aceptación, proclamación, demostración. Éstos son los *tres pasos* hacia Dios. La aceptación de Quién y Qué Son Realmente. La proclamación de esto para que todo el mundo lo oiga y la demostración en todas las formas.

La demostración siempre sigue a la autoproclamación. *Demostrarán* que su Yo es Dios, como demuestran ahora lo que piensan de su Yo. Toda su vida es una demostración de eso.

Sin embargo, con esta demostración llegará su mayor desafío, porque en el momento en que dejen de negar a su Yo, otros los negarán.

En el momento en que proclamen su Unidad con Dios, otros proclamarán su sociedad con Satanás.

En el momento en que digan la verdad suprema, otros dirán que dicen la peor blasfemia.

Como sucede con todos los maestros que amablemente demuestran su maestría, ustedes serán adorados e injuriados, elevados y denigrados, honrados y crucificados, porque mientras que para ustedes habrá terminado el ciclo, aquellos que todavía viven en la ilusión no sabrán que pensar de ustedes.

¿Qué me sucederá? No comprendo, estoy confundido. Pensé que habías dicho una y otra vez que la ilusión debe continuar, que el «juego» debe continuar, para que existe el «juego».

Sí, eso dije. Así es. El juego continúa, porque si uno o dos de ustedes termina el ciclo de ilusión, eso no termina el juego, no para ti ni para los otros jugadores.

El juego no terminará hasta que Todo en Todo llegue a ser Uno de nuevo. Aún entonces no habrá terminado, porque en el momento de la reunión divina, Todo con Todo, la dicha será tan magnífica y tan intensa, que Yo-Nosotros-Ustedes literalmente reventarán de gusto, explotarán de alegría y el ciclo empezará de nuevo.

Nunca terminará, hijo Mío. El juego *nunca* terminará, porque el juego es la vida en sí y la vida es Quiénes Somos.

¿Qué le sucede al elemento individual o «Parte del Todo» como Tú le llamas, qué se eleva hasta la maestría, qué logra todo el conocimiento?

Ese maestro sabe que sólo su parte del ciclo se completó. Sabe que sólo su experiencia de la ilusión terminó.

Ahora el maestro ríe, porque ve el plan maestro. El maestro comprende que incluso con la terminación del ciclo, el juego continúa; la experiencia continúa. El maestro comprende también el papel que ahora debe jugar en la experiencia. El papel del maestro es dirigir a los demás hacia la maestría. Por lo tanto, el maestro continúa el juego, pero de una nueva manera y con nuevas herramientas, porque el ver la ilusión permite al maestro alejarse de ésta. Esto hará el maestro de vez en cuando, cuando sirva a su propósito y placer. Así proclama y demuestra su maestría y es llamado Dios/Diosa por otros.

Cuando todos en su raza sean conducidos hacia la maestría y la logren, entonces su raza en su totalidad (porque su raza _es_ un todo) se moverá con facilidad a través del tiempo y del espacio (habrán dominado las leyes de la física como ustedes las entienden) y tratarán de asistir a aquellos que pertenecen a otras razas y a otras civilizaciones para que también logren dicha maestría.

¿Así como los de otras razas y civilizaciones lo están haciendo ahora con nosotros?

Exactamente. Precisamente.

Sólo cuando todas las razas de todo el universo hayan logrado la maestría...

... o, como Yo lo expresaría, sólo cuando Todo Yo haya conocido la Unidad...

... esta parte del ciclo terminará.

Lo has expresado sabiamente, porque el ciclo en sí _nunca_ terminará.

¡Porque el final de esta parte del ciclo es el ciclo en sí!

¡Bravo! ¡Magnífico!

244

¡Lo has comprendido!
Sí, hay vida en otros planetas. Sí, gran parte de ésta es más avanzada que la suya.

¿De qué manera? En realidad, nunca respondiste esa pregunta.

Sí, la respondí. Dije, en todas formas: tecnológicamente, políticamente, socialmente, espiritualmente, físicamente y psicológicamente.

Sí, pero dame algunos ejemplos. Esas afirmaciones son tan amplias, que no tienen significado para mí.

Amo tu verdad. No cualquiera miraría a Dios a los ojos y diría que lo que Él está diciendo no tiene significado.

¿Entonces? ¿Qué vas a hacer al respecto?

Exactamente. Tienes exactamente la actitud correcta, porque, por supuesto, tienes razón. Puedes desafiarme, enfrentarme, cuestionarme todo lo que desees y no voy a hacer nada.
Sin embargo, puedo hacer una cosa bendita, como lo que estoy haciendo aquí, con este diálogo. ¿Acaso no es éste un evento bendito?

Sí, lo es. Muchas personas han recibido ayuda con esto. Millones de personas han sido y están siendo conmovidas por esto.

Lo sé. Todo es parte del «plan maestro». El plan de cómo se convierten en maestros.

Desde el principio sabías que esta trilogía sería un éxito masivo, ¿no es así?

Por supuesto. ¿Quién supones que la convirtió en ese éxito? ¿Quién imaginas que hizo que esas personas que están leyendo esto hayan encontrado su camino?
Te digo esto: conozco a cada persona que leerá este material. Conozco el motivo por el que cada una se ha acercado.
También lo conocen ellas.
Ahora, la única pregunta es: ¿volverán a negarme?

¿Eso Te importa?

En lo más mínimo. Todos Mis hijos regresarán a Mí algún día. No es una cuestión de si, sino de cuándo. Puede importarles. Por lo tanto, dejemos que aquellos que tienen oídos oigan, escuchen.

Sí, bueno... hablábamos sobre la vida en otros planetas y estabas a punto de darme algunos ejemplos de cómo es mucho más avanzada que la vida en la Tierra.

Tecnológicamente, casi todas las otras civilizaciones están mucho más avanzadas que ustedes. Hay algunas que se encuentran detrás de ustedes, por decirlo así, aunque no muchas. La mayoría son más avanzadas.

¿En qué forma? *Dame un ejemplo.*

De acuerdo, el clima. Ustedes no parecen capaces de controlarlo. (¡Ni siquiera pueden predecirlo con exactitud!) Por lo tanto, están sujetos a sus caprichos. La mayor parte de los mundos no lo está. Los seres en casi todos los planetas pueden controlar la temperatura local, por ejemplo.

¿Pueden hacerlo? Pensé que la temperatura en un planeta era producto de su distancia de su sol, de su atmósfera, etcétera.

Eso establecen los parámetros. Dentro de esos parámetros, pueden hacerse muchas cosas.

¿Cómo? ¿De qué manera?

Controlando el medio ambiente. Creando o dejando de crear ciertas condiciones en la atmósfera.
Como ves, no es sólo una cuestión de dónde están en relación con un sol, sino de lo que coloquen entre ustedes y ese sol.
Ustedes colocaron las cosas más peligrosas en su atmósfera y retiraron algunas de las más importantes. No obstante, niegan esto. La mayoría de ustedes no lo admite. Incluso cuando las mejores mentes entre ustedes demuestran sin lugar a duda el daño que están causando, ustedes no lo reconocen. Llaman a las mejores mentes entre ustedes locas y dicen que ustedes saben más.

Dicen que estas personas sabias sólo tienen un interés personal, un punto de vista que validar y proteger sus propios intereses. No obstante, son <u>ustedes</u> *quienes tienen un interés personal. Son ustedes quienes están tratando de validar un punto de vista y son ustedes quienes están protegiendo sus intereses especiales.*

Su interés principal es ustedes mismos. Cada evidencia, sin importar qué tan científica, qué tan demostrable o convincente, será negada, si viola su propio interés.

Ésa es una afirmación estricta, no estoy seguro de que sea verdad.

¿En realidad? ¿Estás llamando mentiroso a Dios?

No lo diría de esa manera, exactamente...

¿Sabes cuánto tiempo han tardado sus países en acordar simplemente dejar de envenenar la atmósfera con fluorocarbonos?

Sí... Bueno...

Bueno, nada. ¿Por qué supones que tardaron tanto tiempo? No importa, Yo te lo diré. Les tomó tanto tiempo porque detener el envenenamiento costaría mucho dinero a muchas de las compañías principales. Les tomó tanto tiempo, porque a muchas personas individuales les costaría sus conveniencias.

Les tomó tanto tiempo, porque durante muchos años, muchas personas y países eligieron negar (<u>necesitaban</u>* negar) la evidencia, para proteger su interés en el status quo; para mantener las cosas como están.*

Sólo cuando aumentó en forma alarmante el porcentaje de cáncer de la piel, sólo cuando la temperatura empezó a elevarse y los glaciares y la nieve empezaron a derretirse y los océanos se calentaron más y los lagos y los ríos empezaron a desbordarse, más de ustedes empezaron a prestar atención.

Sólo cuando <u>su propio interés personal</u> *lo exigió, comprendieron la verdad que sus mejores mentes habían colocado ante ustedes durante años.*

¿Qué hay de malo en el interés personal? Pensé que en el *Libro 1* habías dicho que el interés personal era el punto para empezar.

Lo dije y así es. Sin embargo, en otras culturas y sociedades en diferentes planetas, la definición de «interés personal» es mucho más grande que en el mundo de ustedes. Para las criaturas esclarecidas es muy claro que lo que lastima a uno, lastima a muchos y que lo que beneficia a pocos <u>debe</u> beneficiar a muchos o, decididamente, no beneficia a nadie.

En su planeta, es justamente lo contrario. Lo que lastima a una, la mayoría lo ignora y lo que beneficia a pocos, se le niega a la mayoría.

Esto es porque su definición de interés personal es muy estrecha y apenas si alcanza a pasar del ser individual a sus seres queridos y eso, si cumplen con su parte.

Sí, en el Libro 1 dije que en todas las relaciones, debe hacerse lo que es mejor para el interés del Yo. No obstante, también dije que cuando comprendes lo que es mejor para tu interés personal, comprenderás que eso es lo que también es mejor para el mejor interés de los demás, porque tú y los demás son Uno.

Tú y todos los demás son Uno y esto es un nivel de conocimiento que no han obtenido.

Preguntas sobre tecnologías avanzadas y Yo te digo esto: no pueden tener tecnologías avanzadas de ninguna forma que beneficie, sin contar con el pensamiento avanzado.

<u>La tecnología avanzada</u>, <u>sin el pensamiento avanzado</u>, <u>no crea avance</u>, <u>sino desaparición</u>.

Ya experimentaron esto en su planeta y están muy cerca de experimentarlo de nuevo.

¿A qué te refieres? ¿De qué hablas?

Estoy diciendo que una vez en su planeta alcanzaron la altura (en realidad más allá de la altura) que ahora escalan lentamente. Tuvieron una civilización en la Tierra más avanzada que la que existe actualmente y se destruyó a sí misma.

No sólo se autodestruyó, sino que estuvo a punto de destruir también todo lo demás.

Hizo esto porque no supo cómo manejar las tecnologías que había desarrollado. Su evolución tecnológica estaba tan adelantada de su evolución espiritual, que terminó convirtiendo a la tecnología en su Dios. La gente adoraba la tecnología y todo lo que ésta podía crear y proporcionar. Por lo tanto, obtuvieron todo lo que su tecnología desenfrenada produjo y esto fue el desastre desenfrenado.

Literalmente, terminaron con su mundo.

¿Todo esto sucedió aquí, en esta Tierra?

Sí.

¿Estás hablando sobre la Ciudad Perdida de la Atlántida?

Algunos de ustedes la han llamado así.

¿Y Lemuria? ¿La tierra de Mu?

Eso es parte de su mitología.

¡Entonces, *es* verdad! ¡Llegamos a ese lugar anteriormente!

Más allá, Mi amigo. Mucho más allá.

¡Y nos *autodestruimos*!

¿Por qué te sorprendes tanto? Ahora están haciendo lo mismo.

Lo sé. ¿Puedes decirnos cómo detenernos?

Hay muchos otros libros dedicados a ese tema. Casi toda la gente los ignora.

Danos un título, prometo que no lo ignoraremos.

Lean The Last Hours of Ancient Sunlight*.*

De un hombre llamado Thom Hartmann. ¡Sí! ¡Me encanta ese libro!

Bien. El mensajero es inspirado. Lleva este libro ante la atención del mundo.

Lo haré, lo haré.

Dice todo lo que yo diría aquí, en respuesta a tu última pregunta. No es necesario que Yo escriba de nuevo ese libro a través de ti.

Contiene un resumen de muchas formas en las que su Tierra está siendo dañada y formas en las que pueden evitar la ruina.

Lo que la raza humana ha estado haciendo en este planeta no es muy inteligente. En realidad, a través de este diálogo Tú has descrito nuestra especie como «primitiva». Desde la primera vez que hiciste ese comentario, me he preguntado cómo será vivir en una cultura *no* primitiva. Dices que hay muchas sociedades o culturas así en el universo.

Sí.

¿Cuántas?

Muchas.

¿Docenas? ¿Cientos?

Miles.

¿Miles? ¿Existen *miles* de civilizaciones avanzadas?

Sí y hay otras culturas más primitivas que la suya.

¿Qué otra cosa marca a una sociedad como «primitiva» o «avanzada»?

El grado en que establece sus propias comprensiones más elevadas.

Esto es diferente de lo que ustedes creen. Ustedes creen que una sociedad debe llamarse primitiva o avanzada basándose en lo elevadas que son sus comprensiones. Sin embargo, ¿qué tan buenas son las comprensiones más elevadas, si no las llevan a cabo?

La respuesta es que no son buenas. En realidad, son peligrosas.

La marca de una sociedad primitiva es llamar regresión al progreso. Su sociedad ha retrocedido, no ha avanzado. Gran parte de su mundo demostró más compasión hace setenta años, que en la actualidad.

Algunas personas tendrán dificultades al escuchar esto. Dices que no eres un Dios que juzga; sin embargo, algunas personas pueden sentirse juzgadas y causar mal aquí.

Ya hablamos sobre esto anteriormente. Si dices que deseas ir a Seattle y en realidad te diriges a San José, ¿la persona a quien le pides orientación te está juzgando, si te dice que vas en una dirección que no te llevará adonde deseas ir?

Llamarnos «primitivos» no es simplemente darnos indicaciones. La palabra *primitivo* es despectiva.

¿En realidad? No obstante, dicen que admiran el arte «primitivo» y, a menudo, cierta música es apreciada por sus cualidades «primitivas», por no decir algo sobre ciertas mujeres.

Estás usando un jugo de palabras para cambiar las cosas.

De ninguna manera. Sólo te demuestro que «primitivo» no necesariamente es una palabra despectiva. Es tu juicio lo que la hace ser así. «Primitivo» es simplemente descriptivo. Sólo dice lo que es verdad: que cierta cosa está en las primeras etapas de desarrollo. No dice nada más que eso. No dice nada acerca de «bueno» o «malo». Tú añades esos significados.
Aquí no los «consideré malos». Sólo describí su cultura como primitiva. Eso sólo «sonaría» mal para ti, si tienes un juicio respecto a ser primitivo.
Yo no tengo tal juicio.
Comprende esto: una afirmación no es un juicio, simplemente es una observación de Lo Que Es.
Quiero que sepan que los amo. No los juzgo. Los veo y sólo veo belleza y maravilla.

Como ese arte primitivo.

Precisamente. Escucho su melodía y sólo siento entusiasmo.

De la misma manera que con la música primitiva.

Ahora comprendes. Siento la energía de tu raza, como tú sentirías la energía de un hombre o de una mujer con «sensualidad primitiva». Al igual que tú, estoy excitado.

Eso es lo que es verdad acerca de ti y de Mí. No Me disgustas, no Me molestas ni siquiera Me desilusionas.

¡Me excitas!

Me excitan las nuevas posibilidades, las nuevas experiencias por venir. En ustedes despierto a nuevas aventuras y a la excitación del movimiento hacia nuevos niveles de magnificencia.

Lejos de desilusionarme, ¡Me <u>entusiasman</u>! Me <u>entusiasma</u> la maravilla de ustedes. Piensan que están en la cima del desarrollo humano y les diré esto: <u>apenas están empezando</u>. ¡Acaban de empezar a experimentar su esplendor!

Todavía no han expresado sus ideas más grandiosas y no han vivido su visión más grande.

¡Esperen! ¡Miren! ¡Noten! Los días de su florecimiento están cerca. El tallo ha crecido fuerte y pronto se abrirán los pétalos. Les diré esto: la belleza y la fragancia de su florecimiento llenará la tierra y todavía tendrán su lugar en el Jardín de los Dioses.

17

¡*Eso* es lo que deseaba oír! Eso es lo que vine a experimentar aquí! *Inspiración*, no degradación.

Nunca están degradados, a no ser que piensen que lo están. «Dios nunca los juzgará ni les hará mal» .

Muchas personas no «conciben» la idea de un Dios Quien dice «No existe el bien y el mal» y Quien proclama que nunca seremos juzgados.

¡Decídete! Primero dices que los estoy juzgando y, luego, te enfadas porque <u>no</u> los juzgo.

Lo sé, lo sé. Todo es muy confuso. Todos somos muy... complejos. No deseamos Tus juicios; sin embargo, los deseamos. No deseamos Tus castigos; no obstante, nos sentimos perdidos sin ellos. Cuando dices, como lo dijiste en los otros dos libros, «Nunca los castigaré», no podemos creerlo y algunos de nosotros casi enloquecemos por eso, porque, si no vas a juzgarnos ni castigarnos, ¿qué nos hará seguir por el camino recto? Si no hay «justicia», ¿quién anulará toda la injusticia en la Tierra?

¿Por qué cuentan con el cielo para corregir lo que llaman «injusticia»? ¿Acaso la lluvia no cae del cielo?

Sí.

Te diré esto: la lluvia cae de igual manera sobre los justos y los injustos.

¿Qué hay acerca de «la venganza es Mía, dice el Señor»?

Yo nunca dije eso. Uno de ustedes lo inventó y el resto lo creyó.
La «justicia» no es algo que experimenten después de actuar de cierta manera, sino porque actuaron de cierta forma. La justicia es un acto, no un castigo por un acto.

Comprendo que el problema con nuestra sociedad es que buscamos la «justicia» después de que ocurrió una «injusticia», en lugar de «hacer justicia» desde el principio.

¡Justamente! ¡Diste en el clavo!
La justicia es una acción, no una reacción.
Por lo tanto, no esperen que «arreglo todo al final» imponiendo alguna forma de justicia celestial en la «otra vida». Les diré esto: no hay «otra vida», sólo hay vida. La muerte no existe. La forma como ustedes experimentan y crean su vida, como individuos y como sociedad, es su demostración de lo que piensan que es justo.

En relación con esto, no consideras muy evolucionada a la raza humana, ¿no es así? Quiero decir, si toda la evolución se colocara en un campo de fútbol, ¿dónde estaríamos?

En la yarda 12.

Estás bromeando.

No.

¿Estamos en la *yarda 12* respecto a la evolución?

Hey, sólo en el último siglo se movieron de la yarda 6 a la 12.

¿Tenemos alguna oportunidad de llegar a anotar un *touchdown*?

Por supuesto. Si no pierden de nuevo la pelota.

¿De nuevo?

Como dije, no es la primera vez que su civilización se ha encontrado en este punto. Deseo repetir esto, porque <u>es vital que lo escuchen</u>.

Alguna vez en su planeta, la tecnología que desarrollaron fue mucho mayor que su habilidad para utilizarla responsablemente. Se están acercando al mismo punto en la historia humana.

<u>Es vitalmente importante que comprendan esto</u>.

Su tecnología actual amenaza con superar su habilidad para emplearla sabiamente. Su sociedad está a punto de convertirse en un producto de su tecnología, en lugar de que su tecnología sea un producto de su sociedad.

Cuando una sociedad se convierte en un producto de su propia tecnología, se autodestruye.

¿Por qué sucede eso? ¿Puedes explicarlo?

Sí. El punto crucial es el equilibrio entre la tecnología y la cosmología, la cosmología de toda la vida.

¿Qué quieres decir con «la cosmología de toda la vida»?

Expresado con claridad, es la forma en que funcionan las cosas. El Sistema, el Proceso.
Hay un «método para Mi furia», lo sabes.

Esperaba que lo hubiera.

La ironía es que una vez que conocen ese método, una vez que empiezan a comprender cada vez más cómo funciona el universo, corren el riesgo de ocasionar una falla. De esta manera, la ignorancia puede ser dicha.

El universo es en sí una tecnología. Es la <u>mayor</u> tecnología. Funciona a la perfección, por cuenta propia. Sin embargo, una vez que ustedes intervienen y empiezan a meterse con los principios y las leyes universales, se arriesgan a descomponer esas leyes y ése es un castigo de 40 yardas.

Un retroceso importante para el equipo de casa.

Sí.

Entonces, ¿estamos fuera de nuestra liga aquí?

Se están acercando. Sólo ustedes pueden determinar si están fuera de su liga. Ustedes lo determinarán con sus acciones. Por ejemplo, saben bastante acerca de la energía atómica para aniquilarse a sí mismos.

Sí, pero no vamos a hacer eso. Somos muy inteligentes para hacerlo. Nos detendremos.

¿En realidad? Si continúan proliferando sus armas de destrucción masiva, de la misma manera que lo han estado haciendo, muy pronto estarán en manos de alguien que tenga al mundo como rehén o que lo destruya, tratando de hacerlo.

Dan cerillos a los niños y esperan que no quemen la casa y todavía tienen que aprender a <u>usar ustedes los cerillos</u>.

La solución a todo esto es obvia. <u>Quiten los cerillos a los niños</u>. <u>Luego, tiren también sus propios cerillos</u>.

Es demasiado esperar que una sociedad primitiva se desarme a sí misma. Por lo tanto, el desarme nuclear, nuestra única solución duradera parece fuera de cuestión.

Ni siquiera podemos estar de acuerdo en que cesen las pruebas nucleares. Somos una raza de seres singularmente incapaces de controlarnos.

Si no se matan a sí mismos con su locura nuclear, destruirán su mundo con su suicidio ambiental. Están desmantelando el ecosistema de su planeta y continúan diciendo que no lo están haciendo.

Como si eso no fuera suficiente, están ocupándose ineficientemente de la bioquímica. Están clonando y diseñando genéticamente y no lo hacen con el suficiente cuidado para que esto sea un beneficio para su especie, sino que amenazan con convertirlo en el mayor desastre de todas las épocas. Si no tienen cuidado, harán que las amenazas nucleares y ambientales parezcan un juego de niños.

Al desarrollar medicinas para que hagan el trabajo que deberían hacer sus cuerpos, han creado virus tan resistente al ataque, que pueden terminar con toda su especie.

Me asustas un poco con esto. Entonces, ¿todo está perdido? ¿Ya terminó el juego?

No, pero es cuarta y diez. Es hora de lanzar una buena bola y el jugador de defensa está buscando receptores libres.

¿Estás libre? ¿Puedes recibir esto?

Soy el jugador de defensa y la última vez que miré, ustedes y yo vestíamos la misma camiseta. ¿Todavía estamos en el mismo equipo?

¡Pensé que sólo había un equipo! ¿Quién es el *otro* equipo?

Cada pensamiento que ignora nuestra unidad, cada idea que nos separa, cada acción que anuncia que no estamos unidos. El «otro equipo» no es real; sin embargo, es una parte de su realidad, porque ustedes así lo hicieron.

Si no tienen cuidado, su propia tecnología (esa que fue creada para servirlos) los matará.

En este momento puedo escuchar que algunas personas dicen: «¿Qué puede hacer una persona?»

Puede empezar dejando de preguntarse «¿qué puede hacer una persona?»

Ya te lo dije, hay cientos de libros sobre este tema. <u>Dejen de ignorarlos</u>. Léanlos. Actúen de acuerdo con ellos. Hagan que los demás los conozcan. Inicien una revolución. Hagan que sea una revolución de evolución.

¿No es eso lo que ha estado sucediendo durante mucho tiempo?

Sí y no. El proceso de la evolución ha estado sucediendo siempre, por supuesto. No obstante, ahora ese proceso da un nuevo giro. Aquí hay un nuevo cambio. Ahora están conscientes de que están evolucionando. No sólo de que están evolucionando, sino <u>cómo</u>. Ahora conocen el <u>proceso mediante el cual ocurre la evolución</u> y a través del cual <u>se crea su realidad</u>.

Anteriormente, eran simplemente observadores de cómo evolucionaba su especie. En la actualidad, son participantes conscientes.

Más gente que antes está consciente del poder de la mente, de que está interconectada con todas las cosas y de su identidad real como seres espirituales.

Más gente que nunca antes está viviendo de ese espacio, practicando principios que invocan y producen resultados específicos, resultados deseados y experiencias intencionadas.

Esto es en verdad una revolución de evolución, porque ahora cada vez un número mayor de ustedes está creando conscientemente la calidad de su experiencia, la expresión directa de Quiénes Son Realmente y la manifestación rápida de Quiénes Eligen Ser.

Esto es lo que hace que éste sea un periodo tan crítico. Por eso, éste es el momento crucial. Por primera vez en su historia registrada actual (aunque no por primera vez en la experiencia humana), tienen la tecnología y la comprensión de cómo utilizarla para destruir a todo su mundo. En realidad, pueden autoaniquilarse.

Ésos son los puntos exactos que trató Barbara Marx Hubbard en su libro llamado *Conscious Evolution (Evolución Consciente)*.

Sí, así es.

Es un documento con un alcance sorprendente, con visiones maravillosas sobre cómo podemos evitar los resultados fatales de las civilizaciones previas y producir verdaderamente el cielo en la Tierra. ¡Es probable que Tú lo hayas inspirado!

Creo que Barbara podría decir que yo intervine un poco en eso...

Antes dijiste que has inspirado a cientos de escritores, a muchos mensajeros. ¿Hay otros libros que deberíamos conocer?

Hay demasiados para mencionarlos aquí. ¿Por qué no haces tu propia investigación? Luego, haz una lista de los libros que te hayan agradado particularmente y compártela con los demás.

He hablado a través de autores, poetas y dramaturgos, desde el principio del tiempo. He colocado mi verdad en la letra de las canciones, en los rostros de las pinturas, en las formas de las esculturas y en cada latido del corazón humano, desde hace mucho tiempo y lo seguiré haciendo siempre.

Cada persona llega a la sabiduría de una manera muy comprensible, a lo largo de un camino que es muy familiar. Cada mensajero de Dios deriva la verdad de los momentos más simples y la comparte con igual simplicidad.

Tú eres uno de esos mensajeros. Ve ahora a decir a tu gente que viva junta en su verdad suprema. Compartan juntos su sabiduría. Experimenten juntos su amor, porque pueden existir en paz y en armonía.

Entonces, también la suya será una sociedad elevada, como aquellas que hemos discutido.

Entonces, la diferencia principal entre nuestra sociedad y las civilizaciones más evolucionadas en todo el universo es esta idea de separación que tenemos nosotros.

Sí. El primer principio guía de las civilizaciones avanzadas es la unidad. El reconocimiento de la Unidad y de lo sagrada que es toda la vida. Lo que encontramos en todas las sociedades elevadas es que bajo ninguna circunstancia, un ser quitará voluntariamente la vida a otro ser de su propia especie contra su voluntad.

¿Bajo ninguna circunstancia?

Ninguna.

¿Incluso si lo atacaran?

Esa circunstancia no ocurriría dentro de esa sociedad o especie.

Tal vez no dentro de la especie, pero, ¿qué hay en el exterior?

Si una especie muy evolucionada fuera atacada por otra, es una garantía que el atacante sería el menos evolucionado. En realidad, el atacante sería esencialmente un ser primitivo, porque ningún ser evolucionado atacaría a nadie.

Comprendo.

El único motivo por el que una especie atacada mataría a otra sería porque el ser atacado olvidó Quién Es Realmente.
Si el primer ser pensó que era su cuerpo corporal (su <u>forma</u> física), entonces, podría matar a su atacante, porque temería el «fin de su propia vida».
Si, por otra parte, el primer ser comprendiera plenamente que <u>no</u> era su cuerpo, nunca terminaría la existencia corporal de otro, porque nunca tendría motivo para hacerlo. Simplemente, dejaría su propio cuerpo corporal y se movería hacia la experiencia de su ser no corporal.

¡Como Obi-Wan Kenobi!

Exactamente. Los escritores de lo que ustedes llaman su «ciencia ficción», a menudo los conducen hacia una mayor verdad.

Tengo que detenerme aquí. Esto parece diferir directamente con lo que se dijo en el *Libro 1*.

¿Qué fue eso?

En el *Libro 1* se dijo que cuando alguien abusa de uno, no es bueno permitir que dicho abuso continúe. El *Libro 1* dijo que, cuando se actúa con amor, debemos incluirnos *nosotros mismos* entre aquellos a los que amamos. El libro parecía decir que hiciéramos cualquier cosa para evitar que nos atacaran. Incluso dijo que la *guerra* estaba bien como una respuesta al ataque. Esto es una cita directa: «... no debe permitirse que florezcan los tiranos, sino que su tiranía debe ser detenida».

También dice que «elegir ser como Dios no significa elegir ser un mártir y, por supuesto, no significa elegir ser una víctima».

Ahora dices que los seres muy *evolucionados nunca* terminarían con la vida corporal de otro ser. ¿Cómo pueden estar estas afirmaciones una al lado de la otra?

Lee de nuevo el material del <u>Libro 1</u>, detenidamente.

Di todas mis respuestas y todas deben considerarse, dentro del contexto que creaste; el contexto de tu pregunta.

Lee tu afirmación al principio de la página 127 del <u>Libro 1</u>. En esa afirmación aceptas que ahora no estás operando en un nivel de maestría. Dices que las palabras de otras personas y sus acciones en ocasiones te hieren. Debido a esto, preguntaste cómo podrías responder mejor a estas experiencias de daño.

Todas mis respuestas deben entenderse dentro de ese contexto.

Lo primero que dije fue que llegará el día cuando las palabras y las acciones de los demás no te dañarán. Al igual que Obi-Wan Kenobi, no experimentarás daño, incluso cuando alguien te esté «matando».

Éste es el nivel de maestría que han alcanzado los miembros de las sociedades que ahora describo. Los seres de estas sociedades saben muy bien Quiénes Son y Quiénes No Son. Es muy difícil hacer que uno de ellos experimente ser «dañado» o «lastimado», mucho menos, que ponga su cuerpo corporal en peligro. Simplemente, _saldrían_ de su cuerpo y te lo dejarían, si sintieras la necesidad de lastimarlo demasiado.

El segundo punto que aclaré en Mi respuesta que te di en el _Libro 1_ es que reaccionas de esa manera ante las palabras y las acciones de otros, porque has olvidado Quién Eres. Sin embargo, allí digo que está bien, que es parte del proceso de desarrollo, que es parte de la evolución.

Luego hago una afirmación muy importante. Durante todo el proceso de tu desarrollo «debes trabajar al nivel en el que estás. El nivel de comprensión, el nivel de voluntad, el nivel de memoria».

Todo lo demás que dije allí es para que se tome dentro de ese contexto.

En la página 129, incluso dije: «Supondré, a efectos de nuestro análisis, que de momento estás en la obra del alma. Estás todavía tratando de realizar («de hacer «real») Quien Realmente Eres».

Dentro del contexto de una sociedad de seres que no recuerdan Quiénes Son Realmente, las respuestas que di en el _Libro 1_ permanecen como las di. Sin embargo, no Me hiciste esas preguntas aquí. Aquí Me pediste que describiera a las _sociedades muy evolucionadas del universo_.

No sólo respecto al tema que tratamos ahora, sino respecto a todos los otros temas que cubriremos aquí, será benéfico si no consideras estas descripciones de otras culturas como críticas a la tuya.

Aquí no hay juicio. No habrá ninguna condenación, si hacen las cosas en forma diferente, si reaccionan de manera diferente, que los seres que están más evolucionados.

Lo que dije aquí es que los seres muy evolucionados del universo nunca «matarían» a otro ser sensible por ira. En primer lugar, no experimentarían ira. El segundo lugar, no terminarían con la experiencia corporal de ningún otro ser, sin el permiso de ese ser. En tercer lugar, para responder específicamente a tu pregunta específica, nunca se sentirían «atacados», incluso ni siquiera desde el exterior de su propia sociedad o especie, porque para sentirte «atacado», tienes que sentir que alguien te está quitando algo (tu vida, tus seres amados, tu libertad, tu propiedad o tus posesiones... _algo_). Un ser muy evolucionado nunca experimentaría eso, porque dicho ser te daría simplemente lo que tú pensabas que necesitabas tanto, que estabas dispuesto a tomarlo a la fuerza, incluso si eso costara la vida corporal del ser evolucionado, porque el ser evolucionado sabe que puede _recrear todo de nuevo_. Con naturalidad daría todo a un ser inferior que no supiera esto.

Los seres muy evolucionados no son mártires ni son víctimas de la «tiranía» de nadie.

Esto va más allá. El ser evolucionado no sólo sabe con claridad que puede crear todo de nuevo, sino que también sabe que <u>no tiene que hacerlo</u>. Sabe con claridad que no necesita nada de eso para ser feliz o para sobrevivir. Comprende que no requiere de nada exterior a él y que el «él» que ahora <u>es</u> no tiene nada que ver con lo físico.

Las razas y los seres menos evolucionados no siempre saben con claridad esto.

Por último, el ser muy evolucionado comprende que él y sus atacantes son Uno. Ve a los atacantes como a una parte herida de su Yo. Su función en esa circunstancia es sanar todas las heridas, para que el Todo en Uno pueda de nuevo conocerse como realmente es.

Dar todo lo que tiene sería como si tú te dieras una aspirina.

¡Qué concepto! ¡Qué comprensión! Sin embargo, necesito hablar de nuevo sobre algo que dijiste antes. Dijiste que los seres muy evolucionados...

Vamos a abreviarlos «SME», de aquí en adelante. Es un nombre muy largo para utilizarlo una y otra vez.

Bien. Dijiste que los «SME» nunca terminarían con la existencia corporal de otro ser, sin el permiso de ese ser.

Así es.

¿Por qué un ser daría permiso a otro ser para que terminara con su vida física?

Podría haber varios motivos. Podría ofrecerse a sí mismo como alimento, por ejemplo. O satisfacer la necesidad de otro ser, como poner fin a una guerra.

Debe ser por este motivo por lo que incluso en nuestras propias culturas hay personas que no matarían a ningún animal para alimentarse o por su piel, sin pedirle permiso al espíritu de ese ser.

Sí. Ésa es la forma de actuar de sus indígenas norteamericanos, que no cortaban ni siquiera una flor, una hierba o una planta, sin haber tenido esta comunicación. Todas sus culturas indígenas hacen lo mismo.

Es interesante, pues todas ellas son tribus y culturas que ustedes llaman «primitivas».

¿Me estás diciendo que ni siquiera puedo cortar un rábano, sin preguntarle si está de acuerdo?

Puedes hacer cualquier cosa que elijas hacer. Tú Me preguntaste lo que haría un «SME».

Entonces, ¿los nativos norteamericanos son seres muy evolucionados?

Al igual que en todas las razas y las especies, algunos lo son y algunos no lo son. Es algo individual. Como cultura, han alcanzado un nivel muy alto. Los mitos culturales que informan bastante sobre su experiencia son muy elevados. Sin embargo, los obligaron a mezclar sus mitos culturales con los de ustedes.

¡Espera un minuto! ¿Qué estás *diciendo*? ¡Los Pieles Rojas eran salvajes! Por ese motivo tuvimos que matarlos por miles y meter al resto en prisiones que llamamos reservaciones! Incluso en la actualidad, nos apoderamos de sus sitios sagrados y hacemos allí campos de golf. *Tenemos que hacerlo,* pues de lo contrario, *honrarían* sus sitios sagrados, *recordarían* sus historias culturales y *llevarían a cabo* sus rituales sagrados y no podemos permitirlo.

Comprendo.

En realidad, no. ¡Si no nos hubiéramos hecho cargo y tratado de erradicar su cultura, ellos podrían haber impactado la *nuestra*! ¿Cómo habríamos terminado?

Respetaríamos la tierra y el aire, nos negaríamos a envenenar nuestros ríos y, ¿EN DÓNDE ESTARÍA NUESTRA INDUSTRIA?

Es probable que toda la población caminara desnuda, *sin avergonzarse,* se bañara en el río, viviera en la tierra, en lugar de altos edificios, en condominios y en casas e ir a trabajar en la jungla de asfalto.

¡Es probable que todavía estuviéramos escuchando las antiguas enseñanzas de sabiduría, alrededor de una fogata, en lugar de mirar la televisión! No habríamos logrado *ningún progreso.*

18

Háblame más sobre las civilizaciones y los seres muy evolucionados.

Ellos comparten.

¡Hey, *nosotros* compartimos!

No, ellos comparten <u>todo</u>, con todos. Ningún ser deja de compartir. Todos los recursos naturales de su mundo, de su medio ambiente, se dividen equitativamente y se distribuyen entre todos.

No se considera que una nación o un grupo o una cultura «posee» un recurso natural, simplemente porque ocupa el lugar físico donde ese recurso se encuentra.

El planeta (o planetas) que un grupo de especies llama «hogar» se entiende que pertenece a todos, a todas las especies de ese sistema. En realidad, se entiende que el planeta o grupo de planetas <u>en sí</u> es un «sistema». Se considera como un sistema total, no como un puñado de partes pequeñas o elementos, cualesquiera de los cuales pueden eliminarse, diezmarse o erradicarse sin daño al sistema en sí.

El *ecosistema,* como nosotros lo llamamos.

Bueno, es más grande que eso. No es sólo la ecología (que es la relación de los recursos naturales del planeta con los habitantes de dicho planeta), sino también la relación de los <u>habitantes</u> con ellos mismos, mutuamente y con el medio ambiente.
Es la <u>relación de todas las especies de vida</u>.

264

¡El «sistema de especies»!

¡Me gusta esa palabra! ¡Es una buena palabra! Porque de lo que hablamos es más grande que el ecosistema. Es en realidad el <u>sistema de especies</u> o lo que su Buckminster Fuller llamó <u>noosphere</u>.

Me gusta más el nombre de *sistema de especies*. Es más fácil de comprender. ¡Siempre me pregunté qué significaba *noosphere*!

A «Bucky» también le gusta tu palabra. No se aferra a algo. Siempre le gustó lo que más simplificaba o facilitaba las cosas.

¿Estás hablando ahora con Buckminster Fuller? ¿Convertiste este diálogo en una sesión espiritista?

Digamos que tengo motivo para saber que a la esencia que se identificó a sí misma como Buckminster Fuller le gusta tu nuevo nombre.

Eso es maravilloso. Es excelente poder saber eso.

Lo es, estoy de acuerdo.

Entonces, en las culturas muy evolucionadas es el *sistema de especies* lo que importa.

Sí, eso no quiere decir que los seres individuales <u>no</u> importen, sino todo lo contrario. El hecho de que los seres individuales importan se refleja en el hecho de que ese efecto sobre el <u>sistema de especies</u> es mucho mayor cuando se considera cualquier decisión.
Se entiende que el <u>sistema de especies</u> apoya toda la vida y a <u>cada ser</u> en el máximo nivel. Por lo tanto, No hacer nada que pueda dañar al sistema de especies es una <u>afirmación de que cada ser individual es importante</u>.
No sólo los seres individuales con nivel social, influencia o dinero. No sólo los seres individuales con poder o tamaño o que se supone tengan más conocimiento de sí mismos. <u>Todos</u> los seres y todas las especies del sistema.

¿Cómo puede funcionar eso? ¿Cómo puede ser posible eso? En nuestro planeta, los deseos y las necesidades de algunas especies *tienen* que subordinarse a los deseos y a las necesidades de otros o no podríamos experimentar la vida como la conocemos.

Están acercándose peligrosamente al tiempo cuando no podrán experimentar la «vida como la conocen», precisamente porque insistieron en subordinar las necesidades de la mayor parte de las especies a los deseos de sólo una.

La especie humana.

Sí y ni siquiera a todos los miembros de esa especie, sino sólo a unos cuantos. Ni siquiera al número mayor (que podría tener alguna lógica), sino al más pequeño.

A los más ricos y poderosos.

Tú lo has dicho.

Aquí vamos de nuevo, otra perorata contra los ricos y los versados.

Por el contrario. Su civilización no merece una perorata; no más que una habitación llena de niños merece una. Los seres humanos harán lo que están haciendo (a sí mismos y mutuamente) hasta que comprendan que ya no es para su mejor interés. Ninguna cantidad de peroratas cambiará eso.
Si las peroratas cambiaran las cosas, sus religiones habrían sido mucho más efectivas desde hace mucho tiempo.

¡Vaya! ¡Vaya! Hoy estás atacando a todos, ¿no es así?

No estoy haciendo nada DE ESO. ¿Estas simples observaciones te afligen? Entonces, observa, para saber por qué. Ambos sabemos esto. La verdad a menudo resulta incómoda. Sin embargo, este libro llegó para llevar la verdad, al igual que otros que inspiré, así como películas y programas de televisión.

No estoy seguro de desear animar a la gente para que mire la televisión.

Para bien o para mal, la televisión es en la actualidad la hoguera de su sociedad. No es el <u>medio</u> *que los está llevando en direcciones que dicen no desean seguir, son los mensajes que permiten que se transmitan por ese medio. No censuren el medio. Pueden utilizarlo un día para enviar un mensaje diferente...*

Permíteme retroceder, si puedo... ¿puedo volver a mi pregunta original? Todavía deseo saber cómo un *sistema de especies* puede funcionar con las necesidades de todas las especies en el sistema tratadas de igual manera.

Todas las necesidades se tratan de igual manera, pero las necesidades en sí no son iguales. Es una cuestión de proporción y de equilibrio.

Los seres muy evolucionados comprenden plenamente que todas las cosas vivientes dentro de lo que hemos elegido aquí llamar <u>sistema de especies</u> *tienen necesidades que deben satisfacerse, si las formas físicas que crean y mantienen el sistema van a sobrevivir. Entienden también que no todas estas necesidades son las mismas o iguales, en términos de las demandas que hacen al sistema.*

Vamos a utilizar tu propio <u>sistema de especies</u> *como ejemplo.*

De acuerdo...

Vamos a utilizar las dos especies vivientes que ustedes llaman «árboles» y «seres humanos».

Estoy Contigo.

Es evidente que los árboles no requieren tanto «mantenimiento» cotidiano como los seres humanos. Por lo tanto, sus necesidades no son iguales. No obstante, <u>están</u> *interrelacionados. Esto es, una especie depende de la otra. Deben prestar tanta atención a las necesidades de los árboles, como a las necesidades de los seres humanos, mas las necesidades en sí no son tan grandes. Sin embargo, si ignoran las necesidades de una especie de cosas vivientes, lo hacen a su propio riesgo.*

El Libro que antes mencioné tiene importancia crítica (<u>The Last Hours of Ancient Sunlight</u>*) describe todo esto en forma magnífica. Dice que los árboles toman el bióxido de carbono de su atmósfera, utilizando la porción de carbono de este gas atmosférico para formar* <u>carbohidratos</u>*, esto es, para crecer.*

(Casi todo lo que compone una planta, incluyendo la raíz, el tallo, las hojas e incluso los frutos que da el árbol, son carbohidratos.)

Mientras tanto, el árbol libera la porción de oxígeno de este gas. Es el «desperdicio» del árbol.

Por otra parte, los seres humanos necesitan el oxígeno para sobrevivir. Sin árboles que convirtieran el bióxido de carbono (que abunda en su atmósfera) en oxígeno (que no abunda), <u>ustedes</u>, como especie, no podrían sobrevivir.

A su vez, ustedes liberan (exhalan) bióxido de carbono, que el árbol necesita para sobrevivir.

¿Ves el equilibrio?

Por supuesto. Es ingenioso.

Gracias. Ahora, por favor, dejen de destruirlo.

Oh, vamos. Plantamos dos árboles por cada árbol que cortamos.

Sí y sólo serán necesarios 300 años, para que esos árboles crezcan con la fortaleza y tamaño que les permitirá producir tanto oxígeno como los viejos árboles que están talando.

La planta fabricante de oxígeno, que ustedes llaman la selva del Amazonas puede remplazarse en su capacidad para equilibrar la atmósfera de su planeta en, digamos, dos mil o tres mil años. No se preocupen. Están dejando limpios miles de hectáreas cada año, pero no se preocupen.

¿Por qué? ¿Por qué estamos haciendo eso?

Limpian la tierra para poder criar el ganado para matarlo y alimentarse. Se dice que criar ganado produce más ingresos para la gente pobre en la selva. Por lo tanto, se proclama que todo esto es para hacer <u>productiva</u> la tierra.

En las civilizaciones muy evolucionadas, no se considera <u>productivo</u> erosionar el <u>sistema de especies</u>, sino <u>destructivo</u>. Los SME encontraron una forma para equilibrar las necesidades <u>totales</u> del <u>sistema de especies</u>. Eligieron hacer esto, en lugar de satisfacer los deseos de una porción pequeña del sistema, porque comprenden que ninguna especie <u>dentro</u> del sistema puede <u>sobrevivir</u>, si <u>el sistema en sí se destruye</u>.

Eso parece demasiado obvio. Eso parece sumamente obvio.

Lo «obvio» de esto puede ser incluso más doloroso en la Tierra en años futuros, si su llamada especie dominante no despierta.

Lo comprendo. Lo comprendo bien. Deseo hacer algo al respecto, pero me siento impotente. A veces me siento muy impotente. ¿Qué puedo hacer para lograr un cambio?

No hay nada que tengas que hacer, pero hay mucho que puedes ser.

Ayúdame con esto.

Los seres humanos han tratado de solucionar los problemas en el nivel de «hacer» durante mucho tiempo, sin mucho éxito. Esto es porque el verdadero cambio siempre se efectúa en el nivel de «ser», no en el de «hacer».

De acuerdo, han hecho algunos descubrimientos y han avanzado sus tecnologías y, por lo tanto, de alguna manera, han facilitado sus vidas, pero no está claro si las mejoraron. En los asuntos mayores del principio, han logrado un progreso muy lento. Están enfrentando muchos de los mismos problemas de principio que han enfrentado durante siglos en su planeta.

Su idea de que la Tierra existe para la explotación de la especie dominante es un buen ejemplo.

Es evidente que no cambiarán lo que están haciendo, hasta que cambien cómo están siendo.

Tienen que cambiar su idea acerca de quiénes son en relación con su medio ambiente y todo lo que hay en éste, antes de que puedan actuar en forma diferente.

Es una cuestión de conciencia. Tienen que aumentar su conciencia, antes de poder cambiar la conciencia.

¿Cómo podemos hacer eso?

Ya no se queden callados respecto a todo esto. Hablen. Hagan un alboroto. Traten los temas. Incluso, pueden crear una conciencia colectiva.

Por ejemplo, sólo sobre un tema. ¿Por qué no cosechar cáñamo para utilizarlo para fabricar papel? ¿Tienen idea de cuántos árboles se necesitan sólo para proporcionar a su mundo los periódicos cotidianos? Eso, sin mencionar los vasos de cartón, los cartones para empaque y las toallas de papel.

El cáñamo puede cosecharse sin mucho gasto, con facilidad y utilizarse no sólo para fabricar papel, sino las cuerdas más fuertes y ropa más dura- dera e, incluso, algunas de las medicinas más efectivas que su planeta pue- de proporcionar. En realidad, el cáñamo de la India puede sembrarse sin mucho costo y cosecharse con mucha facilidad. Tiene tantos usos maravi- llosos, que muchos están en su contra.

<u>Demasiadas personas perderían demasiado</u> al permitir que el mundo utilizara esta planta sencilla, que puede crecer casi en cualquier parte.

Éste es sólo un ejemplo de cómo la avaricia remplaza al sentido común en la conducta de los asuntos humanos.

Da este libro a todas las personas que conozcas. No sólo para que ob- tengan <u>esto</u>, sino todo lo <u>demás</u> que el libro tiene que decir. Todavía hay <u>mucho más</u>.

Sólo da vuelta a la página...

Sí, pero empiezo a sentirme deprimido, como mucha gente dijo que se sintió después de leer el *Libro 2*. ¿Hablaremos mucho más acer- ca de cómo estamos destruyendo aquí las cosas y arruinándolas? Por- que no estoy seguro de estar listo para esto...

¿Estás listo para ser inspirado? ¿Estás listo para ser entusiasmado? ¡Por- que al aprender y explorar lo que otras civilizaciones (civilizaciones avan- zadas) están haciendo debe inspirarte y entusiasmarte!

¡Piensa en las posibilidades! ¡Piensa en las oportunidades! ¡Piensa en los mañanas dorados que están muy cerca!

Si despertamos.

¡Despertarán! ¡<u>Están</u> despertando! El paradigma <u>está</u> cambiando. El mundo <u>está</u> cambiando. Está sucediendo justamente ante tus ojos.

Este libro es parte de eso. Tú eres parte de eso. Recuerda que están en la habitación para sanar la habitación. Están en el espacio para sanar el espacio. No hay otro motivo para que estén aquí.

¡No te des por vencido! ¡No te des por vencido! ¡La mayor aventura acaba de empezar!

De acuerdo. Elijo ser inspirado por el ejemplo y la sabiduría de los seres muy evolucionados, no sentirme desalentado por esto.

Bien. Ésa es una elección sabia, dado donde dicen que desean llegar como especie. Puedes recordar muchas cosas al observar a estos seres.

Los SME viven en unidad y con un sentido profundo de interrelación. Sus comportamientos los crean sus Pensamientos Respaldados, lo que ustedes llamarían los principios guía básicos de su sociedad. Los comportamientos de ustedes los crean también sus Pensamientos Respaldados o los principios guía básicos de su sociedad.

¿Cuáles son los principios guía básicos de una sociedad de SME?

Su Primer Principio Guía es: Todos Somos Uno.

Cada decisión, cada elección, todo lo que ustedes llamarían «moral» y «ética» se basa en este principio.

El Segundo Principio Guía es: Todo en la Unidad Está Interrelacionado.

Bajo este principio, ningún miembro de una especie podría quitar o quitaría algo a otro simplemente porque «él lo tuvo primero» o porque es su «posesión» o porque «escasea». La dependencia mutua de todas las cosas vivientes en el <u>sistema de especies</u> se reconoce y se respeta. Las necesidades relativas de cada especie de organismos vivientes dentro del sistema siempre se conservan en equilibrio, porque siempre se les tiene en <u>mente</u>.

¿El Segundo Principio Guía significa que no existe la propiedad personal?

No como ustedes la comprenden.

Un SME experimenta la «propiedad personal» en el sentido de tener <u>responsabilidad personal</u> por todo lo que está a su cuidado. La palabra más cercana en su lenguaje, para describir lo que siente un ser muy evolucionado respecto a lo que ustedes llamarían una «posesión valiosa» es «administración». Un SME es un <u>administrador</u>, no un dueño.

La palabra «poseer» y su concepto detrás de ésta no son parte de la cultura de los SME. No existe la «posesión» en el sentido de algo que es una «pertenencia personal». Los SME no <u>poseen</u>, los SME <u>acarician</u>. Esto es, abrazan, aman y se interesan por las cosas, pero no las poseen.

Los seres humanos poseen, los SME acarician. En su lenguaje, así es como podría describirse la diferencia.

Al principio de su historia, los seres humanos sintieron que tenían el derecho de poseer personalmente <u>todo sobre lo que ponían sus manos</u>. Esto *incluía esposas y niños, la tierra y la riqueza de la tierra. La «materia» y toda «materia» que su «materia» podía proporcionarles era también de ellos. Gran parte de esta creencia todavía se considera como verdadera en la actualidad en la sociedad humana.*

Los humanos se obsesionaron con este concepto de la «propiedad». Los SME que observaron esto desde lejos lo llamaron su «obsesión de posesión».

Ahora, como ya evolucionaron, comprenden cada vez mejor que real y verdaderamente no pueden poseer nada, mucho menos a sus cónyuges y a sus hijos. Muchos de ustedes todavía se aferran a la noción de que pueden poseer la tierra y todo lo que hay en ésta, bajo ésta y sobre ésta. (¡Sí, incluso hablan de los «<u>derechos sobre el aire</u>»!)

Los SME del universo, por el contrario, comprenden plenamente que el planeta físico bajo sus pies no es algo que pueda ser poseído por ninguno de ellos, aunque a un SME individual puede concedérsele, a través de mecanismos de su sociedad, una parcela de tierra, puede permitírsele (pedírsele) que transmita la administración a su hijo y éste a los suyos. Sin embargo, si en cualquier momento, él o su hijo demuestran ser malos administradores de la tierra, ésta ya no continúa estando bajo su cuidado.

¡Vaya! Si ése fuera el principio guía aquí, la mitad de las industrias del mundo tendrían que ceder su propiedad!

Y el ecosistema del mundo mejoraría mucho de la noche a la mañana.
Como ves, en una cultura muy evolucionada, a una «corporación», como ustedes la llaman, nunca se le permitiría saquear la tierra para obtener una ganancia, porque con claridad se vería que la calidad de las vidas de cada persona que posee o trabaja para la corporación está resultando irrevocablemente dañada. ¿Qué ganancia hay en eso?

El daño quizá no se notaría en muchos años, mientras que los beneficios se notan aquí, en este momento. Por lo tanto, eso se llamaría Ganancia a Corto Plazo/Pérdida a Largo Plazo. ¿A quién le importa una Pérdida a Largo Plazo, si no va a estar allí para experimentarla?

A los seres muy evolucionados les importa. Por esto, ellos viven mucho más tiempo.

¿Cuánto tiempo más?

Mucho tiempo más. En algunas sociedades de SME, los seres viven eternamente o mientras elijan permanecer en forma corporal. Por lo tanto, en las sociedades de SME, los seres individuales por lo general están presentes para experimentar las consecuencias a largo plazo de sus acciones.

¿Cómo logran permanecer vivos tanto tiempo?

Por supuesto, nunca dejan de estar vivos, no más que ustedes, pero sé a lo que te refieres. Te refieres «con el cuerpo».

Sí. ¿Cómo logran permanecer con sus cuerpos tanto tiempo? ¿Por qué es posible esto?

Primero, porque no contaminan su aire, su agua y su tierra. No ponen sustancias químicas en la tierra, por ejemplo, que después las absorben las plantas y los animales y llegan a su cuerpo mediante el consumo de esas plantas y animales.

Un SME nunca consumiría un animal, mucho menos llenaría con sustancias químicas la tierra y las plantas que <u>come el animal</u>, para luego llenar al animal con sustancias químicas y luego consumirlo. Un SME consideraría correctamente que tal práctica es suicida.

Por lo tanto, los SME no contaminan su medio ambiente, su atmósfera y sus propios cuerpos corporales, como lo hacen los seres humanos. Sus cuerpos son creaciones magníficas, hechos para «durar» infinitamente más que lo que ustedes les permiten durar.

Los SME presentan también comportamientos psicológicos que prolongan la vida de igual manera.

¿Como cuáles?

Un SME nunca se preocupa (nunca comprendería el concepto humano de «preocupación» o «estrés»). Un SME tampoco «odia» o siente «ira» o «celos» o pánico. Por lo tanto, el SME no produce reacciones bioquímicas dentro del su propio cuerpo, que lo desgasten y lo destruyan. Un SME llama esto «comerse a sí mismo» y tan pronto se consumiría, consumiría a otro ser corporal.

¿Cómo logra esto un SME? ¿Los seres humanos son capaces de tal control sobre las emociones?

Primero, un SME comprende que todas las cosas son perfectas, que hay un proceso en el universo que funciona y que todo lo que tiene que hacer es no interferir con éste. Por lo tanto, un SME nunca se preocupa, porque comprende el proceso.

Para responder a tu segunda pregunta, sí, los seres humanos tienen este control, aunque algunos no creen tenerlo y otros, simplemente, no eligen ejercitarlo. Los pocos que hacen un esfuerzo, viven mucho más tiempo, suponiendo que las sustancias químicas y los venenos atmosféricos no los hayan matado y, suponiendo también, que no se hayan envenenado voluntariamente de otras maneras.

Espera un minuto. ¿Nos «envenenamos voluntariamente»?

Sí, algunos de ustedes.

¿Cómo?

Como dije, comen venenos. Algunos de ustedes beben venenos. Algunos de ustedes, incluso fuman venenos.

Para un ser muy evolucionado, esos comportamientos son incomprensibles. No puede imaginar por qué deliberadamente introducen en sus cuerpos sustancias que saben que no les hacen ningún bien.

Disfrutamos comer, beber y fumar ciertas cosas.

Un SME disfruta la <u>vida</u> en el cuerpo y no puede imaginar hacer algo que <u>sabe anticipadamente</u> que podría limitar o terminar eso o hacerlo doloroso.

Algunos de nosotros no creemos que comer carne roja en cantidad, beber alcohol o fumar plantas *limitará* o terminará con nuestras vidas o las hará dolorosas.

Entonces, sus habilidades de observación son muy malas. Necesitan agudizarse. Un SME sugeriría que simplemente miraran a su alrededor.

Sí, bueno... ¿qué más puedes decirme sobre cómo es la vida en las sociedades muy evolucionadas del universo?

No existe la vergüenza.

¿No existe la vergüenza?

No existe la culpa.

¿Qué sucede cuando un ser demuestra ser un mal «administrador» de la tierra? ¡Dijiste que le quitan la tierra! ¿Acaso eso no significa que lo juzgaron y lo encontraron culpable?

No. Significa que lo observaron y lo encontraron incapaz.
En las culturas muy evolucionadas, a los seres nunca se les pediría que hicieran algo que han demostrado falta de habilidad para hacerlo.

¿Y si ellos todavía *desearan* hacerlo?

No «desearían» hacerlo.

¿Por qué no?

Su propia falta de habilidad demostrada eliminaría su deseo. Éste es un resultado natural de su comprensión de que su falta de habilidad para hacer una cosa particular podría potencialmente dañar a otro. Nunca harían esto, porque dañar al Otro es dañar al Yo y ellos lo saben.

¡Entonces, es la «autopreservación» la que dirige la experiencia! ¡Igual qué en la Tierra!

¡Por supuesto! Lo único que es diferente es su definición del «Yo». Un ser humano define el Yo muy estrechamente. Ustedes hablan de su Yo, de su familia, de su comunidad. Un SME define el Yo de manera muy diferente. Habla del Yo, de la familia, de la comunidad.

Cómo si fuera sólo uno.

Sólo hay uno. Ése es todo el asunto.

Comprendo.

Por lo tanto, en una cultura muy evolucionada, un ser, por ejemplo, nunca insistiría en criar a sus hijos, si ese ser se demostrara constantemente a sí mismo su propia falta de habilidad para hacerlo.

Por este motivo, en las culturas sumamente evolucionadas, los niños no crían a los niños. Los hijos se entregan a las personas mayores para que los eduquen. Esto no significa que a los recién nacidos se les separe de aquellos que les dieron la vida, se les quiten de los brazos y se entreguen a personas extrañas para que los críen. No es así.

En estas culturas, las personas mayores viven cerca de las jóvenes. No se les aparta para que vivan por su cuenta. No se les ignora ni se les deja para que encuentren sus destinos finales. Se les honra, se les respeta y se les mantiene cerca, como parte de una comunidad amorosa, cariñosa y vibrante.

Cuando llega un recién nacido, las personas mayores están allí, muy en el fondo del corazón de esa comunidad y de esa familia y el hecho de que críen a los niños es tan orgánicamente correcto como lo es en su sociedad que los padres hagan esto.

La diferencia es que, aunque ellos siempre saben quiénes son sus «padres» (el término más cercano en su lenguaje sería «dadores de vida»), a estos niños no se les pide que aprendan lo básico de la vida de seres que <u>todavía están aprendiendo lo básico de la vida</u>.

En las sociedades de SME, las personas mayores organizan y supervisan el proceso de aprendizaje, así como la casa, la alimentación y el cuidado de los niños. A los niños se les educa en un ambiente de sabiduría y amor, de gran paciencia y de comprensión profunda.

Los jóvenes que les dieron la vida por lo general están fuera, en alguna parte, enfrentando los desafíos y experimentando las alegrías de sus propias vidas jóvenes. Pueden pasar todo el tiempo que deseen con sus hijos. Incluso, pueden vivir en la Casa de los Mayores con los niños, para estar allí con ellos en un ambiente de «hogar» y para que ellos los experimenten como parte de éste.

Es una experiencia muy unificada e integrada. Sin embargo, son las personas mayores quienes se encargan de la educación, quienes se responsabilizan. Es un honor, porque en las personas mayores recae la responsabilidad del futuro de toda la especie. En las sociedades de SME se reconoce que esto es más de lo que debería pedírseles a los jóvenes.

Ya hablé sobre esto anteriormente, cuando hablamos sobre cómo educan ustedes a los hijos en su planeta y cómo deberían cambiar eso.

Sí. Gracias por darme una explicación más amplia sobre esto y sobre cómo podría funcionar. Volviendo a lo anterior, ¿un SME, no siente culpa ni vergüenza, sin importar lo que haga?

No, porque la culpa y la vergüenza son algo que se impone a un ser desde fuera de sí mismo. No hay duda de que puede internalizarse, pero inicialmente se le impone desde el exterior. <u>Siempre</u>. Ningún ser divino (y todos los seres son divinos) se conoce a sí mismo o a algo que esté haciendo como «vergonzoso» o «culpable», hasta que alguien desde el exterior lo etiqueta de esa manera.

En su cultura, ¿se avergüenza un bebé de sus «hábitos de baño»? Por supuesto que no. No, hasta que ustedes le <u>dicen</u> que debe avergonzarse. ¿Un niño se siente «culpable» por causarse placer con sus genitales? Por supuesto que no. No, hasta que ustedes le <u>dicen</u> que debe sentirse culpable.

<u>El grado de evolución de una cultura se demuestra por el grado en que etiqueta a un ser o a una acción como «vergonzoso» o «culpable».</u>

¿*Ninguna* acción debe llamarse vergonzosa? ¿Una persona *nunca* es culpable, sin importar lo que haga?

Como ya te dije, no existe el bien y el mal.

Hay algunas personas que todavía no comprenden esto.

Para comprender lo que digo aquí, este diálogo debe leerse <u>en su totalidad</u>. Si se toma alguna afirmación fuera del contexto, podría ser no comprensible. Los <u>Libros 1 y 2</u> contienen explicaciones detalladas de la sabiduría que menciono aquí. Me pides que describa las culturas muy evolucionadas del universo. Ellas ya comprenden esta sabiduría.

Muy bien. ¿De qué otra manera son diferentes estas culturas de la nuestra?

De muchas otras maneras. No compiten.

Comprenden que cuando uno pierde, todos pierden. Por lo tanto, no crean deportes ni juegos que enseñan a los niños (y se perpetúa en los adultos) el pensamiento extraordinario de que alguien «gana», mientras otro «pierde» es <u>entretenimiento</u>.

Como dije también, comparten todo. Cuando otro necesita algo, nunca soñarían en conservar o acumular algo que tienen, simplemente porque escasea. Por el contrario, <u>ése sería el motivo por el que lo compartirían</u>.

277

En su sociedad, se eleva el precio de lo que escasea, si es que llegan a compartirlo. De esta manera, aseguran que, si van a compartir algo que «poseen», al menos se enriquecerán haciéndolo.

Los seres muy evolucionados se enriquecen también compartiendo las cosas que escasean. La única diferencia entre los SME y los seres humanos es cómo definen los SME «enriquecerse». Un SME se siente «enriquecido» al compartir todo libremente, sin necesidad de tener una «ganancia». En realidad, esta sensación es la ganancia.

Hay varios principios guía de su cultura, que producen sus comportamientos. Como dije anteriormente, uno de los más básicos es: la supervivencia del más apto.

Éste podría llamarse su Segundo Principio Guía. Abarca todo lo que su sociedad ha creado: su economía, su política, sus religiones, su educación y sus estructuras sociales.

Sin embargo, para un ser muy evolucionado, el principio en sí es un oxímoron. Es autocontradictorio. Puesto que el Primer Principio Guía de un SME es Todos Somos Uno, el «Uno» no está «apto», hasta que el «Todo esté «apto». Por lo tanto, la supervivencia del más «apto» es imposible (o lo único que es posible y, por lo tanto, una contradicción), puesto que el «más apto» no es «apto» hasta que lo es.

¿Me sigues en esto?

Sí. Lo llamamos comunismo.

En su planeta, han rechazado de antemano cualquier sistema que no permita el avance de un ser a expensas de otro.

Si un sistema de gobierno o económico requiere un intento de distribución equitativa, para «todos», de los beneficios creados por «todos», con los recursos que pertenecen a «todos», dicen que ese sistema de gobierno viola el orden natural. No obstante, en las culturas muy evolucionadas, el orden natural ES compartir equitativamente.

¿Incluso si una persona o grupo no hizo nada para merecerlo? ¿Incluso si no ha habido contribución para el bien común? ¿Incluso si son malos?

El bien común es la vida. Si estás vivo, estás contribuyendo al bien común. Es muy difícil que un espíritu esté en forma física. Aceptar tomar dicha forma es, en cierto sentido, un gran sacrificio, aunque un sacrificio

Lectores de

Conversaciones con Dios

estamos formando

grupos de estudio

con el propósito de compartir los desafíos y cambios que se han realizado en nuestras vidas desde que leímos el libro *Conversaciones con Dios*, de NEALE DONALD WALSCH.

Nuestro objetivo es explorar el material en la forma más profunda, capítulo por capítulo y concepto por concepto, con el propósito de aplicar la sabiduría de *Conversaciones con Dios* en forma más funcional en nuestras vidas.

Este tipo de convivencia extenderá nuestros horizontes y niveles de comprensión. Como apoyo utilizaremos el libro *Guía de Conversaciones con Dios 1*, de NEALE DONALD WALSCH. También presentaremos opciones disponibles para aquellos que estén deseosos de dar un gran salto en su evolución espiritual.

Estos grupos de estudio están siendo coordinados por:

FRANCISCO NASTA V.

Si deseas organizar un grupo de estudio o unirte a alguno en tu área, por favor ponte en contacto con nosotros.

Tel. (01) 5393-8416 en México, D.F.
Correo electrónico: ontologia@comunnet.com.mx

Además, te invitamos a participar en el chat club en internet
http://clubs.yahoo.com/clubs/conversacionescondiosspanish

necesario e incluso disfrutable, si el Todo desea conocerse experimental-
mente y recrearse de nuevo en la siguiente versión grandiosa de la visión
más grande que haya tenido acerca de Quién Es.
Es importante comprender por qué vinimos aquí.

¿Vinimos?

Las almas que forman la colectividad.

No comprendo.

Como ya expliqué, sólo hay Un Alma, Un Ser, Una Esencia. Algu-
nos de ustedes llaman a esto «Dios». Esta Esencia Única se «individualiza»
como Todo En El Universo. En otras palabras, Todo Lo Que Es. Esto
incluye a todos los seres sensibles o lo que ustedes han elegido llamar
almas.

Entonces, ¿»Dios» es cada alma que «es»?

Cada alma que es ahora, que ha sido y que será.

Entonces, ¿Dios es una «colectividad»?

Ésa es la palabra que elijo, porque se acerca más en su lenguaje para
describir cómo son las cosas.

¿Ningún ser imponente, sino una colectividad?

No tiene que ser una cosa o la otra. ¡Piensa «fuera del contexto»!

¿Dios es ambos? Un sólo Ser Imponente que es una colectividad
de partes individuales?

¡Bien! ¡Muy bien!

¿Por qué la colectividad vino a la Tierra?

Para expresarse físicamente. Para conocerse en su propia experiencia.
Para ser Dios. Como ya lo expliqué con detalle en el Libro 1.

¿Nos creaste para que fuéramos Tú?

Así lo hicimos en realidad. Exactamente, por eso fueron creados.

¿Y los seres humanos fueron creados por una colectividad?

Su propia Biblia decía: «Vamos a crear al hombre a Nuestra Imagen y Semejanza», antes de que se cambiara la traducción.

La vida es el proceso a través del cual Dios se crea a Sí Mismo y luego experimenta la creación. Este proceso de creación es continuo y eterno. Está sucediendo todo el «tiempo». La relatividad y la condición física son las herramientas con las que Dios trabaja. Pura energía (lo que ustedes llaman espíritu) es lo Que Dios Es. Esta Esencia es realmente el Espíritu Santo.

Mediante un proceso a través del cual la energía se convierte en materia, el espíritu se encarna en forma física. Esto se logra cuando la energía disminuye literalmente, cambiando su oscilación o lo que ustedes llamarían vibración.

Eso Que Es Todo hace esto en partes. Esto es, partes del todo hacen esto. Estas individualizaciones del espíritu son lo que han elegido llamar almas.

En realidad, sólo hay Un Alma, que toma nuevas formas y se reforma a sí misma. Esto podría llamarse La Reformación. Todos ustedes son Dioses En Formación. (¡Información de Dios!)

Ésa es su contribución y es suficiente para sí misma.

Para expresarlo simplemente, al tomar la forma física, ustedes ya hicieron bastante. Ni deseo ni necesito nada más. Han contribuido al bien común. Han hecho posible que eso que es común (el Único Elemento Común) experimente eso que es bueno. Incluso, escribieron que Dios creó el cielo, la Tierra, los animales que caminan sobre la tierra, los pájaros del aire, los peces del mar ¡y fue muy bueno!

El «bien» no pudo existir experimentalmente sin su opuesto. Por lo tanto, también crearon el mal, que es el movimiento hacia atrás o la dirección opuesta del bien. Es lo opuesto a la vida y, por eso, crearon lo que llaman muerte.

No obstante, la muerte no existe en la realidad final, sino que simplemente es una maquinación, una invención, una experiencia imaginada, a través de la cual la vida es más valiosa para ustedes. ¡Así, el mal (evil) es la vida (live) deletreada hacia atrás! Son muy listos con el idioma. Encerraron sus sabidurías secretas, que ni siquiera saben que están allí.

Cuando comprendan esta cosmología total, entenderán la gran verdad. Entonces, nunca podrían exigir a otro ser que diera algo a cambio de que compartieran con él los recursos y las necesidades de la vida física.

A pesar de que eso es hermoso, todavía hay personas que lo llamarían comunismo.

Si desean hacerlo, que así sea. Te diré esto: <u>hasta que tu comunidad de seres</u> sepa acerca de <u>estar en comunidad</u>, nunca experimentarán la Sagrada Comunión y no podrán saber Quién Soy.
Las culturas muy evolucionadas del universo comprenden plenamente todo lo que aquí he explicado. En esas culturas, no sería posible dejar de compartir. Tampoco sería posible pensar en «cobrar precios» cada vez más exorbitantes, mientras más escaseara UN PRODUCTO. Sólo las sociedades sumamente primitivas harían esto. Sólo los seres muy primitivos verían escasez de lo que se necesita comúnmente, como una oportunidad para obtener mayores ganancias. La «oferta y la demanda» no dirige el sistema de los SME.
Esto es parte de un sistema que los humanos aseguran contribuye a su calidad de vida y al bien común. Sin embargo, desde el punto ventajoso de un ser muy evolucionado, su sistema <u>viola</u> el bien común, porque no permite eso que es <u>bueno</u> que se experimente <u>en común</u>.
Otro aspecto notable y fascinante de las culturas muy evolucionadas es que dentro de ellas no hay palabra ni sonido ni ninguna forma para comunicar el concepto de «tuyo» y «mío». Las posesiones personales no existen en su lenguaje y, si se hablara en lenguas terrenales, sólo se podrían utilizar los artículos para describir las cosas. Al emplear esa regla convencional, «mi coche» se diría «el coche con el que ahora estoy». «Mi pareja» o «mis hijos» se diría «la pareja» o «los hijos con los que ahora estoy».
El término «con los que ahora» o «en la presencia de» es lo más cercano a sus idiomas para describir lo que ustedes llamarían «propiedad» o «posesión».
Eso en lo que están «en presencia de» se convierte en el Regalo. Éstos son los verdaderos «regalos» de la vida.
Así, en el lenguaje de las culturas muy evolucionadas, no podríamos hablar en términos de «mi vida», sino que sólo podríamos comunicar «la vida en presencia de la cual estoy».
Esto es algo semejante a cuando ustedes hablan de estar «en la presencia de Dios».

Cuando están en la presencia de Dios (que están siempre que están en la presencia mutua), nunca pensarían en ocultar de Dios eso que es de Dios (esto significa cualquier parte de Eso Que Es). Compartirían natural y equitativamente eso que es de Dios con cualquier parte de eso que es Dios.

Ésta es la comprensión espiritual que apuntala todas las estructuras sociales, políticas, económicas y religiosas de todas las culturas muy evolucionadas. Ésta es la cosmología de toda la vida y simplemente el no observar esta cosmología, comprenderla y vivir dentro de ella, crea toda la discordia de su experiencia en la Tierra.

19

¿Cómo son físicamente los seres de otros planetas?

Puedes escoger. Hay tantas variedades de seres como especies de vida en tu planeta.
En realidad, más.

¿Hay seres muy semejantes a nosotros?

Por supuesto, algunos son exactamente como ustedes, aunque con algunas variaciones menores.

¿Cómo viven? ¿Qué comen? ¿Cómo se visten? ¿De qué manera se comunican? Deseo saber todo acerca de los extraterrestres. ¡Vamos, dímelo!

Comprendo tu curiosidad; sin embargo, estos libros no se te dieron para satisfacer tu curiosidad. El propósito de nuestra conversación es dar un mensaje a tu mundo.

Sólo unas preguntas. Es algo más que curiosidad. Podemos aprender algo aquí o, con mayor precisión, recordar.

Eso es en verdad más preciso, porque no tienen nada que aprender, sino simplemente recordar Quiénes Son Realmente.

Eso lo expresaste con mucha claridad en el *Libro 1.* ¿Estos seres de otros planetas recuerdan Quiénes Son?

Como podrías esperar, todos los seres en cualquier parte están en diferentes etapas de evolución. No obstante, en lo que ustedes llaman aquí culturas muy evolucionadas, sí, los seres han recordado.

¿Cómo viven? ¿Trabajan? ¿Viajan? ¿Se comunican?

Viajar, como ustedes lo conocen en su cultura, no existe en las sociedades muy evolucionadas. La tecnología ha avanzado y superado la necesidad de utilizar combustibles de fósiles para poner en movimiento los motores de las enormes máquinas que mueven a los cuerpos de un lado a otro.

Además de lo que han proporcionado las nuevas tecnologías físicas, también ha progresado la comprensión de la mente y de la naturaleza de lo físico en sí.

Como resultado de la combinación de estos dos tipos de avances evolutivos, ha sido posible que los SME armen y desarmen sus cuerpos a voluntad, permitiendo que la mayoría de los seres en las culturas más evolucionadas «estén» donde elijan estar, cuando lo elijan.

¿Incluyendo años luz en el universo?

Sí. En la mayoría de los casos, sí. El viaje a «larga distancia» a través de las galaxias se efectúa como saltar piedras a través del agua. No se ha intentado ir a través de La Matriz, que es el universo, sino «saltar» sobre éste. Ésa es la mejor fantasía que puede encontrarse en su lenguaje para explicar la física de esto.

Referente a lo que ustedes llaman en su sociedad «trabajo», no existe como concepto en las culturas de los SME. Se desempeñan tareas y las actividades se llevan a cabo, basándose puramente en lo que a un ser le gusta hacer y que considera la expresión suprema del Yo.

Eso es fabuloso, si uno puede hacerlo, pero, ¿cómo se hace el trabajo servil?

El concepto de «trabajo servil» no existe. Lo que ustedes llamarían «servil» en su sociedad, a menudo es el más apreciado en el mundo de los seres muy evolucionados. Los SME que llevan a cabo las tareas cotidianas que «deben» hacerse para que exista una sociedad y para que funcione, son los «trabajadores» mejor recompensados y más condecorados al servicio de To-

dos. Pongo entre comillas la palabra «trabajadores» porque para un SME esto no se considera «trabajo», sino lo forma suprema de autorrealización.

Las ideas y las experiencias que los seres humanos crearon alrededor de la autoexpresión (que ustedes llaman trabajo) simplemente no son parte de la cultura de los SME. El «trabajo fatigoso», las «horas extra», la «presión» y las experiencias similares autocreadas no las eligen los seres muy evolucionados, quienes, entre otras cosas, no intentan «ir a la cabeza», «llegar a la cima» o «tener éxito».

El concepto de «éxito», como ustedes lo definen, es desconocido para un SME, precisamente porque lo opuesto (el <u>fracaso</u>) no existe.

Entonces, ¿cómo llegan a tener los SME una experiencia de realización o de logro?

No a través de la construcción de un sistema elaborado de valores alrededor de la «competencia», «ganar» y «perder», como se hace en la mayoría de las sociedades y actividades humanas, incluso (y especialmente) en sus escuelas, sino a través de una comprensión profunda de lo que el valor real es en una sociedad y de una verdadera apreciación de éste.

El logro se define como «hacer lo que proporciona valor», no «hacer lo que produce 'fama' y 'fortuna', ya sea o no de valor».

Entonces, ¡los SME *tienen* un «sistema de valores»!

Oh, sí, por supuesto, pero uno muy diferente al de la mayoría de los seres humanos. El valor de los SME es el que produce beneficio a Todos.

¡Así es entre nosotros!

Sí, pero ustedes definen el «beneficio» de una forma muy diferente. Ven un mayor beneficio en lanzarle una pequeña esfera blanca a un hombre con un bate o en quitarse la ropa en una gran pantalla plateada, que en dirigir a los hijos para que recuerden las mayores verdades de la vida o en proporcionar el alimento espiritual de la sociedad. Por lo tanto, honran y pagan más a los jugadores de pelota y a las estrellas de cine, que a los maestros y a los ministros. En esto, están atrasados, dado adonde dicen que desean llegar como sociedad.

No han desarrollado muy bien los poderes de observación. Los SME siempre ven «qué es así» y hacen lo «que da resultado». Los seres humanos con mucha frecuencia no lo hacen.

Los SME no honran a aquellos que enseñan o ejercen un ministerio, porque es «moralmente correcto». Lo hacen porque es lo «que da resultado», dado adonde eligen que se dirija su sociedad.

Sin embargo, donde hay una estructura de valores, debe existir «tener» y «no tener». Así, en las sociedades de los SME son los maestros quienes son ricos y famosos y los jugadores de pelota son pobres.

No hay «no tener» en una sociedad de SME. Nadie vive en el fondo de la degradación a la que ustedes han permitido que caigan muchos seres humanos. Nadie muere de hambre, como los 400 niños por hora y las 30,000 personas al día que mueren de hambre en su planeta. No existe una vida de «desesperación callada» como existe en las culturas de trabajo humanas.
No. En una sociedad de SME no existe «el indigente» ni «el pobre».

¿Cómo han evitado eso? *¿Cómo?*

Aplicando dos principios básicos:
Todos somos Uno.
Hay suficiente.
Los SME tienen un conocimiento de la suficiencia y una conciencia que la crea. Debido a que los SME saben que todas las cosas están interrelacionadas, nada se desperdicia ni destruye de los recursos naturales de su planeta. Esto hace que haya bastante para todos, por lo tanto, «hay suficiente».
La conciencia humanas de insuficiencia (de «no suficiente») es la principal causa de toda preocupación, de toda presión, de toda competencia, de todos los celos, de toda la ira, de todo el conflicto y, finalmente, de toda la matanza en su planeta.
Esto, además de la insistencia humana en creer en la separación, en lugar de en la unidad de todas las cosas, es lo que ha creado el 90 por ciento de la miseria en sus vidas, de la tristeza en su historia y de la importancia de sus esfuerzos previos para mejorar las cosas para todos.
Si cambiaran estos dos elementos de su conciencia, todo cambiaría.

¿Cómo? Deseo hacer eso, pero no sé *cómo*. Dame una herramienta, no sólo trivialidades.

Bien. Eso es justo. Aquí está una herramienta.

«Actúa como si».

Actúa como si todos fueran Uno. Empieza a actuar de esa manera mañana. Considera a todos como si «tú» tuvieras una época difícil. Considera a todos como si «tú» desearas una oportunidad justa. Considera a todos como si «tú» tuvieras una experiencia diferente.

Inténtalo. Mañana inténtalo. Ve a todos a través de nuevos ojos.

Luego, empieza a actuar como si «hubiera suficiente». Si tuvieras «suficiente» dinero, «suficiente» amor, «suficiente» tiempo, ¿qué harías que fuera diferente? ¿Compartirías más abierta, libre y equitativamente?

Eso es interesante, porque estamos haciendo exactamente eso con nuestros recursos naturales y los ecologistas nos critican por eso. Quiero decir que actuamos como si «hubiera suficiente».

Lo que es realmente interesante es que actúan como si las cosas que piensan que los <u>benefician escasearan</u>, por lo que vigilan su abastecimiento de eso con mucho cuidado, a menudo, incluso atesoran esas cosas. Sin embargo, son desprendidos y rápidos con su medio ambiente, con los recursos naturales y con la ecología. Sólo puede asumirse que el medio ambiente, los recursos naturales y la ecología los benefician.

O que «actuamos como si» *hubiera suficiente.*

No lo están haciendo. Si lo hicieran, compartirían estos recursos más equitativamente. En este momento, una quinta parte de la población del mundo está utilizando cuatro quintas partes de los recursos mundiales y no muestran señales de cambiar esa ecuación.

<u>Hay</u> suficiente para todos, si dejan de derrochar todo esto entre las pocas personas privilegiadas. Si toda la gente empleara sabiamente los recursos, usarían menos de lo que utilizan y menos personas los utilizarían imprudentemente.

<u>Utilicen</u> los recursos, pero no <u>abusen</u> de ellos. Eso es lo que dicen todos los ecologistas.

De nuevo me siento deprimido. Continúas deprimiéndome.

Eres especial, ¿lo sabes? Conduces por un camino solitario, perdido y habiendo olvidado cómo llegar a donde dices que deseas ir. Alguien

llega y <u>te da indicaciones</u>. ¡Eureka! Estás exaltado, ¿no es así? No. Estás deprimido.
Sorprendente.

Estoy deprimido porque *no veo que sigamos esas indicaciones.* No veo que deseemos hacerlo. Veo que marchamos hacia un muro y *sí,* eso me deprime.

No estás utilizando tus poderes de observación. Veo a cientos de miles de personas entusiasmadas al leer esto. Veo a millones que reconocen las verdades simples que hay aquí. Veo una nueva fuerza para el cambio aumentando en intensidad en su planeta. Sistemas enteros de pensamientos están siendo desechados. Están abandonando formas de gobernarse. Están revisando políticas económicas. Las verdades Espirituales están siendo reexaminadas.
La suya es una <u>raza que despierta</u>.
Las indicaciones y observaciones de estas páginas no necesitan ser una fuente de desaliento. El hecho de que <u>las reconozcan como verdad</u> puede ser sumamente alentador, si permiten que esto sea <u>el combustible que mueve al motor del cambio</u>.
Tú eres el agente del cambio. Tú eres quien puede hacer la diferencia en como los seres humanos crean y experimentan sus vidas.

¿Cómo? ¿Qué puedo hacer?

Sé la diferencia. Sé el cambio. Encarna la conciencia de «Todos Somos Uno» y «Hay Suficiente».
Cambia tu Yo, cambia al mundo.
Diste a tu Yo este libro y el material de todas las <u>Conversaciones con Dios</u>, para que pudieras recordar una vez más cómo era vivir como seres muy evolucionados.

Vivimos de esa manera alguna vez anteriormente, ¿no es así? Ya habías mencionado que vivimos así alguna vez.

Sí, en lo que llamarían tiempos ancestrales y civilizaciones antiguas. Casi todo lo que he descrito aquí lo ha experimentado tu raza anteriormente.

288

¡Ahora, una parte de mí desea estar aún *más* deprimida! ¿Quieres decir que llegamos hasta allá y después perdimos todo? ¿Qué objeto tiene que «vayamos en círculos» como lo hacemos?

¡Evolución! La evolución <u>no es una línea recta</u>.

Ahora tienen la oportunidad de volver a crear las mejores experiencias de sus antiguas civilizaciones, mientras evitan lo peor. No tienen que permitir que los egos personales y la tecnología avanzada destruyan su sociedad en esta ocasión. Pueden hacerlo de diferente manera. Tú, ustedes, pueden <u>hacer la diferencia</u>.

Eso podría ser muy excitante para ti, si permites que lo sea.

De acuerdo, lo comprendo. ¡Cuando me permito pensar sobre eso de esa manera, *me entusiasmo*! ¡*Haré* una diferencia! ¡Dime más! Deseo recordar todo lo que pueda sobre cómo éramos en nuestras civilizaciones antiguas avanzadas y cómo es hoy en día con todos los seres muy evolucionados. ¿Cómo viven?

Viven en grupos o en lo que tu mundo llamaría comunidades, pero en su mayor parte abandonaron su versión de lo que ustedes llaman «ciudades» o «naciones».

¿Por qué?

Porque las «ciudades» llegaron a ser demasiado grandes y ya no apoyaron el propósito del agrupamiento, sino que trabajaron en contra de ese propósito. Produjeron «individuos amontonados», en lugar de una comunidad agrupada.

¡Sucede lo mismo en este planeta! Hay más sensación de «comunidad» en nuestros pueblos pequeños y aldeas, incluso en nuestras áreas rurales amplias, que en la mayoría de nuestras ciudades grandes.

Sí. Sólo hay una diferencia respecto a eso entre su mundo y los otros planetas que ahora discutimos.

¿Cuál es?

Los habitantes de esos otros planetas aprendieron esto. Observaron con mayor detenimiento lo «que da resultado».

Por otra parte, nosotros continuamos creando ciudades cada vez más grandes, a pesar de que nos damos cuenta de que están destruyendo nuestra forma de vida.

Sí.

¡Incluso nos *enorgullecemos* de nuestras clasificaciones! ¡Un área metropolitana pasa del número 12 al número 10 en nuestra lista de ciudades más grandes y todos piensan que es un motivo de celebración! ¡Las Cámaras de Comercio lo *anuncian!*

Es la marca de una sociedad primitiva considerar la regresión como progreso.

Ya dijiste eso antes. ¡Me deprimes de nuevo!

Cada vez un mayor número de ustedes ya no hace esto. Cada vez un número mayor está creando de nuevo pequeñas comunidades «intencionalmente».

¿Consideras que deberíamos abandonar nuestras grandes ciudades y regresar a nuestros pueblos y aldeas?

No tengo preferencia por una cosa o la otra. Simplemente hago una observación.

Como siempre. ¿Cuál es tu observación respecto a por qué continuamos emigrando a ciudades cada vez más grandes, a pesar de que comprendemos que eso no es bueno para nosotros?

Porque muchos de ustedes <u>no</u> comprenden que no es bueno para ustedes. Creen que el agruparse en ciudades grandes <u>soluciona</u> los problemas, cuando sólo los crea.
Es verdad que en las ciudades grandes hay servicios, hay empleos, hay entretenimientos que no hay y que no puede haber en los pueblos y aldeas más pequeños. Su error es considerar valiosas estas cosas, cuando en realidad, son nocivas.

¡Ajá! ¡*Tienes* un punto de vista respecto a esto! ¡Te delataste! Dijiste que cometimos un «error».

Si te diriges a San José...

Aquí vamos de nuevo...

Bueno, insistes en llamar «juicios» a las observaciones y preferencias a las afirmaciones de hechos y sé que buscas una mayor precisión en tus comunicaciones y en tus percepciones, por lo que voy a indicarte esto en cada ocasión.
Si te diriges a San José, mientras dices que deseas ir a Seattle, ¿es malo que la persona a la que pides indicaciones diga que «cometiste un error»? ¿Esa persona está expresando una «preferencia»?

Supongo que no.

¿Supones que no?

De acuerdo, no la está expresando.

Entonces, ¿qué está haciendo?

Sólo está diciendo «lo que es», puesto que dije adónde deseabas ir.

Excelente. Lo comprendiste.

Ya explicaste esto con anterioridad y repetidas veces. ¿Por qué continúo volviendo a la idea de que tienes preferencias y juicios?

Porque ése es el Dios que apoya tu mitología y me colocarás en esa categoría cada vez que puedas hacerlo. Además, si tuviera una preferencia, eso facilitaría todo para ti. No tendrías que suponer las cosas y sacar tus propias conclusiones. Sólo tendrías que hacer lo que yo dijera.
Por supuesto, no tendrías forma de saber qué es lo que digo, puesto que no crees que haya dicho algo durante miles de años, por lo que no tienes otra alternativa que depender de aquellos que aseguran que están enseñando lo que Yo solía decir en los días cuando en realidad me comunicaba. Incluso esto es un problema, porque hay tantos maestros y enseñanzas diferentes, como cabellos en tu cabeza. Estás de nuevo donde empezaste y tienes que sacar tus propias conclusiones.

¿Hay alguna forma de salir de este laberinto y del ciclo de miseria que ha creado para la raza humana? ¿Alguna vez lo «comprenderemos correctamente»?

No hay «salida» y lo «comprenderán correctamente». Sólo tienen que mejorar sus habilidades para observar. Tienen que comprender mejor lo que les sirve. Esto se llama «evolución» En realidad, no pueden «comprenderlo correctamente». No pueden fracasar. Es sólo una cuestión de cuándo, no de si.

¿No se nos está acabando el tiempo en este planeta?

Si ése es su parámetro, si desean «hacerlo bien» en <u>este planeta</u> (esto es, mientras <u>este planeta particular los albergue</u>) dentro de ese contexto, será mejor que se apresuren.

¿Cómo podemos apresurarnos? ¡Ayúdanos!

Los estoy ayudando. ¿De qué supones que trata este diálogo?

De acuerdo, danos más ayuda. Dijiste hace poco que en las culturas muy evolucionadas en otros planetas, los seres abandonaron también el concepto de «naciones». ¿Por qué hicieron eso?

Porque comprendieron que un concepto como el que ustedes llamarían «nacionalismo» trabaja en contra de su Primer Principio Guía: TODOS SOMOS UNO.

Por otra parte, el nacionalismo *apoya* nuestro Segundo Principio Guía: SUPERVIVENCIA DEL MÁS APTO.

Exactamente.
Se separan en naciones por motivos de supervivencia y de seguridad y producen justamente lo opuesto.
Los seres muy evolucionados se niegan a reunirse en naciones. Creen en una nación. Podrían decir que formaron «una nación bajo Dios».

Ah, es inteligente. Sin embargo, ¿tienen «libertad y justicia para todos»?

¿Lo tienen ustedes?

Tienes razón.

El punto es que todas las razas y las especies están evolucionando y la evolución (el propósito de observar lo que les sirve y de llevar a cabo adaptaciones de comportamiento) parece continuar moviéndose en una dirección y alejándose de otra. Continúa moviéndose hacia la unidad y alejándose de la separación.

Esto no es sorprendente, puesto que la unidad es la Verdad Final y la «evolución» es sólo otra palabra para «movimiento hacia la verdad».

Noto también que «observar lo que nos sirve y hacer adaptaciones en el comportamiento» suena sospechosamente como «supervivencia del más apto», ¡uno de nuestros Principios Guía!

Así es.

Ahora es tiempo de «observar» que la «supervivencia del más apto» (esto es, la evolución de la especie) no se logra, sino que toda la especie tiene que estar definitivamente perdida (haberse <u>autodestruido</u>) al llamar «proceso» a un «principio».

Me pierdo.

El <u>proceso</u> se llama «evolución». El «principio» que <u>guía</u> el proceso es lo que dirige el curso de su evolución.

Tienes razón. La evolución es la «supervivencia del más apto». Eso es el <u>proceso</u>. Sin embargo, no confundan «proceso» y «principio».

Si la «evolución» y la «supervivencia del más apto» son sinónimos y si aseguras que la «supervivencia del más apto» es un Principio Guía, entonces, estás diciendo «Un Principio Guía de Evolución es <u>evolución</u>».

No obstante, ésa es la afirmación de una raza que no sabe que puede <u>controlar el curso de su propia evolución</u>. Ésa es la afirmación de una especie que se considera relegada al estado de observador de su propia evolución. Debido a que la mayoría de la gente piensa que la «evolución» es un proceso que simplemente «continúa» (no un proceso que está <u>dirigiendo</u>) de acuerdo con ciertos <u>principios</u>.

Por lo tanto, la especie está anunciando: «Evolucionamos por el principio de... bueno, la evolución». Sin embargo, nunca dice cuál ES el principio, porque ha confundido el proceso y el principio.

Por otra parte, la especie que comprende con claridad que la evolución es un proceso (un proceso sobre el cual la especie tiene control) no confunde «proceso» con «principio», sino que conscientemente elige un principio que utiliza como guía y dirige su proceso.
Esto se llama evolución consciente y su especie no ha llegado allí.

Ésa es una perspectiva increíble. ¡*Por eso* le diste a Barbara Marx Hubbard ese libro! Como dije, ella la llamó *Evolución Consciente*.

Por supuesto que la llamó así. Yo le dije que lo hiciera.

¡Me encanta! Entonces... me gustaría regresar a nuestra «conversación» sobre los seres extraterrestres. ¿Cómo se organizan estos seres muy evolucionados, si no es en naciones? ¿Cómo se gobiernan?

No utilizan la «evolución» como su Primer Principio Guía de Evolución, sino que crearon un principio basándose en la observación pura. Sólo observaron que todos son Uno e idearon mecanismos políticos, sociales, económicos y espirituales que apuntalan, en lugar de debilitar ese Primer Principio.

¿Qué «apariencia» tiene eso? ¿Por ejemplo, en el gobierno?

Cuando sólo hay uno de Ustedes, ¿cómo se gobierna a sí mismo?

Repítelo, por favor.

Cuando eres el único que hay, ¿cómo gobiernas tu comportamiento? ¿Quién gobierna tu comportamiento? ¿Quién, fuera de ti?

Nadie. Cuando estoy solo (si, por ejemplo, me encontrara en una isla desierta) nadie «afuera de mí» gobernaría o controlaría mi comportamiento. Comería, me vestiría, haría exactamente lo que deseara, es probable que no me vistiera. Comería cuando tuviera hambre y haría lo que me hiciera sentirme bien y sano. «Haría» lo que deseara hacer y parte de eso lo determinaría lo que pensara que necesitaba hacer para sobrevivir.

Como siempre, tienes toda la sabiduría en tu interior. Ya te lo dije antes, no tienes nada que aprender, sólo tienes que recordar.

¿Así es en las civilizaciones avanzadas? ¿Van por allí desnudos, recogiendo bayas y fabricando canoas? ¡Eso suena a bárbaros!

¿Quién crees que es más feliz y está más cerca de Dios?

Ya hablamos sobre esto anteriormente.

Sí, lo hicimos. Es la marca de una cultura primitiva imaginar que la simplicidad es barbarismo y que la complejidad está muy avanzada.
Interesantemente, aquellos que están muy avanzados consideran todo lo contrario.

Sin embargo, el movimiento de todas las culturas, el proceso de la evolución en sí, es hacia grados cada vez superiores de complejidad.

Sí, en un sentido. No obstante, aquí está la mayor Dicotomía Divina: <u>La mayor complejidad es la mayor simplicidad</u>.
Mientras más «complejo» es un sistema, más simple es su diseño. En realidad, es muy elegante en su Simplicidad.
El maestro comprende esto. Por este motivo, un ser muy evolucionado vive con gran simplicidad. Por esto, todos los sistemas muy evolucionados son también sumamente simples. Los sistemas de gobierno muy evolucionados, los sistema de educación sumamente evolucionados y los sistemas económicos y religiosos muy evolucionados son todos ellos elegantes y sumamente simples.
Por ejemplo, los sistemas de gobierno muy evolucionados virtualmente no incluyen <u>ningún gobierno</u>, salvo el autogobierno.

Como si sólo participara un ser. Como si sólo resultara afectado un ser.

Que es todo lo que hay.

Lo cual comprenden las culturas muy evolucionadas.

Precisamente.

Empiezo a reunir todo ahora.

Bien. No nos queda mucho tiempo.

¿Tienes que irte?

Este libro se está alargando mucho.

20

¡Espera! ¡Un momento! ¡No puedes dejarlo ahora! ¡Tengo más preguntas sobre los seres extraterrestres! ¿Algún día van a aparecer en la Tierra para «salvarnos»? ¿Nos rescatarán de nuestra propia locura, trayéndonos nuevas tecnologías para controlar las polaridades del planeta, limpiar nuestra atmósfera, aprovechar la energía de nuestro sol, regular el clima, curar todas las enfermedades y traernos una mejor calidad de vida en nuestra propia y pequeña nirvana?

Tal vez no deseen que suceda eso. Los «SME» lo saben. Saben que esa intervención sólo los subyugaría a ellos, convirtiéndolos en sus dioses, en lugar de los dioses a los que en la actualidad aseguran están subyugados.

La verdad es que no están subyugados a nadie y esto es lo que los seres de las culturas muy avanzadas harían que comprendieran. Si compartieran con ustedes algunas tecnologías, éstas las darían en cierta forma y cantidad que permitiera a ustedes reconocer sus propios poderes y potenciales y no convertir en dioses a sus maestros.

Demasiado tarde. Ya hicimos eso.

Sí, lo he notado.

Esto nos lleva a uno de nuestros mejores maestros, el hombre llamado Jesús. Incluso aquellos que *no* lo consideran un dios, han reconocido la grandeza de sus enseñanzas.

Enseñanzas que han distorsionado mucho.

¿Fue Jesús uno de esos «SME» (seres muy evolucionados)?

¿Crees que estaba muy evolucionado?

Sí, al igual que Buda, Lord Krishna, Moisés, Babaji, Sai Baba y Paramahansa Yogananda.

Así es y también muchos otros que no mencionaste.

En el *Libro 2* «sugeriste» que Jesús y esos otros maestros podrían haber llegado del «espacio exterior», que pudieron haber sido visitantes aquí, compartiendo con nosotros las enseñanzas y la sabiduría de los seres muy evolucionados. Ya es tiempo de que aclares este asunto. ¿Fue Jesús un «hombre del espacio»?

Todos ustedes son «hombres del espacio».

¿Qué significa eso?

No son nativos de este planeta que llaman hogar.

¿No lo somos?

No. El «material genético» del que están formados se <u>colocó</u> deliberadamente en su planeta, no «apareció» allí por accidente. Los elementos que formaron su vida no se combinaron entre sí mediante un proceso de <u>casualidad biológica</u>. Hubo un plan. Hay algo mucho más grande en esto. ¿Imaginas que el billón de reacciones bioquímicas necesarias para producir la vida como la conocen, apareció en su planeta por azar? ¿Consideras este resultado como una cadena fortuita de eventos al azar, que produjeron un resultado feliz <u>por casualidad</u>?

No, por supuesto que no. Estoy de acuerdo en que hubo un plan. El plan de Dios.

Bien, porque tienes razón. Todo fue idea Mía y fue Mi Plan y Mi proceso.

Entonces, ¿estás diciendo que Tú eres un «hombre del espacio»?

¿Hacia donde miras tradicionalmente cuando imaginas que estás hablando Conmigo?

Hacia arriba. Miro hacia arriba.

¿Por qué no hacia abajo?

No lo sé. Todos miran siempre hacia arriba, hacia el «cielo».

¿De donde vengo Yo?

Supongo que sí.

¿Eso Me convierte en un hombre del espacio?

No lo sé, ¿te convierte?

Si Yo soy un hombre del espacio, ¿eso haría que no fuera un Dios?

Con base en lo que la mayoría de nosotros decimos que Tú puedes hacer, no. Supongo que no.

Si Yo soy un Dios, ¿eso haría que no fuera un hombre del espacio?

Supongo que todo dependería de nuestras definiciones.

¿Y si no soy un «hombre», sino más bien una Fuerza, una «Energía» en el universo, que ES el universo y eso en realidad Todo Lo Que Es. ¿Y si Yo soy La Colectividad?

Bueno, eso fue lo que dijiste que eres. En este diálogo, *dijiste* eso.

Sí, lo dije. ¿Y lo crees?

Sí, creo que sí. Al menos, en el sentido de que pienso que Dios es Todo Lo Que Es.

Ahora, ¿crees que existe eso que ustedes llaman «hombres del espacio»?

¿Te refieres a los seres del espacio exterior?

Sí.

Sí, lo creo. Creo que siempre lo he creído. Aquí *me dijiste* que existen, por lo que lo creo con seguridad.

¿Estos «seres del espacio exterior» son parte de «Todo Lo Que Es»?

Sí, por supuesto.

¿Y si Yo soy Todo Lo Que Es, eso no Me convertiría en un hombre del espacio?

Sí... pero de acuerdo con esa definición, Tú eres también *yo.*

¡Lotería!

Sí, pero te has apartado de mi pregunta. Te pregunté si Jesús era un hombre del espacio. Creo que sabes a lo que me refiero. ¿Era él un ser del espacio exterior o nació aquí, en la Tierra?

Tu pregunta supone de nuevo «si/o». Enfoca las cosas desde afuera. Rechaza «si/o» y considera «ambos/y».

¿Estás diciendo que Jesús nació en la Tierra, pero que tenía sangre de «hombre del espacio», por decirlo así?

¿Quién fue el padre de Jesús?

José.

Sí, pero, ¿quién se dice que lo concibió?

Algunas personas creen que fue una concepción inmaculada. Dicen que un arcángel visitó a la Virgen María. Jesús fue «concebido por el Espíritu Santo y nació de la Virgen María».

¿Crees eso?

No sé qué creer al respecto.

Si un arcángel visitó a María, ¿de dónde imaginas que llegó el ángel?

Del cielo.

¿Dijiste «de los cielos»?

Dije del *cielo*. De otro reino, de Dios.

Comprendo. ¿No acabamos de estar de acuerdo en que Dios es un hombre del espacio?

No exactamente. Estuvimos de acuerdo en que Dios es *todo* y que como los hombres del espacio son *parte* de «todo», Dios es un hombre del espacio, en el mismo sentido en el que Dios es nosotros. Todos nosotros. Dios es Todo. Dios es la colectividad.

Bien. Entonces, este arcángel que visitó a María llegó de otro reino, de un reino celestial.

Sí.

De un reino muy dentro de tu Yo, porque el cielo está dentro de ti.

No dije eso.

Entonces, de un reino dentro del espacio interior del universo.

No, no diría tampoco eso, porque no sé lo que eso significa.

Entonces, ¿de dónde? ¿De un reino en el espacio <u>exterior</u>?

(Una pausa prolongada)

Estás jugando con las palabras.

Estoy haciendo lo más que puedo. Estoy <u>utilizando</u> palabras, a pesar de sus terribles limitaciones, para acercarme lo más posible a una idea, a *un concepto de las cosas, que, en verdad, no puede describirse con el vocabulario limitado de tu lenguaje ni comprenderse dentro de las limitaciones de tu nivel actual de percepción.*

Estoy tratando de abrirte hacia nuevas percepciones, utilizando tu lenguaje de una nueva manera.

De acuerdo. Entonces, ¿estás diciendo que el padre de Jesús fue un ser muy evolucionado de otro reino y, así, él fue un ser humano, pero también un SME?

Muchos seres muy evolucionados han caminado sobre tu planeta y en la actualidad hay muchos.

¿Quieres decir que hay «extraterrestres entre nosotros»?

Me doy cuenta de que tu trabajo en los periódicos, tus programas de radio y televisión te han servido bien.

¿Qué quieres decir?

Puedes encontrar la forma para sensacionalizar cualquier cosa. Yo no llamé a los seres muy evolucionados «extraterrestres» y no llamé «extraterrestre» a Jesús.

No hay nada «extraterrestre» en Dios. No hay «extraterrestres» en la Tierra.

Todos Somos Uno. Si Todos Somos Uno, ninguna individualización nuestra es ajena a sí misma.

Algunas individualizaciones de nosotros (esto es, algunos seres individuales) recuerdan más que otros. El proceso de recordar (reunirse con Dios o ser de nuevo Uno Con El Todo, con la colectividad) es un proceso que ustedes llaman evolución. Todos ustedes son seres en evolución. Algunos están más evolucionados. Esto es, que recuerdan más. Saben Quiénes Son Realmente. Jesús lo sabía y lo declaró.

De acuerdo, comprendo que vamos a jugar con las palabras respecto a Jesús.

De ninguna manera. Te lo diré abiertamente. El espíritu del ser humano que ustedes llaman Jesús no era de esta Tierra. Ese espíritu simple-

mente ocupó un cuerpo humano, se permitió aprender como niño, conver-
*tirse en hombre y autorrealizarse. No fue el único que ha hecho esto. <u>Todos
los espíritus</u> «no son de esta Tierra». <u>Todas las almas</u> vienen de otro reino
y ocupan el cuerpo. Sin embargo, no todas las almas se autorrealizan en un
«tiempo de vida» particular. Jesús sí lo hizo. Era un ser muy evolucionado
(lo que algunos de ustedes llaman un dios) y vino a ustedes con un propósito, en una misión.*

Para salvar nuestras almas.

*Sí, en cierto sentido. No obstante, no de la condenación eterna. No
<u>existe</u> tal cosa, como ustedes la han concebido. Su misión fue (es) salvarlos
de no saber y nunca experimentar Quiénes Son Realmente. Su intención
fue demostrarles eso, mostrándoles lo que pueden llegar a ser. En realidad,
lo que son, si sólo lo aceptaran.*
*Jesús intentó dirigir mediante el ejemplo. Por eso dijo: «Yo soy el cami-
no y la vida, síganme». No quiso decir «síganme» en el sentido de que
todos se convirtieran en sus «seguidores», sino en el sentido de que todos
<u>siguieran su ejemplo y se convirtieran en uno con Dios</u>. Dijo: «El Padre y
Yo somos Uno y ustedes son mis hermanos». No pudo haberlo explicado
con mayor claridad.*

Entonces, Jesús no vino de Dios, vino del espacio exterior.

*Tu error está en separar las dos cosas. Continúas insistiendo en hacer
una distinción, así como insistes en hacer una separación y una distinción
entre los seres humanos y Dios. Te digo que <u>no hay distinción</u>.*

Hmmm. De acuerdo. ¿Puedes decirme por último algunos cosas
más sobre los seres de otros mundos, antes de que terminemos? ¿Qué
ropa usan? ¿Cómo se comunican? Por favor, no digas que todo esto es
curiosidad vana. Creo que he demostrado que aquí hay algo que podemos aprender.

De acuerdo. Seré breve.
*En las culturas muy evolucionadas, los seres no consideran necesario
vestirse, excepto cuando se requiere alguna clase de cubierta para protegerse de los elementos o las condiciones sobre las que no tienen control o cuando se utilizan ornamentos para indicar algún «rango» u honor.*

Un SME no comprendería por qué ustedes se cubren todo el cuerpo, cuando no tienen que hacerlo (por supuesto, no comprendería el concepto de «vergüenza» o el de «modestia») y nunca entendería la idea de cubrirse para estar «más bonito». Para un SME no puede haber más belleza que el cuerpo desnudo y, por lo tanto, el concepto de llevar puesto algo sobre éste para, de alguna manera, hacerlo más agradable o atractivo, sería totalmente incomprensible.

Igualmente incomprensible sería la idea de vivir (pasar la mayor parte del tiempo) en cajas... que ustedes llaman «edificios» y «casas». Los SME viven en el medio ambiente natural y sólo permanecerían en el interior de una caja si su medio ambiente fuera inhóspito, que rara vez lo es, puesto que las civilizaciones muy evolucionadas crean, controlan y cuidan sus ambientes.

Los SME comprenden también que son Uno con su medio ambiente, que comparte algo más que el espacio con su medio ambiente, que comparten también una relación mutuamente dependiente. Un SME nunca comprendería por qué ustedes dañan o destruyen lo que los mantiene y sólo podría llegar a la conclusión de que ustedes no comprenden que es su medio ambiente el que los mantiene; que son seres con habilidades de observación muy limitadas.

Respecto a la comunicación, un SME utiliza como su primer nivel de comunicación el aspecto de su ser que ustedes llamarían sentimientos. Los SME están conscientes de sus sentimientos y de los sentimientos de los demás y nadie intenta jamás ocultar sus sentimientos. Los SME considerarían autodestructivo y, por lo tanto, incomprensible, ocultar los sentimientos y luego quejarse de que nadie comprende lo que sienten.

Los sentimientos son el lenguaje del alma y los seres muy evolucionados comprenden esto. El propósito de la comunicación en una sociedad de SME es conocerse mutuamente en verdad. Por lo tanto, un SME no puede y nunca podría comprender su concepto humano llamado «mentir».

Para un SME, lograr comunicar una mentira sería una victoria tan vacía, como no lograr ninguna victoria, sino una derrota total.

Los SME no «dicen» la verdad, pues son la verdad. Todo su ser proviene de lo «que es así» y de lo «que da resultado» y aprendieron desde hace mucho tiempo, en una época más allá del recuerdo, cuando la comunicación todavía se lograba a través de sonidos guturales, que la mentira no da resultado. Ustedes todavía no han aprendido esto en su sociedad.

En su planeta, gran parte de la sociedad se basa en la reserva. Muchos de ustedes creen que lo que se ocultan mutuamente y no lo que se dicen mutua-

304

mente es lo que hace que la vida funcione. Así, la reserva se ha convertido en su código social, en su código de ética. Es en realidad su Código Secreto.

Esto no es verdad respecto a todos ustedes. Sus culturas antiguas, por ejemplo, y sus pueblos indígenas no viven de acuerdo con este código. Muchos individuos en su sociedad actual se han negado a adoptar estos comportamientos.

Sin embargo, su gobierno se rige por este código, sus negocios lo aceptan y muchas de sus relaciones lo reflejan. Mentir (acerca de cosas grandes y pequeñas) ha llegado a aceptarse tanto por muchos, que incluso mienten respecto a mentir. Así, desarrollaron un código secreto sobre su Código Secreto. Como el hecho de que el emperador no lleva ropa puesta, todos lo saben, pero nadie habla de eso. Incluso, intentan pretender que no es así y en esto, se mienten a sí mismos.

Ya explicaste este punto anteriormente.

En este diálogo estoy repitiendo los puntos esenciales, los puntos principales que deben «captar», si en verdad desean cambiar las cosas, como dicen que desean hacerlo.

Lo diré de nuevo: la diferencia entre las culturas humanas y las culturas muy evolucionadas es que los seres muy evolucionados:

1. Observan plenamente.

2. Se comunican verdaderamente.

Ven lo «que da resultado» y dicen «lo que es». Éste es otro cambio pequeño, pero profundo, que mejoraría mucho la vida en su planeta.

A propósito, esto no es una cuestión de moral. No hay «imperativos morales» en una sociedad de SME y ése sería un concepto tan confuso como mentir. Simplemente, es una cuestión de lo que da resultado y lo que produce beneficio.

¿Los SME no tienen moral?

No como ustedes la entienden. La idea de que un grupo cree un conjunto de valores mediante los cuales los SME individuales deban vivir violaría su comprensión de lo «que da resultado», que es que cada individuo es el árbitro único y final de lo que es y no es un comportamiento apropiado para él.

La discusión siempre gira alrededor de lo que <u>da resultado</u> para una sociedad de SME, lo que es útil y produce beneficio para todos, no alrededor de lo que los seres humanos llamarían «correcto» e «incorrecto».

¿Acaso no es lo mismo? ¿Acaso no llamamos simplemente a lo que da resultado «correcto» y a lo que no da resultado «incorrecto»?

Vincularon la culpa y la vergüenza a esas etiquetas (conceptos igualmente extraños para los SME) y han etiquetado como «incorrectas» a un número sorprendente de cosas, no porque «no den resultado», sino sólo porque imaginan que son «inapropiadas» (en ocasiones, no ante sus ojos, sino ante los «ojos de Dios»). De esta manera, construyeron definiciones artificiales de «lo que da resultado» y de lo que no resulta (definiciones que no tienen nada que ver con lo «que es en realidad»).

Por ejemplo, expresar los propios sentimientos con honestidad a menudo lo califica la sociedad humana como «incorrecto». Un SME nunca llegaría a tal conclusión, puesto que el conocimiento preciso de los sentimientos facilita la <u>vida</u> en cualquier comunidad o grupo. Como dije, un SME nunca ocultaría sus sentimientos ni consideraría «socialmente correcto» ocultarlos.

Sería imposible, porque un SME recibe «vibras» (vibraciones) de otros seres, que expresan plenamente sus sentimientos. Así como en ocasiones puedes «sentir el aire» cuando caminas en una habitación, de la misma manera, un SME puede sentir lo que está pensando y experimentando otro SME.

Rara vez utilizan sonidos (lo que ustedes llamarían «palabras»). Esta «comunicación telepática» ocurre entre todos los seres sensibles muy evolucionados. En realidad, podría decirse que el grado en que una especie (o una relación entre miembros de la misma especie) ha evolucionado se demuestra por el grado en que los seres requieren el empleo de «palabras» para expresar sentimientos, deseos o información.

Antes de que formules la pregunta, sí, los seres humanos pueden desarrollar (y algunos han desarrollado) la misma capacidad. Hace miles de año, era normal. Desde entonces retrocedieron al uso de las expresiones primarias («sonidos» en realidad) para comunicarse. Muchos de ustedes están volviendo a una forma más limpia de comunicación, más precisa y más elegante. Esto es en especial cierto entre los seres queridos, enfatizando una importante verdad: <u>el cariño crea comunicación</u>.

Donde existe un amor profundo, las palabras son virtualmente innecesarias. Lo contrario de este axioma es también verdad: mientras más palabras tengan que emplear mutuamente, menos tiempo dedican a interesarse uno por el otro, porque el cariño crea comunicación.

Por último, toda la comunicación real es acerca de la verdad y la única verdad real es el amor. Por ese motivo, cuando está presente el amor, también lo está la comunicación. Cuando la comunicación es difícil, esto es una señal de que el amor no está plenamente presente.

Lo expresaste hermosamente. Podría decir que lo *comunicaste* hermosamente.

Gracias. Para resumir, el modelo de vida en una sociedad muy evolucionada:

Los seres viven en grupos o en lo que ustedes llamarían pequeñas comunidades intencionales. Estos grupos no se organizan luego en ciudades, estados o naciones, sino que cada uno interactúa con los otros en una base de igualdad.

No hay gobiernos como ustedes los entenderían y no hay leyes. Hay consejos o cónclaves. Por lo general, formados por las personas mayores. Hay lo que podría traducirse mejor a su lenguaje como «acuerdos mutuos». Éstos se han reducido a un Código Triangular: Conocimiento, Honestidad, Responsabilidad.

Los seres muy evolucionados decidieron desde hace mucho tiempo que así es como eligen vivir juntos. Hicieron esta elección basándose no en una estructura moral o en una revelación espiritual que algún otro ser o grupo haya proporcionado, sino en la observación simple de lo <u>que es así y lo que funciona</u>.

¿En verdad no hay guerras y/o conflictos?

No, principalmente porque un ser muy evolucionado comparte todo lo que tiene y te daría cualquier cosa que intentaras tomar por la fuerza. Hace esto debido a su conocimiento de que todo pertenece a todos y que él siempre puede crear más de lo que «dio», si en realidad lo desea.

No existe el concepto de «propiedad» o «pérdida» en una sociedad de SME, que comprenden que no son seres físicos, sino seres que están siendo físicos. Entienden también que todos los seres proceden de la misma fuente y, así, Todos Somos Uno.

Sé que dijiste eso antes... pero incluso si alguien amenazara la vida de un SME, ¿aún así no habría conflicto?

No habría argumento. Simplemente, dejaría su cuerpo (literalmente dejaría el cuerpo para ti). Entonces, crearía otro cuerpo, si lo decidiera, volviendo a lo físico como un ser plenamente formado o regresando como el hijo recién nacido de una pareja amorosa de otros seres.

Éste es el método preferido para entrar de nuevo a lo físico, porque nadie es más honrado en las sociedades muy evolucionadas, que los hijos recién creados y las oportunidades de desarrollo son inigualables.

Los SME no tienen temor de lo que su cultura llama «muerte», porque saben que viven eternamente y que es sólo una cuestión de qué forma *van a tomar. Los SME pueden vivir en un cuerpo físico casi siempre indefinidamente, porque aprendieron a cuidar el cuerpo y el medio ambiente. Si por algún motivo relacionado con las leyes físicas, un cuerpo de un SME ya no es funcional, el SME simplemente lo abandona y regresa feliz su materia física al Todo de Todo para «reciclarla». (Lo que ustedes entienden como «de polvo eres y en polvo te convertirás».)*

Permite que retroceda un poco. Sé que Tú dijiste que no hay «leyes», como tales. Sin embargo, si alguien no se comporta de acuerdo con el «Código Triangular», ¿qué sucede entonces? ¿*Ka-boom*?

No, de ninguna manera. No hay «juicio» ni «castigo», sólo una simple observación de «por qué es así» y lo «que funciona».

Se explica con detenimiento «por qué es así» (lo que el ser hizo) está ahora en desacuerdo con «lo que funciona» y que cuando algo no funciona para el grupo, finalmente no dará resultado para el individuo, porque el individuo es el grupo y el grupo es el individuo. Todos los SME «captan» esto con mucha rapidez, por lo general, al principio de lo que ustedes llaman juventud, por lo que es muy raro que un SME maduro actúe de una manera que produzca un «lo que es así» que no sea lo «que funciona».

Pero, ¿cuando alguien lo hace?

Simplemente, le permiten corregir su error. Utilizando el Código Triangular, primero se le hace estar consciente de todos los resultados relacionados con algo que él pensó o dijo o hizo. Luego, se le permite valorar y declarar su papel al producir esos resultados. Por último, se le da la oportunidad de responsabilizarse de esos resultados tomando medidas correctivas o remediantes o curativas.

¿Y si se niega a hacerlo?

Un ser muy evolucionado nunca se negaría a hacerlo. Esto es inconcebible. En ese caso, no sería un ser muy evolucionado y ahora estás hablando sobre un nivel diferente de ser sensible.

¿Dónde aprende todo esto un SME? ¿En la escuela?

No hay «sistema escolar» en una sociedad de SME, sólo un <u>proceso</u> de educación mediante el cual a los hijos se les recuerda «lo que es así» y lo «que funciona». A los hijos los educan las personas mayores, no las que los concibieron, aunque no necesariamente están separados de sus «padres» durante el proceso, quienes pueden estar con ellos siempre que lo deseen y pasar a su lado todo el tiempo que decidan.

En lo que ustedes llamarían «escuela» (se traduciría mejor como «tiempo de aprendizaje») los hijos establecen su propio «curriculum», eligen las habilidades que les gustaría adquirir, en lugar de que les digan lo que van a tener que aprender. La motivación está en su nivel más elevado y la habilidad para vivir se adquiere con rapidez, facilidad y alegría.

El Código Triangular (en realidad, no son «reglas» codificadas», sino que es el mejor término que puedo encontrar en su lenguaje) no es algo que se «inculca» en el SME joven, sino algo que se <u>adquiere</u>, casi por ósmosis, a través de los comportamientos que los «adultos» <u>modelaron para el «niño»</u>.

A diferencia de en la sociedad de ustedes, en la que los adultos ejemplifican comportamientos <u>contrarios</u> a los que desean que aprendan sus hijos, en las culturas muy evolucionadas, los adultos comprenden que los niños hacen lo que ven que hacen los demás.

Nunca se le ocurriría a un SME colocar a su hijo durante muchas horas frente a un aparato que muestra imágenes de comportamientos que le gustaría que su hijo evitara. Tal decisión sería incomprensible para un SME.

Sería igualmente incomprensible, si un SME <u>hiciera</u> esto y luego negara que las imágenes tuvieron algo què ver con el comportamiento aberrante y repentino de sus hijos.

Diré una vez más que la diferencia entre la sociedad de SME y la sociedad humana difiere en un elemento muy simple, que llamaremos observación verdadera.

En las sociedades de SME, los seres reconocen todo lo que ven. En las sociedades humanas, muchos niegan lo que ven.

Ven que la televisión arruina a sus hijos y lo ignoran. Ven que la violencia y la «pérdida» se utilizan como «entretenimiento» y niegan la contradicción. Observan que el tabaco daña el cuerpo y pretenden que no es así. Ven a un padre que es borracho y abusivo y toda la familia lo niega y no permiten que nadie diga una palabra al respecto.

Observan que durante miles de años sus religiones no han logrado cambiar el comportamiento de las masas y también niegan esto. Ven con claridad que sus gobiernos hacen más para oprimir que para ayudar y lo ignoran.

Ven un sistema de cuidado de la salud que en realidad es un sistema de cuidado de la enfermedad y gastan una décima parte de sus recursos en prevenir las enfermedades y nueve décimas partes en atenderlas y niegan que el <u>motivo de la ganancia</u> es lo que detiene cualquier progreso real para educar a la gente sobre cómo actuar, comer y vivir, de una manera que promueva la buena salud.

Ven que comer la carne de animales que han sido sacrificados, después de haber sido obligados a alimentarse con comida que contiene sustancias químicas no es bueno para su salud y, sin embargo, niegan lo que ven.

Hacen más que eso. Tratan de demandar a los comentaristas de programas que se atreven a discutir el tema. Hay un libro maravilloso que explora todo este tema de la comida con una perspectiva exquisita. Se llama *Diet for a New America*, de John Robbins.

La gente leerá ese libro y negará, negará, negará que tiene sentido. Ése es el punto. Gran parte de tu raza vive en la negación. Niegan no sólo las observaciones dolorosamente obvias de todos a su alrededor, sino también las observaciones de sus propios ojos. Niegan sus sentimientos personales y, finalmente, su propia verdad.

Los seres muy evolucionados (algunos de ustedes están convirtiéndose en eso) <u>no niegan</u> nada. Observan «por qué es así». Ven con claridad lo «que funciona». Al emplear estas herramientas simples, la vida se simplifica. «El Proceso» se honra.

Sí, pero ¿cómo funciona «El Proceso»?

Para responder eso, tengo que afirmar algo que ya dije, repetidas veces en este diálogo. <u>Todo depende de quién piensas que eres y en lo que estás tratando de hacer</u>.

Si tu objetivo es vivir una vida de paz, alegría y amor, la violencia <u>no da resultado</u>. Esto ya se ha demostrado.

Si tu objetivo es vivir una vida de buena salud y gran longevidad, consumir carne muerta, fumar carcinógenos conocidos y beber gran cantidad de líquidos que manan a los nervios y dañan el cerebro, <u>no da resultado</u>. Esto ya se demostró.

Si tu objetivo es criar hijos libres de violencia e ira, colocarlos directamente frente a imágenes de violencia e ira durante años, <u>no da resultado</u>. Esto <u>ya se demostró</u>.

Si tu objetivo es cuidar la Tierra y aprovechar sus recursos, actuar como si esos recursos fueran ilimitados, <u>no da resultado</u>. Esto <u>ya se demostró</u>.

Si tu objetivo es descubrir y cultivar una relación con un Dios amoroso, para que la religión <u>pueda</u> hacer una diferencia en los asuntos de los seres humanos, entonces, enseñar sobre un Dios de castigo y retribución terrible, <u>no da resultado</u>. Esto <u>también ya se demostró</u>.

El motivo lo es todo. Los objetivos determinan los resultados. La vida procede de acuerdo con tu intención. Su verdadera intención se revela en tus acciones y tus acciones las determina tu verdadera intención. Al igual que todo en la vida (y la vida en sí), la vida es un círculo.

Los SME <u>ven el círculo</u>. Los seres humanos no lo ven.

Los SME responden al porqué de las cosas; los seres humanos lo ignoran.

Los SME dicen siempre la verdad. Los seres humanos mienten a menudo, a sí mismos y a los demás.

Los SME dicen una cosa y hacen lo que dicen. Los seres humanos dicen una cosa y hacen otra.

Muy en el fondo, <u>saben</u> que algo está mal, que tienen la intención de «ir a Seattle», pero que están en «San José». Ven las contradicciones en su comportamiento y en verdad están listos ahora para abandonarlas. Ven con claridad el porqué son así las cosas y lo que da resultado y ya no desean apoyar las divisiones entre las dos cosas.

La suya es una raza que está <u>despertando</u>. Su tiempo de realización está a la mano.

<u>No</u> necesitan desanimarse por lo que escucharon aquí, porque se preparó el camino para una nueva experiencia, una realidad mayor y todo esto fue sólo una preparación para la realización. Están listos ahora para cruzar la puerta.

Este diálogo, en particular, tuvo la intención de abrir esa puerta. Primero, señalarla. ¿Ven? ¡<u>Allí está</u>! La luz de la verdad mostrará siempre el camino. La luz de la verdad es lo que se les ha dado aquí.

Acepten esta verdad ahora y vívanla. Mantengan esta verdad ahora y compártanla. Abracen esta verdad ahora y atesórenla por siempre.

En estos tres libros (la trilogía de <u>Conversaciones con Dios</u>) les hablé de nuevo sobre por qué son así las cosas.

No es necesario continuar. No hay necesidad de hacer más preguntas ni de escuchar más respuestas ni de satisfacer más curiosidades ni de proporcionar más ejemplos ni de ofrecer más observaciones. Todo lo que necesitan para crear la vida que desean, lo han encontrado aquí, en esta trilogía como se presentó. No hay necesidad de continuar.

Sí, tienen más preguntas. Sí, tienen más «pero-qué-si». Sí, todavía no han «terminado» con esta exploración que disfrutamos, porque nunca terminarán con <u>ninguna exploración</u>.

Es evidente que este libro podría continuar por siempre, pero no continuará. Su conversación con Dios continuará, pero no este libro. La respuesta a cualquier otra pregunta que pudieran formular se encontrará aquí, en esta trilogía completa. Lo único que podemos hacer ahora es repetir, amplificar de nuevo, regresar a la misma sabiduría una y otra vez. Incluso esta trilogía fue un ejercicio de eso. No hay nada nuevo aquí, sino sólo la sabiduría antigua recordada.

Es bueno recordar. Es bueno familiarizarse una vez más. Éste es el proceso para recordar del que he hablado con frecuencia. No tienen nada que aprender. Sólo tienen que recordar...

Revisen a menudo esta trilogía; consulten sus páginas una y otra vez.

Cuando tengan una pregunta que sientan que no ha sido respondida aquí, lean de nuevo las páginas. Descubrirán que su pregunta fue respondida. Sin embargo, si en realidad sienten que no quedó respondida, entonces, busquen sus propias respuestas. Tengan su <u>propia</u> conversación. Creen su <u>propia verdad</u>.

En esto experimentarán Quiénes Son Realmente.

21

¡No deseo que te vayas!

No me voy a ninguna parte. Siempre estoy contigo. Siempre.

Por favor, antes de que terminemos, sólo unas preguntas más. Algunas finales para el cierre.

¿Comprendes, no es así, que puedes ir al interior en cualquier momento, regresar al Trono de la Eterna Sabiduría y encontrar allí tus respuestas?

Sí, lo comprendo y estoy agradecido hasta el fondo de mi corazón porque es de esta manera, porque la vida fue creada de esta forma, porque tengo siempre un recurso. Esto me ha dado resultado. Este diálogo ha sido un gran regalo. ¿Puedo hacer unas últimas preguntas?

Por supuesto.

¿En realidad está en peligro nuestro mundo? ¿Nuestra especie está jugueteando con la autodestrucción y la extinción?

Sí y a no ser que consideren la posibilidad real de eso, no podrán evitarlo, porque lo que resisten, persiste. Sólo que acepten puede desaparecer.

Recuerda también lo que te dije sobre el tiempo y los eventos. Todos los eventos que puedas imaginar (en realidad, que has imaginado) están sucediendo en este momento, en el Momento Eterno. Éste es el Instante Sagra-

do. Éste es el Momento que precede tu conciencia. Es lo que está sucediendo antes que la Luz llegue a ti. ¡Éste es el momento presente, enviado a ti, creado por ti, antes de que lo sepas! Llaman a esto el «presente». ES un «presente». Es el mayor regalo que Dios les ha dado.

Tienes la habilidad de elegir cuál, entre todas las experiencias que has imaginado, eliges experimentar _ahora_.

Ya lo dijiste y ahora empiezo a comprenderlo, incluso dentro de mi percepción limitada. Nada de esto es en realidad «real», ¿no es así?

No. Estás viviendo una ilusión. Éste es un gran espectáculo de magia. Estás pretendiendo que no conoces los trucos, a pesar de que _eres el mago_. Es importante recordar esto, pues de lo contrario, harás todo muy real.

Lo que veo, siento, huelo y toco _parece_ muy real. Si eso no es «realidad», ¿qué es?

Ten en mente que lo que estás mirando no lo estás «viendo» realmente.
Tu cerebro no es la fuente de tu inteligencia. Es simplemente un procesador de información. Capta la información a través de receptores llamados tus sentidos. Interpreta esta energía en formación de acuerdo con su _información previa sobre el tema_. Te dice lo que _percibe_, no lo que es _realmente_. Basado en estas percepciones _piensas que conoces la verdad_ sobre algo, cuando en realidad, no conoces ni la mitad. Estás creando la verdad que conoces.

Incluyendo todo este diálogo Contigo.

Casi seguramente.

Me temo que eso sólo dará armas a aquellos que dicen: «Él no está hablando con Dios. Está inventando todo».

Diles con amabilidad que podrían tratar de pensar «fuera del contexto». Están pensando «si/o». Podrían tratar de pensar «ambos/y».
No puedes comprender a Dios, si piensas dentro de tus valores, conceptos y comprensiones actuales. Si deseas comprender a Dios, debes desear aceptar eso sobre lo que en la actualidad tienes _información limitada_, en lugar de asegurar que sabes todo lo que hay que saber sobre el tema.

Atraigo tu atención hacia las palabras de Werner Erhard, que declaró que la claridad verdadera sólo llega cuando alguien desea notar: <u>Hay algo que no sé, el conocimiento de lo cual podría cambiar todo</u>.

Es posible que ambos estén «hablando con Dios» e «inventándolo todo». En realidad, ésta es la mayor verdad: estás inventando todo.

La vida es El Proceso mediante el cual todo se está creando. Dios es la energía (la energía pura y en bruto) que ustedes llaman vida. Con este conocimiento llegamos a una nueva verdad.

Dios es un Proceso.

Pensé que habías dicho que Dios era una Colectividad, que Dios es EL TODO.

Lo dije y Dios lo es. Dios es también El Proceso mediante el cual Todo es creado y se experimenta a sí mismo.

Ya te había revelado esto.

Sí, sí. Me diste esa sabiduría cuando escribía un folleto llamado *Re-creating Yourself.*

Así fue. Ahora lo digo aquí, para que lo reciba una audiencia mucho mayor.

<u>Dios es un Proceso</u>.

Dios no es una persona, un lugar o una cosa. Dios es exactamente lo que siempre has pensado que es, pero que no lo has comprendido.

¿De nuevo?

Siempre has pensado que Dios es el Ser Supremo.

Sí.

Tienes razón en eso. Soy exactamente eso. UN SER. Nota que «ser» no es una cosa, es un proceso.

Soy el Ser <u>Supremo</u>. Esto es, Supremo, coma, <u>ser</u>.

No soy el <u>resultado</u> de un proceso; Yo soy El Proceso en sí. Yo soy el Creador y Yo son El Proceso <u>mediante el cual Yo soy creado</u>..

Todo lo que ves en el cielo y en la tierra soy Yo, <u>siendo creado</u>. El Proceso de la Creación nunca termina. Nunca está completo. Nunca estoy «terminado». Ésta es otra forma de decir que todo está cambiando siempre. Nada se queda quieto. Nada, *nada*, está sin movimiento. Todo es energía en movimiento. ¡En su lenguaje terrenal han llamado a esto «Emoción»!

¡Ustedes son la mayor emoción de Dios!

Cuando miras una cosa, no miras «algo» estático que «está allí» en el tiempo y en el espacio. ¡No! Estás <u>atestiguando un evento</u>, porque todo se está moviendo, cambiando, evolucionando. <u>Todo</u>.

Fue Buckminster Fuller quien dijo: «Parece que soy un verbo». <u>Tenía razón</u>.

Dios es un <u>evento</u>. Ustedes han llamado a ese evento <u>vida</u>. La vida es un Proceso. Ese Proceso es observable, conocible, predecible. Mientras más observas, más sabes y más puedes predecir.

Eso es algo difícil para mí. Siempre pensé que Dios es el Incambiable. El Uno Constante. El Movedor Inmovible. Fue dentro de esta verdad absoluta inescrutable donde encontré mi seguridad.

¡Ésa ES la verdad! La Verdad Incambiable es que Dios está siempre cambiando. Ésa es la <u>verdad</u> y <u>no puedes hacer nada para cambiarla</u>. Lo que <u>nunca</u> cambia es que todo está siempre cambiando.

<u>La vida es cambio</u>. Dios es <u>vida</u>.

Por lo tanto, Dios es cambio.

Deseo creer que una cosa que nunca cambia es el amor de Dios por nosotros.

Mi amor por ustedes está cambiando <u>siempre</u>, porque ustedes siempre están cambiando y los amo <u>como son</u>. Para que Yo los ame como son, Mi idea de lo que es «amado» debe cambiar cuando su idea de Quiénes Son cambie.

¿Quieres decir que me encuentras digno de amor, incluso si decido que Quien Soy es un asesino?

Ya habíamos hablado sobre esto.

Lo sé, ¡pero no puedo *comprenderlo*!

Nadie hace nada inapropiado, dado su modelo del mundo. Siempre los amo, en todas las formas. No hay «forma» en que puedan ser que haga que Yo no los ame.

Sin embargo, nos castigas, ¿no es así? Nos castigas amorosamente. Nos enviarás al tormento eterno, con amor en Tu corazón y tristeza porque tienes que hacerlo.

No, no tengo tristeza, nunca, porque no hay nada que Yo «tenga que hacer». ¿Quién haría que «tuviera que hacerlo»?

Nunca los castigaré, aunque pueden elegir castigarse a sí mismos en esta vida o en otra, hasta que ya no lo hagan más. Yo no los castigaré porque no me han herido o dañado ni pueden herir o dañar a ninguna Parte de Mí, que todos ustedes son.

Uno de ustedes puede elegir sentirse herido o dañado; sin embargo, cuando regresen al reino eterno, verán que no fueron dañados en forma alguna. En ese momento, perdonarán a aquellos que imaginaron que los habían dañado, porque habrán comprendido el plan supremo.

¿Cuál es el plan supremo?

¿Recuerdas la parábola de La Pequeña Alma y el Sol,* que te di en el Libro 1?

Sí.

Esa parábola tiene una segunda mitad. Ésta es:
«Puedes elegir ser cualquier Parte de Dios que desees ser», le dije a la Pequeña Alma. «Eres Divinidad Absoluta, experimentándose a sí misma. ¿Qué Aspecto de la Divinidad deseas experimentar ahora como Tú?»
«¿Quieres decir que tengo una alternativa?», preguntó la Pequeña Alma. Yo Respondí: «Sí. Puedes elegir experimentar cualquier Aspecto de Divinidad en, como y a través de ti».
«De acuerdo», dijo la Pequeña Alma, «entonces, elijo el Perdón. Deseo experimentar a mi Yo como ese Aspecto de Dios llamado Perdón Total».
Esto creó un pequeño desafío, como podrás imaginar.
No había a nadie a quien perdonar. Todo lo que Yo he creado es Perfección y Amor.

* Véase *Conversaciones con Dios 1*, pp. 43-44.

«¿Nadie a quién perdonar?», preguntó la Pequeña Alma, con cierta incredulidad.

«Nadie», repetí. «Mira a tu alrededor. ¿Ves a algún alma menos perfecta, menos maravillosa que tú?»

La Pequeña Alma giró a su alrededor y se sorprendió al verse rodeada por todas las almas en el cielo. Habían llegado desde lejos, de todos los confines del Reino, porque escucharon que la Pequeña Alma sostenía una extraordinaria <u>conversación con Dios</u>.

«¡No veo a nadie menos perfecto que yo!», exclamó la Pequeña Alma. «¿A quién tendré que perdonar entonces?»

En ese momento, otra alma se acercó de entre la multitud. «Puedes perdonarme a mí», dijo esta Alma Amistosa.

«¿Por qué?», preguntó la Pequeña Alma. «Llegaré en tu próxima vida física y te haré algo, para que perdones», respondió el Alma Amistosa.

«Pero, ¿qué? ¿Cómo podrías tú, un ser de tan Perfecta Luz, hacer que desee perdonarte?», quiso saber la Pequeña Alma.

«Oh», sonrió el Alma Amistosa, «estoy segura de que podemos pensar en algo».

«¿Por qué deseas hacer esto?» La Pequeña Alma no podía comprender por qué un ser de tal perfección deseaba disminuir tanto su vibración, que pudiera en realidad hacer algo «malo».

«Simple», explicó el Alma Amistosa, «lo haré porque te amo. Deseas experimentar a tu Yo Perdonando, ¿no es así? Además, hiciste lo mismo por mí».«¿Lo hice?», preguntó la Pequeña Alma.

«Por supuesto. ¿No lo recuerdas? Hemos sido Todo de Eso, tú y yo. Hemos sido el Arriba y el Abajo y la Izquierda y la Derecha. Hemos sido el Aquí y el Allí y el Ahora y el Entonces. Hemos sido lo Grande y lo Pequeño, el Hombre y la Mujer, El Dios y lo Malo. <u>Todos hemos sido el Todo de Eso</u>.

Lo hicimos por <u>acuerdo</u>, para que cada una de nosotras pudiera experimentarse a sí misma como La Parte Suprema de Dios, porque comprendimos que...

«En la ausencia de eso que No Eres, Eso Que Eres NO es.

«En ausencia del 'frío' no puedes sentir 'calor'. En ausencia de la 'tristeza', no puedes estar 'feliz'; sin eso que llaman 'mal', la experiencia que llaman 'bien' no puede existir.

«Si eliges ser una cosa, <u>algo o alguien opuesto a eso tiene que mostrarse en algún lugar en tu universo</u> para hacer eso posible.»

El Alma Amistosa explicó entonces que esas personas son ángeles Especiales de Dios y esas condiciones son Regalos de Dios.

«*Sólo pediré una cosa a cambio*», dijo el *Alma Amistosa*.

«*¡Cualquier cosa! Cualquier cosa*», respondió la *Pequeña Alma*. *Estaba entusiasmada al saber que podría experimentar cada Aspecto Divino de Dios. Entonces comprendió El Plan.*

«*En el momento en que yo te golpee y te aniquile*», dijo el *Alma Amistosa*, «*en el momento en que yo te haga lo peor que puedas imaginar, en ese mismo momento... recuerda Quién Soy Realmente*».

«*¡Oh, no lo olvidaré!*», prometió la *Pequeña Alma*. «*Te veré en la perfección en la que te tengo ahora y recordaré siempre Quién Eres*».

Es una historia extraordinaria, una parábola increíble.

La promesa de la Pequeña Alma es la promesa que Yo te hago. <u>Eso</u> es lo que no cambia. Sin embargo, Mi Pequeña Alma, ¿has cumplido esta promesa con los demás?

No, me entristece decir que no.

No estés triste. Sé feliz al notar lo que es verdad y está alegre por tu decisión de vivir una nueva verdad.

Dios es una obra en progreso, al igual que tú. Recuerda siempre esto: <u>Si te ves como Dios te ve, sonreirás mucho</u>.

Ahora, vayan y véanse mutuamente como Quienes Son Realmente. Observen, Observen. OBSERVEN.

Ya te dije que la diferencia principal entre ustedes y los seres muy evolucionados es que ellos <u>observan más</u>.

Si desean aumentar la velocidad con que están evolucionando, <u>traten de observar más</u>.

Eso en sí, es una observación maravillosa.

Ahora haré que observes que tú también eres un evento. Eres un humano, coma, un <u>ser</u>. Eres un proceso. En cualquier «momento» dado eres el producto de tu proceso.

Eres el Creador y lo Creado. Te estoy diciendo estas cosas una y otra vez, en estos últimos momentos que pasamos juntos. Las estoy repitiendo para que <u>las escuches</u> y las comprendas.

Ahora, este proceso que tú y Yo somos es eterno. Siempre fue, es ahora y siempre estará ocurriendo. No necesita «ayuda» de ti para que ocurra. Sucede «automáticamente». Cuando se deja en paz, sucede <u>*perfectamente*</u>.

Hay otro dicho que Werner Erhard comentó en tu cultura: <u>La vida se soluciona a sí misma en el proceso de la vida en sí.</u>

Algunos movimientos espirituales entienden esto como «libera y libera a Dios». Es una buena comprensión.

Si sólo te liberas, te quitas del «camino». El «camino» es El Proceso, que se llama <u>vida en sí</u>. Por eso, todos los maestros han dicho: «Yo soy la vida y el camino». Comprendieron perfectamente lo que dije aquí. Ellos <u>son</u> la vida y ellos <u>son</u> el camino, el evento en progreso, El Proceso.

Lo único que te pide la sabiduría que hagas es confiar en El Proceso. Esto es, <u>confiar en Dios</u>. Si lo deseas, <u>confiar en ti mismo</u>, porque Tú Eres Dios.

Recuerda, Todos Somos Uno.

¿Cómo puedo «confiar en el proceso», cuando el «proceso» (la vida) me proporciona cosas que no me gustan?

<u>¡Aprecia</u> las cosas que la vida te da!
Conoce y comprende que estás proporcionándolas a tu Yo.
VE LA PERFECCIÓN.

Vela en <u>todo</u>, no sólo en las cosas que llamas perfectas. Ya te expliqué con detenimiento en esta trilogía por qué suceden las cosas de la manera como suceden y cómo. No necesitas leer de nuevo ese material aquí, aunque podría beneficiarte revisarlo con frecuencia, hasta que lo comprendas plenamente.

Por favor, sólo sobre este punto, una perspectiva resumida. Por favor. ¿Cómo puedo «ver la perfección» de algo que experimento como no perfecto?

<u>Nadie puede crear tu experiencia de nada.</u>
Otros seres pueden (y lo hacen) cocrear las circunstancias externas y los eventos de la vida que viven en común, pero algo que <u>nadie más puede hacer es obligarte a tener una experiencia de NADA</u> que no elijas experimentar.

En esto, eres un ser Supremo. Nadie, NADIE puede decirte «cómo ser».

El mundo puede presentarte circunstancias, pero sólo tú decides lo que significan esas circunstancias.
Recuerda la verdad que te di hace tiempo.
Nada importa.

Sí. No estoy seguro si la comprendí plenamente entonces. Eso llegó a mí en una experiencia fuera del cuerpo en 1980. Lo recuerdo con exactitud.

¿Qué recuerdas sobre eso?

Que al principio estaba confuso. ¿Cómo «no podía importar nada»? ¿Dónde estaría el mundo, dónde estaría yo, si nada importara?

¿Qué respuesta encontraste a esa muy buena pregunta?

«Comprendí» que nada importaba intrínsecamente en sí y de sí mismo y que yo añadía significado a los eventos y, al hacerlo, hacía que importaran. Comprendí en un nivel metafísico muy elevado, lo que me dio una perspectiva enorme sobre el Proceso de la Creación en sí.

¿Y la perspectiva?

«Comprendí» que todo es energía y que la energía se convierte en «materia» (esto es, en «material» físico y «sucesos»), de acuerdo con lo que pensé sobre éstos. Entonces comprendí que «nada importa» significa que nada se convierte *en* materia, excepto si elegimos que así sea. Olvidé esa perspectiva durante más de diez años, hasta que Tú me la recordaste en este diálogo.

Todo lo que te he proporcionado en este diálogo ya lo sabías. Te lo había dado antes, todo, a través de otras personas que te he enviado o cuyas enseñanzas te proporcioné. No hay nada nuevo aquí y no tienes nada que aprender. Sólo tienes que recordar.
Tu comprensión de la sabiduría «nada importa» es rica y profunda y te sirve bien.

Lo lamento. No puedo permitir que este diálogo termine sin señalar una contradicción evidente.

¿Cuál es?

Me has enseñado una y otra vez que lo que llamamos «mal» existe para que podamos tener un contexto dentro del cual experimentar el «bien». Dijiste que Lo Que Soy no puede experimentarse, si no existe Lo Que No Soy. En otras palabras, no hay «calor» sin «frío», no hay «arriba» sin «abajo», etcétera.

Eso es correcto.

Incluso, utilizaste esto para explicarme cómo podría ver cada «problema» como una bendición y cada perpetrador como un ángel.

Correcto de nuevo.

Entonces, cómo es que cada descripción de la vida de los seres muy evolucionados no contiene virtualmente «mal»? ¡Todo lo que has descrito es el **paraíso**!

Bien, Muy bien. En realidad estás pensando sobre todo esto.

Nancy fue quien lo señaló. Me estaba escuchando leer parte del material en voz alta y dijo: «Creo que necesitas preguntar sobre esto, antes de terminar el diálogo. ¿Cómo se experimentan a sí mismos los SME como Quienes Son Realmente, si han eliminado todo el material negativo de sus vidas?» Pensé que era una buena pregunta. En realidad, me dejó frío. Sé que acabas de decir que no necesitamos más preguntas, pero creo que necesitas responder ésta.

De acuerdo. Bien por Nancy. Sucede que es una de las mejores preguntas en el libro.

(¡Ejem!)

Bueno, lo es... Me sorprende que no notaras esto cuando hablamos sobre los SME. Me sorprende que no hayas pensado en esto.

Lo pensé.

¿Lo pensaste?

Todos somos Uno, ¿no es así? ¡La *parte de mí que es Nancy* lo pensó!

¡Ah, excelente! Por supuesto, es verdad.

Entonces, ¿cuál es tu respuesta?

Regresaré a Mi afirmación original.
En ausencia de lo que tú no erres, eso que erres, no es.
Esto es, en ausencia del frío, no puedes conocer la experiencia llamada calor. En la ausencia de arriba, la idea de «abajo» es un concepto vacío, sin significado.
Ésta es una verdad del universo. Explica por qué el universo es como es, con su frío y su calor, sus arribas y sus abajos y, sí, su «bien» y su «mal».
Debes saber esto: Todo lo estás haciendo. Estás decidiendo lo que es «frío» y lo que es «calor», lo que es «arriba» y lo que es «abajo». (Sal al espacio y observa cómo desaparecen tus definiciones!) Estás decidiendo lo que es «bueno» y lo que es «malo». Tus ideas acerca de estas cosas han cambiado a través de los años (en realidad, incluso a través de las estaciones). En un día de verano, considerarías «fría» una temperatura de 5.5°C. A mitad del invierno, dirías: «¡Vaya, qué día tan cálido!»
El universo te proporciona simplemente un campo de experiencia, que podría llamarse un campo de fenómenos objetivos. Tú decides cómo etiquetarlos.
El universo es un sistema entero de tales fenómenos físicos. El universo es enorme, vasto, insondablemente enorme. En realidad, infinito.
Éste es un gran secreto: no es necesario que exista una condición opuesta justamente junto a ti, para proporcionar un campo contextual dentro del cual la realidad que elijas pueda ser experimentada.
La distancia entre contrastes es irrelevante. Todo el universo proporciona el campo contextual dentro del cual existen todos los elementos contrastantes y todas las experiencias se hacen así posibles. Éste es el propósito del universo. Ésa es su función.

Si nunca he *experimentado* el «frío» en persona, sino que sólo he visto que hay «frío» en alguna otra parte, muy lejos de mí, ¿cómo sé lo que es el «frío»?

Experimentaste el «frío». Lo experimentaste <u>totalmente</u>. Si no en esta vida, entonces, en la última o en la anterior a ésa o en una de muchas otras. Experimentaste el «frío», lo «grande» y lo «pequeño», «arriba» y «abajo» y «aquí» y «allá» y cada elemento contrastante que hay. Están ocultos en tu memoria.

<u>No tienes que experimentarlos de nuevo, si no lo deseas</u>. Simplemente, necesitas recordarlos, saber que existen, para invocar la ley universal de la relatividad.

<u>Todos</u> ustedes. Todos ustedes han experimentado <u>todo</u>. Eso incluye a todos los seres en el universo y no sólo a los seres humanos.

No sólo todos han experimentado todo, sino que <u>son</u> todo. Son TODO DE ESO.

Son eso que están experimentando. En realidad, están <u>causando</u> la experiencia.

No estoy seguro de comprender bien esto.

Estoy a punto de explicártelo en términos mecánicos. Lo que deseo que comprendas es que lo que estás haciendo ahora es simplemente recordar todo lo que eres y eliges la porción de lo que prefieres experimentar en este momento, en esta vida, en este planeta, en esta forma física.

¡Cielos, haces que parezca muy sencillo!

Es <u>simple</u>. Separaste tu Yo del cuerpo de Dios, del Todo, de la Colectividad y te estás convirtiendo en un miembro de ese cuerpo, una vez más. Éste es El Proceso llamado «recordar».

Al recordar, das a tu Yo una vez más todas las experiencias de Quién Eres. Esto es un ciclo. Lo haces una y otra vez y lo llaman «evolución». Dices que «evolucionas» ¡En realidad, giras! Así como la Tierra gira alrededor del Sol. Así como la galaxia gira alrededor de su centro.

<u>Todo gira</u>.

La revolución es el movimiento básico de toda la vida. La energía de la vida <u>gira</u>. Eso es lo que hace. Estás en un <u>movimiento revolucionario</u> en verdad.

¿Cómo *haces* eso? ¿Cómo encuentras palabras que aclaran muy bien todo?

Eres tú quien lo aclara. Lo hiciste al limpiar tu «receptor». Quitaste la estática. Entraste en una nueva voluntad de saber. Esta nueva voluntad cambiará todo, para ti y para tu especie. Porque en tu nueva voluntad, te convertiste en un verdadero revolucionario y la mayor revolución espiritual de tu planeta acaba de iniciarse.

Será mejor que se apresure. Necesitamos una nueva espiritualidad *ahora*. Estamos creando una miseria increíble a nuestro alrededor.

Eso es porque, aunque todos los seres ya han vivido todas las experiencias contrastantes, algunos <u>no lo saben</u>. Lo han olvidado y todavía no han llegado a recordar todo.

Esto no sucede con los seres muy evolucionados. No es necesario tener «negatividad» frente a ellos, en su propio mundo, para que sepan que su civilización es «positiva». Están «positivamente conscientes» de Quiénes Son, sin tener que crear negatividad para demostrarlo. Los SME notan quiénes no son observándolo <u>en otra parte del campo contextual</u>.

En realidad, su propio planeta es uno que miran los seres muy evolucionados, si buscan un campo contrastante.

Al hacerlo, recuerdan cómo era cuando <u>ellos</u> experimentaron lo que ustedes están experimentando ahora y así forman un marco de referencia continuo, a través del cual pueden conocer y comprender lo que ahora experimentan.

¿Ahora comprendes por qué los SME no requieren del «mal» ni de la «negatividad» en su propia sociedad?

Sí, pero entonces, ¿por qué lo requerimos en nuestra sociedad?

NO LO REQUIEREN. Eso es lo que te he estado diciendo a través de todo este diálogo.

Tienes que vivir dentro del campo contextual dentro del cual Eso Que No eres existe, para que experimentes Eso Que Eres. Ésta es la Ley Universal y no puedes evitarla. <u>Estás</u> viviendo en ese campo ahora. No tienes que crear uno. El campo contextual en el que estás viviendo se llama el <u>universo</u>.

<u>No tienes que crear un campo contextual más pequeño en tu propio patio trasero</u>.

Esto significa que puedes cambiar la vida en tu planeta en este momento y <u>eliminar todo lo que no eres</u>, sin poner en peligro en forma alguna tu habilidad para conocer y experimentar Eso Que Eres.

¡Vaya! ¡Ésta es la mayor revelación del libro! ¡Qué forma de terminarlo! Entonces, *no* tengo que seguir atrayendo lo opuesto para crear y experimentar la siguiente versión más grandiosa de la visión más grande que he tenido de Quién Soy!

Eso es correcto. Eso es lo que te he estado diciendo desde el principio.

¡Pero no lo explicaste de esta manera!

No lo habrías entendido hasta ahora.
No tienes que crear lo opuesto de Quien Eres y lo Que Eliges para experimentarlo. Sólo necesitas observar que ya fue creado, en otra parte. Sólo necesitas recordar que existe. Éste es el «conocimiento de la fruta del Árbol del Bien y del Mal», que ya te expliqué que no era una maldición ni el pecado original, sino lo que Matthew Fox llamó <u>Bendición Original</u>.
Para recordar que existe, para recordar que <u>ya</u> la experimentaste anteriormente (todo lo que es) en forma física... lo único que tienes que hacer es mirar hacia arriba.

Quieres decir «mirar hacia el interior».

No, quiero decir <u>justamente lo que dije</u>. MIRA HACIA ARRIBA. Mira hacia las estrellas. Mira hacia el cielo. OBSERVA EL CAMPO CONTEXTUAL.
Te dije antes que todo lo que necesitan hacer para convertirse en seres muy evolucionados es incrementar <u>su habilidad de observación</u>. Ver «por qué es así» y, luego, hacer lo «que da resultado».

Entonces, al ver hacia cualquier parte en el universo, puedo ver cómo son las cosas en otros lugares y puedo emplear esos elementos contrastantes para formar una comprensión de Quién Soy aquí, en este momento.

Sí. Esto se llama «recordar».

No exactamente. Se llama «observar».

¿Qué crees que estás observando?

La vida en otros planetas. En otros sistemas solares, en otras galaxias. Supongo que si tuviéramos suficiente tecnología, esto es lo que podríamos observar. Esto es lo que supongo: que los SME tienen la habilidad de observar ahora, debido a su tecnología avanzada. Dijiste que *nos* están observando, aquí en la Tierra. Eso es lo que nosotros observaríamos.

¿Qué sería en realidad lo que observarían?

No comprendo la pregunta.

Entonces, te daré la respuesta.
Observarían su propio pasado.

¿Qué???

Cuando miras hacia arriba, ves las estrellas, como eran hace cientos, miles, millones de años luz. Lo que estás viendo <u>no está realmente allí</u>. Estás viendo lo que <u>estaba</u> allí. Estás viendo el pasado y es un pasado en el cual <u>participaste</u>.

¡Dilo de nuevo!

Estabas <u>allí</u>, <u>experimentando</u> esas cosas. <u>Haciendo</u> esas cosas.

¿Estaba?

¿No te he dicho que has vivido muchas vidas?

Sí, pero... ¿si viajara hacia uno de esos lugares a muchos años luz de distancia? ¿Si tuviera la habilidad para ir allá? ¿Estar allá «en este momento», en el mismo momento en que no soy capaz de «ver» en la Tierra durante cientos de años luz? ¿Qué vería entonces? ¿Dos «yoes»? ¿Estás diciendo que entonces vería a mi Yo, existiendo en *dos lugares al mismo tiempo*?

¡Por supuesto! ¡Descubrirías lo que te he estado diciendo, que el tiempo no existe y que no estás viendo «el pasado»! Que todo <u>está sucediendo AHORA</u>.

También, «en este momento», estás viviendo vidas en lo que en el tiempo de la Tierra sería tu futuro. Es la distancia entre tus muchos «Yoes» lo que «te» permite experimentar identidades discretas y «momentos en el tiempo».

Así, el «pasado» que recuerdas y el futuro que verías es el «ahora» que simplemente ES.

¡Vaya! Eso es increíble.

Sí y también es verdad en otro nivel. Es como te lo dije: sólo hay Uno de nosotros. Por lo tanto, cuando miras hacia las estrellas, estás viendo lo que llamarías NUESTRO PASADO.

¡No puedo comprender esto!

Espera. Hay una cosa más que tengo que decirte.

Siempre estás viendo lo que en tus términos definirías como el «pasado», incluso cuando estás mirando lo que está justamente frente a ti.

¿Lo estoy viendo?

Es imposible ver El Presente. El Presente «sucede», luego se convierte en una explosión de luz, formada por la energía que se dispersa y esa luz llega a tus receptores, tus ojos, y le toma tiempo hacer eso.

Mientras tanto, esa luz te está llegando, la vida continúa, se mueve hacia adelante. El siguiente evento está sucediendo mientras la luz del último evento te está llegando.

La explosión de energía llega a tus ojos, tus receptores envían esa señal a tu cerebro, que interpreta la información y te dice lo que estás viendo. Sin embargo, eso no es lo que ahora está frente a ti. Es lo que piensas que estás viendo. Esto es, estás pensando en lo que viste, diciéndote qué es y decidiendo cómo vas a llamarlo, mientras que lo que está sucediendo «ahora» está precediendo tu proceso y esperándolo.

Para resumirlo, siempre estoy un paso adelante de ti.

¡Dios mío, esto es *increíble*!

Ahora escucha. Mientras más distancia pongas entre tu Yo y el sitio físico de cualquier evento, más lejos en el «pasado» retrocede ese evento. Si te colocas unos años luz atrás, lo que ves sucedió en realidad hace mucho, mucho tiempo.

Sin embargo, <u>no</u> sucedió «hace mucho tiempo». ¡Es la <u>distancia</u> física la que crea la ilusión del «tiempo» y te permite experimentar a tu Yo como si estuviera «aquí, ahora», mientras estás «allá, entonces»!

Un día comprenderás que lo que llamas tiempo y espacio son <u>la misma cosa</u>.

Entonces verás que <u>todo está sucediendo justamente aquí, en este momento</u>.

Esto es... esto es... *increíble.* Quiero decir que no sé qué pensar de todo esto.

Cuando comprendas lo que te he dicho, comprenderás que <u>nada de lo que ves es real</u>. Estás viendo la <u>imagen</u> de lo que alguna vez fue un evento; sin embargo, incluso esa imagen, esa explosión de energía, es algo que estás interpretando. Tu interpretación personal de esa imagen se llama tu imaginación.

Puedes hacer uso de tu imaginación para crear <u>cualquier cosa</u>, porque (éste es el mayor secreto de todos) tu imaginación <u>funciona en ambos sentidos</u>.

Explícamelo, por favor.

No sólo <u>interpretas</u> la energía, sino que la <u>creas</u>. La imaginación es una función de tu mente, que es una tercera parte de tu ser de tres partes. En tu mente, imaginas algo y eso empieza a tomar forma física. Mientras más lo imagines (y más DE ti lo imagine), más física se vuelve esa forma, hasta que la energía en aumento que le diste literalmente <u>explota en luz</u>, dando una imagen de sí misma en lo que llamas tu realidad.

«Ves» la imagen y, una vez más, <u>decides qué es</u>. Así, el ciclo continúa. Esto es lo que llamo El Proceso.

Esto es lo que TÚ ERES. TÚ ERES este Proceso.

Esto es lo que ES Dios. Dios ES este Proceso.

Esto es lo que quise decir cuando dije que eres <u>el Creador y el Creado</u>.

Ahora lo reuní todo para ti. Estamos por terminar este diálogo y ya te expliqué la mecánica del universo, el secreto de toda la vida.

Estoy... sorprendido. Estoy... asombrado. Ahora deseo encontrar una forma para aplicar todo esto en mi vida cotidiana.

Lo __estás__ aplicando en tu vida cotidiana. No puedes __evitar__ aplicarlo.
Esto es lo que __está sucediendo__. La única cuestión será si lo aplicas __conscien-__
__te o inconscientemente__, si estás en el efecto del Proceso o si eres la causa de
éste. En todo, sé la causa.

Los niños comprenden esto perfectamente. Pregunta a un niño, «¿Por
qué hiciste eso?» y el niño responderá. «Sólo porque».
__Ése es el único motivo para hacer cualquier cosa.__

Esto es sorprendente. Esto es una acometida sorprendente para un
final sorprendente de este diálogo sorprendente.

La forma más significativa en que puedes aplicar conscientemente tu
Nueva Comprensión es ser la __causa__ de tu experiencia, no el efecto de ésta.
Debes saber que __no tienes que crear lo opuesto de Quién Eres en tu espacio__
__personal o en tu experiencia personal__ para saber y experimentar Quién
Eres Realmente y Quién Eliges Ser.

Armado con este conocimiento, puedes cambiar tu vida y puedes cam-
biar tu mundo.

Ésta es la verdad que vine a compartir con todos ustedes.

¡Vaya! ¡Vaya! Lo comprendí. *¡Lo comprendí!*

Bien. Ahora debes saber que hay tres sabidurías básicas que se encuen-
tran en todo el diálogo. Éstas son:
1. Todos Somos Uno.
2. Hay suficiente.
3. No hay Nada Que Tengamos Que Hacer.
Si decidieran que «todos somos uno», dejarían de tratarse mutuamen-
te de la manera como se tratan.
Si decidieran que «hay suficiente», compartirían todo con todos.
Si decidieran que «no hay nada que tengamos que hacer», dejarían de
tratar de usar «el hacer» para solucionar sus problemas, sino más bien para
moverse y __venir__ de un estado de ser que haría desaparecer su experiencia de
esos «problemas y las condiciones se evaporarían.
Ésta es quizá la verdad más importante de todas para que la compren-
das en esta etapa de tu evolución y es un buen lugar para terminar este diálogo.
Siempre recuerda esto y conviértelo en tu mantra:
__No hay nada que tengo que tener, no hay nada que tengo que hacer y no hay__
__nada que tengo que ser, excepto exactamente lo que estoy siendo en este momento.__

Esto no significa que «tener» y «hacer» serán eliminados de tu vida. Significa que lo que experimentas tener o hacer surgirá de tu ser, no te conducirá a éste.

Cuando vengas de la «felicidad», harás ciertas cosas porque eres feliz. Lo opuesto al antiguo paradigma en el que hacías las cosas que esperabas te harían feliz.

Cuando vengas de la «sabiduría», harás ciertas cosas porque eres sabio, no porque estás tratando de obtener sabiduría.

Cuando vengas del «amor», harás ciertas cosas porque estás enamorado, no porque desees tener amor.

Todo cambia, todo gira, cuando vienes de «ser», en lugar de buscar «ser». No puedes «hacer» las cosas para «ser». Si tratas de «ser» feliz, de ser sabio, de estar enamorado o de ser Dios, no puedes «llegar allí» haciendo. Sin embargo, es verdad que estarás haciendo cosas maravillosas una vez que «llegues allí».

Ésta es la Dicotomía Divina. La forma para «llegar allí» es «estar allí». ¡Sólo está donde elijas llegar! Es así de simple. No tienes que hacer nada. ¿Deseas ser feliz? Sé feliz. ¿Deseas ser sabio? Sé sabio. ¿Deseas estar enamorado? Está enamorado.

Eso es Quien Eres en cualquier evento.

Tú eres Mi Amado Hermano.

¡Oh! ¡Me quedé sin aliento! Tienes una forma maravillosa de expresar las cosas.

Es la verdad la que es elocuente. La verdad tiene una elegancia que sorprende el corazón hasta su propio despertar.

Eso es lo que han hecho estas Conversaciones con Dios. Han conmovido el corazón de la raza humana y lo han despertado de nuevo.

Ahora los guían hacia una pregunta crítica. Es una pregunta que toda la humanidad debe formularse. ¿Pueden y crearán una nueva historia cultural? ¿Pueden e inventarán un nuevo Primer Mito Cultural, sobre el cual se basen todos los demás mitos?

¿La raza humana es inherentemente buena o inherentemente mala?

Ésta es la encrucijada a la que han llegado. El futuro de la raza humana depende del camino que sigan.

Si tú y tu sociedad creen que son inherentemente buenos, tomarán decisiones y crearán leyes que afirmen la vida y sean constructivas. Si tú y tu sociedad creen que son inherentemente malos, tomarán decisiones y crearán leyes que nieguen y destruyan la vida.

Las leyes que afirman la vida son las que les permitirán ser, hacer y tener lo que deseen. Las leyes que niegan la vida son leyes que evitan que sean, hagan y tengan lo que desean.

Aquellos que creen en el Pecado original y que la naturaleza inherente del hombre es <u>mala</u>, aseguran que Dios creó leyes que evitan que hagan lo que desean y promueven las leyes humanas (un número interminable de ellas) que buscan hacer lo mismo.

Aquellos que creen en la Bendición Original y que la naturaleza inherente del hombre es <u>buena</u>, aseguran que Dios creó leyes naturales que les <u>permiten</u> hacer lo que deseen y promueven leyes humanas que buscan hacer lo mismo.

¿Cuál es tu punto de vista acerca de la raza humana? ¿Cuál es tu punto de vista de tu Yo? Abandonado totalmente a tus propios recursos, ¿te consideras capaz de que puedan confiar en ti? ¿En todo? ¿Qué hay acerca de los demás? ¿Cómo los ves? Hasta que se revelen ante ti, de una u otra manera, ¿cuál es tu conjetura básica?

Ahora, responde esto. ¿Tus conjeturas fomentan a tu sociedad para que se destruya o para que se abra camino?

Me considero digno de confianza. Nunca lo hice anteriormente, pero ahora lo hago. He llegado a ser digno de confianza, porque cambié mis ideas sobre la clase de persona que soy. Ahora comprendo también con claridad lo que Dios desea y lo que Dios no desea. Te comprendo con claridad.

Estas *Conversaciones con Dios* tuvieron un gran papel en ese cambio, en hacerlo posible. Ahora veo en la sociedad lo que veo en mí mismo, no algo que se está destruyendo, sino algo que se está abriendo camino. Veo una cultura humana que al menos está despertando ante su herencia divina, consciente de su propósito divino y cada vez más consciente de su Yo divino.

Si eso es lo que ves, eso es lo que crearás. Alguna vez estuviste perdido, pero ahora te encontraste. Estabas ciego, pero ahora ves. Ésta ha sido una gracia sorprendente.

En ocasiones has estado apartado de Mí en tu corazón, pero ahora somos uno de nuevo y podremos serlo para siempre. Lo que uniste, sólo tú puedes desunirlo.

Recuerda esto: siempre eres una parte, porque nunca estás separado. Siempre eres una parte DE Dios, porque nunca estás separado DE Dios.

Ésta es la verdad de tu ser. Somos una unidad. Ahora conoces toda la verdad.

Esta verdad ha sido alimento para el alma hambrienta. Tómala y cómela. El mundo está sediento de esta alegría. Tómala y bébela. Haz esto en recuerdo Mío.

La verdad es el cuerpo y la alegría es la sangre de Dios, que es amor.

Verdad.

Alegría.

Amor.

Éstas tres son intercambiables. Una conduce a la otra y no importa en qué orden aparezcan. Todas conducen hacia Mí. Todas son Yo.

Termino este diálogo como empezó. Como la vida en sí, forma un círculo completo. Aquí se les dio la verdad, se les dio alegría. Se les dio amor, se les dieron las respuestas a los misterios más grandes de la vida. Sólo queda una pregunta. Es la pregunta con la cual empezamos.

La pregunta no es ¿a quién hablo?, sino ¿quién escucha?

Gracias. Gracias por hablarnos a *todos* nosotros. Te hemos escuchado y escucharemos. Te amo. Cuando este diálogo termina, *estoy lleno de verdad, de alegría y de amor. Estoy lleno de Ti. Siento mi Unidad con Dios.*

Ese lugar de Unidad es el cielo.

Estás allí ahora.

Nunca no estás allí, porque nunca no eres Uno Conmigo.

Esto es lo que quiero que sepas. Esto es lo que quiero que tomes, al fin, de esta conversación.

Éste es Mi mensaje, el mensaje que trato de dejar al mundo:

Hijos Míos, que están en el Cielo, santificado sea su nombre. Venga su reino y hágase su voluntad, en la Tierra como en el Cielo.

Este día recibieron su pan de cada día y están perdonadas sus deudas y sus ofensas, exactamente en el grado en que ustedes han perdonado a aquellos que los ofendieron.

Que su Yo no caiga en la tentación, sino que alejen su Yo de los males que crearon.

Porque suyo es el Reino y el Poder y la Gloria por siempre.

Amén.

Y amén.

Vayan ahora y cambien su mundo. Vayan ahora y sean su Yo Supremo. Ahora comprenden todo lo que necesitan comprender. Ahora saben todo lo que necesitan saber. Ahora son todo lo que necesitan ser.

Nunca fueron nada menos. Simplemente, no sabían esto. No lo recordaban.

Ahora recuerdan. Traten de llevar siempre con ustedes este recuerdo. Traten de compartirlo con todos aquellos que tocan sus vidas. Suyo es un destino más grande del que hayan podido imaginar.

Llegaron al salón para sanar el salón. Llegaron al espacio para sanar el espacio.

No hay otro motivo para que estén aquí.

Ahora les diré esto: los amo. Mi amor es siempre suyo, ahora y por siempre.

Siempre estoy con ustedes.
<u>Siempre</u>.

Adiós, Dios. Gracias por este diálogo. Gracias, gracias, *gracias*.

Y tú, Mi creación maravillosa. Gracias, porque le diste de nuevo una voz a Dios y un lugar en tu corazón. Eso es lo que los dos siempre deseamos. Estamos juntos de nuevo y eso es muy bueno.

Para concluir....

Ésta ha sido una experiencia extraordinaria para mí, como podrán imaginar. La entrega de esta trilogía tardó seis años, cuatro de ellos dedicados al último libro. Hice todo lo posible para permanecer fuera del camino y permitir que El Proceso hiciera sus maravillas. Creo que en la mayor parte tuve éxito en eso, aunque reconozco no haber sido un filtro perfecto. Parte de lo que ha llegado a través de mí sin duda está distorsionado. Por lo tanto, sería un error tomar este (o cualquier otro) escrito sobre asuntos espirituales y convertirlo en una verdad literal. Deseo desanimar a cualquiera que pueda tener la idea de hacer eso. No le den más importancia que la que aquí se le da. Por otra parte, *tampoco le hagan poco caso*.

Lo que hay aquí es un mensaje importante. Es un mensaje que podría cambiar el mundo. Muchas vidas ya fueron alteradas por el material de *Conversaciones con Dios*. En la actualidad traducido a 24 idiomas y en las listas internacionales de bestsellers, mes tras mes, ha llegado a las manos de millones de personas en todo el mundo. Los grupos de estudio de *Conversaciones con Dios* se han formado de manera espontánea en más de 150 ciudades, y ese número aumenta cada mes. Al escribir estas líneas, estamos recibiendo entre cuatrocientas y seiscientas cartas a la semana, de personas que resultaron profundamente conmovidas por la perspectiva, la sabiduría y la verdad de estas escrituras y se pusieron en contacto conmigo personalmente.

Para poder atender esta respuesta abrumadora, Nancy y yo formamos una fundación no lucrativa que publica un boletín mensual que contiene las respuestas a las preguntas de los lectores y noticias sobre conferencias, retiros y otros materiales de enseñanza de *Conversaciones con Dios*. Si desean «permanecer vinculados» con la energía de este mensaje y ayudar a llevarlo a los demás, una suscripción a este boletín es una forma maravillosa de hacerlo. Una parte del precio de cada suscripción lo colocamos en nuestro fondo de becas, dando así una oportunidad para asistir a nuestros programas o recibir gratuitamente nuestro boletín, a aquellas personas que de otra manera no podrían hacerlo. Envíen $35 (U.S. $45 para suscripciones internacionales) anuales a:

Newsletter Subscription
c/o ReCreation
*The Foundation for Personal Growth
and Spiritual Understanding*
1257 Siskiyou Blvd., #1150
Ashland, OR 97520
Teléfono 541-482-8806
e-mail: *recreatinaaol.com*

Pueden hacer más, si en verdad desean involucrarse en activar el mensaje que encontraron aquí. Primero, pueden empezar leyendo otro material importante sobre los temas que cubre esta trilogía. Acepté una sugerencia que me dieron en este diálogo e investigué, descubrí y ahora recomiendo con entusiasmo una breve, aunque eficaz, lista de lecturas. La etiqueté *Ocho libros que pueden cambiar al mundo.*

No sólo recomiendo estos libros, sino que personalmente les pido que los lean. ¿Por qué? Porque creo que la gente de la Tierra está moviéndose hacia un tiempo extraordinario. En los próximos años se tomarán decisiones que marcarán nuestro curso y dirección durante las siguientes décadas. Las alternativas que ahora tiene la comunidad humana son enormes y las decisiones de mañana serán incluso más vitales, puesto que nuestras opciones son cada vez más limitadas.

Todos nosotros tendremos un papel en la toma de estas decisiones. No se dejarán a alguien más. Nosotros *somos* alguien más. Las decisiones sobre las que hablo no pueden ni serán tomadas por ninguna estructura de poder político, la élite influyente o los gigantes corporativos. Serán tomadas en los corazones y en los hogares de las personas y las familias en todo el mundo.

¿Qué enseñaremos a nuestros hijos? ¿Dónde gastaremos nuestro dinero? ¿Cuáles de nuestros sueños, aspiraciones, necesidades y deseos serán nuestros principales objetivos, nuestras principales prioridades?

¿Cómo trataremos a nuestro medio ambiente? ¿Cuál es la mejor manera para permanecer sanos y cómo mejoraremos nuestra dieta? ¿Qué pediremos a nuestros líderes y qué exigiremos? ¿Cómo juzgaremos cuando la vida transcurra bien? ¿Cuál será nuestra medida del éxito? ¿Cómo aprenderemos a amar? El impacto agregado a estas decisiones muy personales creará lo que el científico y autor Rupert Scheldrake llama un «campo mórfico», una «resonancia» que establece el tono para la vida en una escala mundial.

Por lo tanto es importante (en realidad, crucial), que el papel de cada individuo sea *consciente*. No podemos tomar decisiones en un vacío. Aunque muchos de nosotros pensemos que estamos bien informados (y, francamente, porque algunos no lo estamos), creo que se obtendrá un beneficio profundo al leer estos libros, de lo contrario, no dedicaría este tiempo a señalárselos.

Sé que hay muchos títulos maravillosos y, evidentemente, esta lista podría ser mucho más larga. Éstas son mis elecciones personales, algunas escritas por personas que conozco, otras, por personas que no conozco, pero cada libro es muy poderoso, significativo e importante. Espero que lean estos Ocho Libros Que Pueden Cambiar el Mundo:

1. The Healing of America, de Marianne Williamson. Un libro muy vehemente lleno de perspectivas y de soluciones valientes, proporciona un alimento rico para cualquiera que piense seriamente en dónde estamos y adónde deseamos ir, como individuos, como país y como especie. La última obra de una mujer con valor poco común y compromiso social, este libro está dirigido a aquellos que buscan un mundo nuevo.

2. The Last Hours of Ancient Sunlight, de Thom Hartmann. Un libro que los impactará y despertará... y quizá incluso los enfadará. Lo que no hará es dejarlos inconmovidos. Podrán experimentar su vida y la vida en este planeta de la misma manera de nuevo y eso será un bien para ustedes *y* el planeta. Una «sacudida». Fácil de leer, apremiante y poderoso.

3. Conscious Evolution-Awakening the Power of Our Social Potential, de Barbara Marx Hubbard. Un documento con alcance y visión asombrosos, elocuente, preciso y sabio en sus descripciones sobre dónde hemos estado y hacia dónde nos dirigimos como *homo sapiens.* Nos lleva a un nuevo nivel de conocimiento de nuestras posibilidades. Un llamado inspirado a nuestro yo supremo, al aproximarnos al momento de cocrear un nuevo milenio.

4. Reworking Success, de Robert Theobald, llamado uno de los diez futuristas más importantes e influyentes de nuestra época. Un libro pequeño con un mensaje enorme: a no ser que volvamos a elegir lo que llamamos «ganar» en esta cultura, la cultura en sí no existirá mucho tiempo más. Nuestras viejas ideas sobre lo que es «bueno» para nosotros nos están matando.

5. The Celestine Vision, de James Redfield. Ofrece una guía hacia un futuro nuevo y posible, un camino hacia un mañana maravilloso, si lo seguimos. Las verdades más simples y las más profundas son colocadas ante nosotros, para que las utilicemos como herramientas en la creación de la vida con la que todos hemos soñado desde hace mucho tiempo. De pronto, el sueño está al alcance. (Grijalbo publica la versión en español de este libro.)

6. The Politics of Meaning, de Michael Lerner. Práctico y maravillosamente edificante, es una súplica elocuente de cordura, compasión y amor humano simple en nuestra política, en nuestra economía y en nuestro mundo corporativo. Contiene sorprendentes ideas y visiones maravillosas sobre cómo podría funcionar el mundo, si sólo tuviéramos la estructura del poder para interesarnos verdaderamente. Contiene sugerencias sobre cómo podríamos hacer que esto sucediera.

7. The Future of Love, de Daphne Rose Kingma. Una exploración brillante de una nueva manera de amarse mutuamente, una manera que reconoce el poder del alma en las relaciones íntimas. Con una perspectiva profunda y frescura sorprendente, este libro da un paso impresionante para alejarse de la tradición y hacia la posibilidad de decir sí al deseo verdadero y supremo del nuestro ser: amar plenamente.

8. Diet for a New America, de John Robbins. Un tratamiento muy impactante de un tema simple: la comida. Es una revelación. Los venenos que comemos y la mala calidad de nuestros nutrientes se exploran de una manera que cambiará para siempre su enfoque de lo que introduce en su cuerpo. Este libro desafía la suposición de que es bueno comer la carne de los animales muertos y presenta una evidencia sorprendente de los beneficios económicos y a la salud al no comer ya carne.

Todos estos libros ofrecen una guía para el mañana. Las similaridades en sus expresiones son a menudo sorprendentes. Es difícil creer que estos escritores no se sentaron juntos y acordaron lo que iban a decir y cómo lo iban a decir. Por supuesto, eso no sucedió y, lo sorprendente aquí, es el nivel de sincronía.

La visión de estos ocho autores es tan clara, tan excitante y ofrece un punto de vista de la sociedad civilizada tan extremadamente mejor que nuestra realidad cotidiana actual, que nuestro corazón canta con entusiasmo y usted de inmediato deseará saber qué puede hacer para ayudar a que sucedan estas cosas. Por fortuna para todos nosotros, Marianne, Thom, Barbara, Robert, James, Michael, Daphne y John proporcionaron sugerencias específicas y sólidas sobre hacia dónde ir desde aquí. Los libros, todos ellos, están llenos de ideas sobre lo que *pueden hacer ahora* para mejorar las cosas y para crear un cambio a largo plazo en nuestro mundo.

También me gustaría concientizarlos de tres organizaciones que están, en este mismo momento, dedicadas en forma activa y vigorosa al trabajo al que nos llama la trilogía de *Conversaciones con Dios* y a una campaña ciudadana común que busca mejorar el mundo. Quizá deseen explorar más estos grupos, para ver si están de acuerdo con sus filosofías y si ya pusieron en práctica un mecanismo a través del cual puedan realizar sus propias visiones y elecciones:

En el área de la espiritualidad: *The Emissaries.*

Ésta es una asociación de personas en muchos países cuyo principal interés es coordinarse con precisión con la forma en que funciona la vida en todos los aspectos de la experiencia cotidiana y tratar de revelar el carácter de Dios en la vida práctica. El grupo cree que cuando esto se hace con consistencia y en acuerdo con los demás, la revelación colectiva resultante, del carácter divino, armoniza a la humanidad, buscando el despertar y un regreso a la verdadera identidad.

El término descriptivo «emisario de la luz divina» se refiere a cualquier persona que con consistencia exprese un espíritu estable, verdadero y amoroso. Implícito en esto está la aceptación de la responsabilidad para enfrentar y liberar las actitudes y suposiciones que limitan la liberación del potencial espiritual inherente.

Por supuesto, miles de personas nunca han oído hablar sobre The Emissaries, cuya presencia donde están es genuinamente radiante y animante. Hasta ese punto son emisarios de la luz divina y sus vidas llevan autoridad y poder. A través de los medios de la asociación deliberada y de actividades tales como cursos por correspondencia, seminarios, armonización y reuniones semanales regulares, The Emissaries proporcionan un contexto actual para el trabajo espiritual y creativo compartido. Puede contactarlos en:

The Emissaries
5569 North County Road, #29
Loveland, Colorado 80538
Teléfono: 970-679-4200
e-mail: *sunrise a emnet.org*

En el área de la política: *The Natural Law Party.*

Fundado en 1992 para llenar un vacío en la estructura política de Estados Unidos, *The Natural Law Party* se ha establecido en muchos países del mundo. El partido cree que para continuar el progreso humano y florecer como una comunidad planetaria, debemos favorecer nuestra alianza con la «ley natural», que se descrito como «las leyes de la naturaleza, los principios que gobiernan la vida en todo el universo físico».

El candidato para presidente de The Natural Law Party en Estados Unidos en la última elección, el físico John Hagelin, dice: «Desfortunadamente es verdad que muchas de nuestras instituciones, tecnologías modernas y patrones de comportamiento violan cada vez más las leyes de la naturaleza. Nuestras medicinas con sus efectos secundarios peligrosos, los pesticidas químicos, los fertilizantes y las cosechas manejadas genéticamente e incluso algunas de nuestras instituciones financieras están sembrando las semillas de epidemias futuras, de guerras de clases y de desastres ambientales». Por supuesto, *Conversaciones con Dios* señala estos mismos puntos una y otra vez.

The Natural Law Party ofrece una plataforma política desde la cual tratar estos asuntos. En Estados Unidos se localiza en:

The Natural Law Party
1946 Mansion Drive
P. O. Box 1900
Fairfield, IA 52556
Teléfono: 515-472-2040
en línea en: www.natural-law.org

En el área del activismo espiritual-político en Estados Unidos: *The American Renaissance Alliance.*

Es una organización a la cual ayudo a cocrear con la escritora, conferencista y visionaria Marianne Williamson, quien observa que «así como el poder del espíritu se eleva en nuestro interior, también se eleva nuestro deseo de servir al mundo. El proceso de democracia puede facilitar dicho servicio, proporcionando a cada ciudadano la oportunidad para expresar sus valores espirituales en el terreno político».

El amor, la piedad, la paz y la justicia moran a la vanguardia de nuestro paisaje político global, donde bastantes personas deciden colocarse allí. En Estados Unidos, The American Renaissance Alliance proporciona un contexto organizado para la investigación filosófica y la acción política, reuniendo a personas con opiniones similares en el servicio de un bien común. Nuestro propósito es aprovechar el poder espiritual en el corazón de la democracia norteamericana, para atestiguar poderosamente el amor de Dios en el interior de todos nosotros.

Marianne y yo imaginamos que en las ciudades de todo Estados Unidos, dos o más personas se reunirán para orar por la paz y trabajar por la justicia. Como escribe Marianne en nuestro folleto, «Dedicados a la idea de que la fuerza del alma es más poderosa que la fuerza bruta, The Alliance proclama activamente una visión de un Estados Unidos apartado de las garras de la avaricia, cimentado en la paz y evolucionando hacia un mayor amor. Creemos que éste es nuestro destino como especie global y apoyaremos a organizaciones similares que se formen en todo el mundo.

«The American Renaissance Alliance no es una organización tradicionalmente orientada hacia la política. Sentimos que *los asuntos no son el asunto*. La gran mayoría de los problemas de Estados Unidos surgen de una fuente fundamental: el desapego de las personas comunes al proceso político de su país. Lo mismo es verdad en todo el mundo».

Creo que el mensaje en *Conversaciones con Dios* no contiene sólo una invitación explícita, sino un llamado a la acción. Espero que sea escuchado por la gente en todas partes. En Estados Unidos, donde vivo, Marianne Williamson y yo esperamos que nuestra American Renaissance Alliance proporcione un modelo que pueda duplicarse en todo el mundo. Una vez más, como dice Marianne: «Es un modelo de una organización independiente que afirma la importancia política de los valores conservadores nobles, así como de los liberales. Nuestro deseo no es limitar, sino liberar el poder político de cada individuo, de acuerdo con su propia conciencia y en apoyo de sus propias creencias.

En resumen, intentamos ayudar a las personas a lograr que sus almas se relacionen con el mundo a su alrededor».

Si se interesan en obtener más información sobre la obra que Marianne y yo hacemos respecto a la política holística y a sus principios en acción y desean unirse a nosotros, por favor pónganse en contacto con nosotros en:

The American Renaissance Alliance
P. O. Box 15712
Washington, D.C. 20003
Teléfono 202-544-1219
en línea en: *www.renaissancealliance.org*

Por último, no pueden haber dejado de notar las repetidas referencias en este tercer volumen de *Conversaciones con Dios* a lo «que da resultado». Se recalcó varias veces en este diálogo que los seres muy evolucionados observan consistentemente «por qué es así» y «lo que da resultado».

En la actualidad, en nuestra sociedad están surgiendo varios esfuerzos para observar con mayor detenimiento los programas y acciones que ya están tratando muchos de los problemas que enfrentamos. Uno de los que estoy personalmente consciente es la Campaña para las Soluciones Positivas, una iniciativa para ayudar a construir una nueva civilización basándose en lo que ya está dando resultado.

El propósito de la campaña es buscar, guiar, conectar y comunicar estos descubrimientos y animar su réplica. Cuando estos descubrimientos se adapten y se adopten más ampliamente, ahorraremos billones de dólares y mejoraremos la calidad de vida de millones de personas. Estoy trabajando muy de cerca con esta campaña y a través de ésta, espero lograr apoyo para que las personas proporcionen lo mejor de lo que da resultado a su comunidad y para que creen proyectos que contribuyan a sanar y evolucionar nuestro mundo.

La directora de la Campaña para las Soluciones Positivas es Eleanor Mulloney LeCain, que trabaja con las futuristas Barbara Marx Hubbard, Nancy Carroll y Patricia Ellsberg. La Campaña es un proyecto de la fundación no lucrativa de Barbara. Las personas, los grupos, las organizaciones y las instituciones están invitadas a proporcionar proyectos que estén dando resultado en sus lugares de origen, proporcionando una camino para compartir lo que sepan y aprender de los éxitos de otras personas. Pueden visitarlos en http://www.cocreation.org.

Pueden asimismo formar un grupo pequeño en su comunidad, iglesia, organización o entre sus amigos y empezar el proceso de sinergia y cocreación. Háganse estas preguntas: 1) ¿Cuál es mi pasión para crear en este momento? ¿Qué es lo que me «anima»?

2) ¿Cuáles son mis necesidades? ¿En dónde me siento bloqueado para dar mi siguiente paso?

3) ¿Qué recursos deseo compartir libremente con los demás?

4) ¿Qué sé que ya está dando resultado, en mi propia vida, en mi trabajo y en el mundo?

Presenten sus proyectos y otros que sepan que estén dando resultado. Pueden obtener más información sobre esta iniciativa contactando a:

The Foundation for Conscious Evolution
P. O. Box 6397
San Rafael, CA 94903-0397
Teléfono 415-454-8191
e-mail: *fce @ peaceroom.org*

Espero que parte de esta información les haya servido. Mi objeto aquí fue ofrecerles un punto de inicio, si lo eligen, para activar el mensaje de *Conversaciones con Dios*. Sé que no todos ustedes estarán de acuerdo con todos los autores u organizaciones que he mencionado aquí. Eso está bien. Si no hacen otra cosa que lograr que nos detengamos a pensar, habrán proporcionado un servicio maravilloso.

Ahora, al terminar este diálogo de tres libros, deseo darles las gracias. Gracias por proporcionarme la tolerancia de permitir el flujo libre de las ideas que han pasado a través de mí. Estoy seguro de que no todos ustedes están de acuerdo con todo lo que escribí aquí. De nuevo, eso está bien. En realidad, es *preferible*. No me siento cómodo con nada que se acepta plenamente. El mayor mensaje de *Conversaciones con Dios* es que cada uno de nosotros puede tener su propio diálogo con la Deidad, contactar a nuestra propia sabiduría interior y encontrar nuestra propia verdad interior. Allí es donde está la libertad. Allí es donde está la oportunidad. Allí es donde se cumple el propósito supremo de la vida.

Ahora tenemos la oportunidad, ustedes y yo, de recrearnos de nuevo en la siguiente versión suprema de la mayor visión que hayamos tenido acerca de Quiénes Somos. Tenemos la oportunidad de cambiar nuestras vidas y de cambiar en verdad el mundo.

Me informaron que fue George Bernard Shaw quien dijo primero: «Hay quienes ven el mundo como es y preguntan, *¿Por qué?* Hay quienes ven el mundo como podría ser y preguntan, *¿Por qué no?*» Hoy, cuando ustedes y yo terminamos juntos este recorrido a través de la trilogía *Conversaciones con Dios,* los invito a abrazar su mayor visión de sí mismos y del mundo y a preguntarse, *¿Por qué no?*

Benditos sean.

Neale Donald Walsch

Esta obra se terminó de imprimir
en octubre de 1999, en
Impresora Carbayón, S.A. de C.V.
Calz. de la Viga 590
C.P. 08300, México, D.F.